WRITING AND COMMUNICATION

等职业院校通识教育系列教材

刘玉 温惠宇 ——

生素巧 岳争艳 王春宏 ——

主编

副主编

与作与沟通

人民邮电出版社

北京

图书在版编目（ＣＩＰ）数据

写作与沟通 / 刘玉，温惠宇主编. -- 北京：人民
邮电出版社，2023.8
高等职业院校通识教育系列教材
ISBN 978-7-115-61822-1

Ⅰ．①写… Ⅱ．①刘… ②温… Ⅲ．①汉语－应用文
－写作－高等职业教育－教材②人际关系学－高等职业教
育－教材 Ⅳ．①H152.3②C912.11

中国国家版本馆CIP数据核字(2023)第092348号

内 容 提 要

本书立足于培养学生写和说的能力，将书面表达、口头表达和基本的礼仪常识融会贯通，实现能力培养和品德修养教育并举，帮助学生在学习、生活和职场中更好地表达自己的思想、观点和想法，从而实现有效沟通。

本书分为上下两编，上编为写作，下编为沟通。上编包括应用写作概述、公务文书写作、职场文书写作和事务文书写作，下编包括沟通概述、沟通的语言类型、沟通的常用技巧和职场沟通。本书突出实用性，突破传统的写作文种归类方式，重视职场所需能力的培养；突出系统性，知识结构完整，便于整体认知和把握。

本书可以作为高等职业院校公共基础课的教材，也可以作为普通读者学习和训练的参考书。

◆ 主　　编　刘　玉　温惠宇
　　副 主 编　生素巧　岳争艳　王春宏
　　责任编辑　楼雪樵
　　责任印制　王　郁　彭志环
◆ 人民邮电出版社出版发行　　北京市丰台区成寿寺路 11 号
　　邮编　100164　电子邮件　315@ptpress.com.cn
　　网址　https://www.ptpress.com.cn
　　北京市艺辉印刷有限公司印刷
◆ 开本：787×1092　1/16
　　印张：14.5　　　　　　　　2023 年 8 月第 1 版
　　字数：365 千字　　　　　　2024 年 7 月北京第 2 次印刷

定价：49.80 元

读者服务热线：(010)81055256　印装质量热线：(010)81055316
反盗版热线：(010)81055315
广告经营许可证：京东市监广登字 20170147 号

写作与沟通，从本质上来说，都是沟通。沟通是人与人之间信息、思想与感情传递和反馈的过程，其目的是追求信息有效交流、思想达成一致和感情融洽。沟通无处不在，范围大小不一，难易程度不同，任何人、任何团体都离不开沟通，尤其是在当今追求合作与发展的信息社会，沟通能力强会让一个组织或个人占有很大优势。

作为一门课程，"写作与沟通"里的"写作"是指运用语言文字符号，以记述的方式反映事物、表达思想感情、传递知识信息、实现沟通交流的过程；"沟通"是指通过口头语言和非语言的形式交流信息、思想和感情的过程。

"写作与沟通"这门课程的定位是通过课程教学培养学生实用性文章写作和日常交流表达的能力，树立"为沟通而表达"的理念，将书面表达、口头表达和基本的礼仪常识融会贯通。党的二十大报告指出：教育是国之大计、党之大计，育人的根本在于立德。因此，本课程将能力培养和品德修养教育并举，帮助学生在学习、生活和职场中更好地表达自己的思想和观点，有效地与人沟通，使学生拥有较强的处事能力，从而获得事业的成功与生活的幸福。

在内容的安排上，本书以在日常学习、工作与生活中常用的写作和沟通能力训练为目的，选择实用性较强的写作文种和沟通项目进行编排。本书知识体系完整，理论部分扎实细致，选择与学生相关度较高的内容融入书中，既体现内容的严肃性和权威性，又有较强的针对性。

在体例的编排上，本书共分为8个模块，包含18个项目，每个模块包括学习目标、情景故事、理论知识、例文（或案例）、例文分析（或案例分析）、情景还原、小贴士、相关拓展和技能训练等。具体来说，每个模块先明确"学习目标"，然后以"情景故事"导入，并针对不同情景下涉及的写作与沟通任务，进行知识讲解；在理论知识部分，安排了例文（写作部分）和案例（沟通部分），并附有例文分析（或案例分析），便于学生更好地理解和把握所学理论。受篇幅限制，还有很多常用的写作文种及写作和沟通的相关知识无法详细讲述，本书通过"小贴士"对其进行简要介绍。本书在理论部分设计了"情景还原"，方便学生在学习理论知识后理解情景故事中存在的问题。本书每个模块都附有"相关拓展"，对与该模块相关的知识进行介绍，以拓宽学生的视野。每个模块的最后通过"技能训练"，促进学生巩固所学知识。

本书有两大特点。第一，突出实用性。以写作部分为例，本书突破传统的文种归类方式，在职场文书写作部分，将以往的礼仪文书、科技文书及毕业论文包括进来，其目的是使读者重视职场工作的过程性，突出职场所需能力的综合性，具有很强的实践指导价值。第二，突出系统性。以沟通部分为例，本书突出沟通基本素养的重要性，以正向引导、反向表达和个人展示的方式对日常沟通技巧进行归纳，以工作场域对内、对外和群体沟通的方式对职场沟通进行归纳，知识结构系统性强，便于整体认知和把握。

本书编写的目的是提高高校学生的写作与沟通能力，培养职业必备素养。学生通过学习，能够掌握18种以上常见应用文书的写作能力，可以完成书面沟通任务；能够掌握沟通的基本原则和策略，可以实现口头语言沟通；能够掌握基本的礼仪知识，可以主动大方地与人沟通，同时具有同理心和责任心，与人交往得体自如，稳重可靠。

本书由刘玉、温惠宇任主编，生素巧、岳争艳、王春宏任副主编。具体分工是：刘玉编写了模块一、模块四和模块六；温惠宇编写了模块二；岳争艳编写了模块三；王春宏编写了模块五；生素巧编写了模块七；岳争艳和温惠宇编写了模块八。

在本书编写过程中，我们参考了大量的教材、文章及网站发布的资料，在此向所有引用资源的作者表示诚挚的感谢！囿于编者的学识和能力，本书难免存在不足之处，恳请专家、同行和广大读者批评指正！

编 者

2023年3月

上编 写作

下编　沟通

上编　写作

模块一
应用写作概述

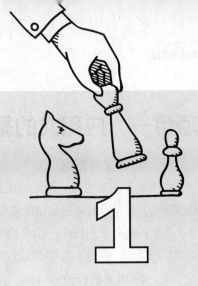

　　应用文作为传播信息、沟通交流的工具和手段，在人们的日常工作、学习和生活中起着重要作用。应用写作是人在社会化活动中不可缺少的基本技能，它是达成社会活动和沟通人际关系的重要途径。掌握了日常应用文的写作技能，能更好地促进自身发展，实现个体和集体、社会的有机融合，从而更好地服务他人和社会。

学习目标

1. 通过理论学习，了解应用文的概念、特点和作用。
2. 熟悉应用文的构成要素，掌握应用文的结构与表达方式。
3. 了解应用文的写作要求，掌握提升应用写作能力的方法。
4. 养成规范严谨的写作态度，客观、务实的工作作风和爱学习、勤积累、多实践的良好习惯。

情景故事

　　陈晓大学毕业后在一家著名的汽车销售公司做前台接待员，她工作认真、待人热情、积极主动，公司经理准备培养她做办公室主任助理。但是，不久后，经理却放弃了这个打算。为什么呢？

　　年底，办公室葛主任让陈晓起草一份公司年终工作总结，陈晓是这样开头的：

　　"时间如白驹过隙，一转眼，2022年将要过去了。在过去的一年中，我公司的经济效益犹如穿云燕子，飞向百尺竿头，比去年大幅度上升。公司上下兴高采烈、喜笑颜开，在新的一年到来之际，我们对去年的工作总结如下……"

　　主任对陈晓写的总结不满意，也将此事和经理交流了一下。陈晓有点纳闷：自己绞尽脑汁，在文中用了很多成语以增添文采，为什么领导不认可呢？

项目一　应用文的基本常识

一、应用文的概念

应用文是国家机关、政党、社会团体、企事业单位和个人在日常工作、生活中，为处理公私事务而常用的具有直接实用价值和惯用格式的一种书面交际工具。大到国家政策法令的宣传文件，小到问候亲人的信件，都属于应用文的范畴。随着社会的发展，作为人们处理公私事务时互通信息的载体，应用文的重要性日益凸显。

二、应用文的特点

应用文与其他文体一样，写作时需要谋篇布局、遣词造句，讲究结构的完整性和语言的准确性，常用叙述、议论、说明等表达方式。但是，应用文自身还有一些特点，具体包括如下几方面。

（一）内容的实用性

应用文具有直接的实用价值，文章内容均与具体事务相联系，具有突出的目的性和针对性，比如告知事项、执行命令、申诉理由、总结工作、要求答复等；其阅读对象和受众都是已知的、明确的。

例文

关于对蓝山区后海大道部分施工路段进行交通管制的通告

2021年2月6日至5月31日，蓝山区后海大道将进行路面施工改造。为保证施工顺利进行，决定对蓝山区部分路段进行交通管制。现通告如下：

一、2月6日至2月28日，后海大道南半幅进行封闭施工，相关车辆按民警指挥通行。

二、3月1日至5月31日每天7时至19时，禁止各类货运车辆在AA路—AB路—BC路以北、CD路以东DE路以南（含以上路段）区域通行。

三、2月6日起，原发放的各类货运车辆通行证停止使用。

蓝山区公安局
2021年2月1日

例文分析

这份通告有明确突出的目的，就是告知广大市民蓝山区后海大道部分路段在施工，因此需要进行交通管制，提醒大家出行注意遵守民警指挥、部分车辆禁行等相关问题。

（二）格式的规范性

应用文体在写作上具有明确的写作格式及处理程序的要求。如公文的格式，有关机构对此有明确的格式规范要求；其他专用文书和常用事务文书也在长期实践中形成了约定俗成的规则，如经济合同、市场调查报告、介绍信、感谢信等，使用者都已十分清楚其写作的规范并加以遵守。

 小贴士

介绍信

介绍信

×××单位：

　　兹介绍我公司员工＿＿＿＿，身份证号＿＿＿＿，前往贵处联系＿＿＿＿事宜。请予接洽。

（有效期七天）

宽大光电有限公司
2022 年 7 月 2 日

　　介绍信是机关团体、企事业单位派工作人员到其他单位联系工作、了解情况或参加各种社会活动时用的函件，具有介绍、证明的双重作用。介绍信，可以使对方了解来者的身份和目的，以便得到对方的信任和支持。它有两种类型：一种是印好格式的介绍信，用时按空填写即可；一种是用公用信笺书写的介绍信。介绍信的内容包括标题、称谓、正文、结尾、单位名称和日期、附注。正文部分一般要写清楚：派遣人员的姓名、人数、身份、职务、职称等；所要联系的工作、接洽的事项等；对收信单位或个人的希望、要求等，如"请接洽"等。附注部分注明介绍信的有效期限，具体天数大写。很多单位使用带存根的介绍信，这种介绍信有固定的格式，一般由存根、间缝、本文三部分组成。存根部分由标题（介绍信）、介绍信编号、正文、开出时间等组成，存根由出具单位留存备查；间缝部分写介绍信编号（应与存根部分的编号一致），还要加盖出具单位的公章；本文部分与前述正文内容相同。

应用写作概述

即时训练

　　××大学派6名教师到A公司开展业务交流活动，请你以××大学的名义给A公司开具一份介绍信。

（三）语言的严谨性

　　应用文写作的语言特征是由它的实用性决定的。为了使写作的目的和事由清楚，应用文在语言上应遵循准确明了、简洁平实的基本原则，力求严谨，不使用含混、模棱两可的词语，忌冗长、繁杂、拖沓，力求干净、简练。同时，还要注意语言规范，忌使用生僻词语或使用范围有限的方言和俚语。比如，某财务大检查通知中写道：

　　"费用错误列支的，务必纠正。今年的要纠正，去年的也不要放过。今后不论超产奖还是什么乱七八糟的这个奖那个奖，统统都得在利润中支付。"

　　这份通知中的文字，语言比较啰唆，表述比较口语化，而且不够严谨，不符合应用文的语言要求。

　　再比如，"欢迎新老师生前来五食堂用餐"中，五食堂欢迎"新老师生""前来用餐"；但是这句话也会引发笑话，"欢迎新老师生前""来五食堂用餐"，虽然逻辑上也成立，但是读来却很容易让人觉得毛骨悚然。

再比如，"我在疯狂星期四十个蛋挞39.9元，划算极了"中，到底是"星期四买十个蛋挞39.9元"，还是"在疯狂星期买四十个蛋挞39.9元"，两者在语义上都是成立的，但是，价格却相去甚远，很容易造成误解，让顾客觉得诚意不够。

由此可见，语言简洁平实，且准确明了，又不造成含混、歧义，并非简单的事情，这需要反复推敲和锤炼。

（四）文章的时效性

应用文是为了处理事务、交流信息、解决问题而写的，而事务又是在不断变化的，要充分发挥应用文的功能和作用，就必须在一定的时间内解决问题，因此应用文都有明确的时效性。如公文中标记的"急件""特急"等，明确地规定了公文使用的时间，无论是传达方还是接收方，都受到一定的时间制约。

三、应用文的作用

随着社会的发展，应用写作所涉及的范围愈加广泛，其发挥的作用也更加重要。具体来说，应用文的作用体现在以下四个方面。

（一）宣传教育

应用文的宣传和教育作用主要是指国家机关、政党、社会团体、企事业单位通过制发应用文来宣传和贯彻党和政府的路线、方针和政策，领导、指导、引导干部和群众完成各项具体的工作任务。政府机关的大多数文件都有宣传、教育的职能，特别是级别较高的领导机关制发的文件，其内容一般都包含指导思想、理论和实践的依据、方针政策及实施方案等，向下传达贯彻这些文件就是为了统一思想、提高认识、推进工作。

有些公开发表或作为新闻报道发表的文件，其宣传、教育的范围更广，影响也更大。下级向上级报送的简报、报告等，实质上也有向上级机关和领导同志进行宣传的作用。而像海报、启事类的应用文，就是为宣传而写的，本身就具有广告宣传的作用。这些文章往往通过公开发布，让更多的人了解有关信息，从而满足发文者业务或其他目的的需要。

（二）联系沟通

应用文的联系和沟通作用主要是指国家机关、政党、社会团体、企事业单位通过制发应用文来实现与其他主体之间联系和协商工作的目的。国家之间、党派之间、国家与国际组织之间，都需要通过应用文进行交流、沟通，以达到互相了解、信任，实现相互合作、共同发展的目的。在一个组织系统内，上级制定的方针、政策和指示、意见等，需要尽快向下级传达；下级的希望、要求和工作情况，特别是出现了新情况、新问题，或者有新经验，需要及时向上级反映；同级或不同部门之间相互商洽工作、交流情况，往往需要通过应用文来实现书面交流。

总之，应用文是沟通上下的渠道、联系左右的桥梁，它可以把上下左右联系在一起，使之形成一个统一的整体，从而推动各项工作有序开展。

（三）档案凭据

应用文的档案和凭据作用是指人们通过应用文可以实现对相关活动的管理，应用文在一定范围内为人们办理事务提供一定证据。

在公务活动中，公务文书完整地记录着一个机关单位公务活动的情况，是单位发展的历史见证，具有重要的史料价值，也是单位以后工作进展的重要依据。从公文的效力来看，有些公务文书只能在短时间内发挥作用，但也有不少公务文书，比如法规性文书，在相当长的时间内都发挥着重要的作用。因此，公务文书不仅是办事的依据，还是备忘录，记载各个时期的政治、经济和文化等方面的情况，积累大量的历史资料，为今后有关部门和个人的研究提供方便。与此同时，研究者还可以通过公务文书，总结经验或教训，以便在今后的工作中可以借鉴，并通过查阅留存的公务文书，对历史做出客观、公正的评价。

（四）规范准绳

应用文的规范和准绳作用，主要是指某些应用文，特别是具有法律、法规性质的公文和规章制度类的应用文，在规范和约束人们的行为、维护正常的社会秩序、保障公民的合法权益等方面具有重要的作用。

如上级机关单位给下级机关单位的文书，可以通过部署工作、安排事项，严格约束下级机关单位的行为；机关单位向社会发布的约束性文书，可以对一定范围内的团体、个人在某一方面的行为严格规范。在应用文中，公务文书的约束控制作用最明显，它要求文书的制作者必须慎重、严谨、唯实，有关单位和人员对文书的内容要认真领会，并做好每一项工作。这类文件具有权威性和合法性，一经发布，就必须坚决执行，任何人都不得违反。

四、应用文的构成要素

（一）应用文的主旨

1. 应用文主旨的含义

文章的主旨，亦称主题，是指文章内容反映出来的观点或写作目的，即写作主体在文章中表达的中心思想、基本观点和主要问题，直接反映写作主体对客观事物的评价和态度。应用文的主旨有两个要素：一是目的，二是主张。目的是指用意、要求、立场，主张是指意见、办法和措施。目的是主张的依据，主张是目的的落实。

2. 应用文主旨的要求

应用文的主旨至关重要，其正确性，直接影响文章的质量和价值，也直接决定如何取舍材料、安排结构、选用辞藻。与文学作品相比，应用文要求主旨清楚、明白、醒目，通常专设主旨段，直截了当地表述；而文学作品往往不直接阐述主旨，追求含蓄、耐人寻味。

确立应用文的主旨有四点要求：一是正确，行文的目的、提出的主张必须符合政策，合乎法律、法规，反映事物的本质和规律；二是切实，文章要根据工作需要和实际情况，以及需要解决的实际问题来确立主旨；三是鲜明，应用文的基本思想、基本态度要明确，要直截了当，要态度明朗，不可含糊其词；四是集中，行文目的要单纯、明确，重点突出，围绕中心议题说深、讲透，坚持"一文一事"原则，反对"多中心"，见解独到、集中方能使人过目难忘。

（二）应用文的材料

应用文的材料指作者为确立、说明观点所收集的以备写作之需的一切有意义、有价值的事实、数据及文件等。人、事、物、景均为写作材料，作为备用的、未加工提炼的材料是素材，加工、提炼后写入文章的材料是题材。在应用文写作中，无论是材料还是素材，都必须以事实为依据，不可想当然。

材料是应用文确立观点的基础，因此，准备的材料应力求全面、典型。具体来说：第一，既要掌握直接材料，又要掌握间接材料，材料应真实、鲜活、有价值、广泛、客观、全面；第二，现实材料与历史材料结合；第三，点上材料与面上材料结合；第四，正面材料与反面材料结合；第五，有必要的数字材料；第六，事实材料和观念性材料结合。

（三）应用文的结构

应用文的结构是指应用文的逻辑结构和篇章结构。逻辑结构表现为思维方式，行文之前就已策划好，并贯穿于行文中，即内在结构；篇章结构主要表现为应用文文面、版式等外在结构，如计划、总结等文体的标题、正文、署名、日期等。

应用文的结构是对应用文的内容进行组织安排的体现。应用文的结构要完整、严谨，纲目清楚，层次分明，段落清晰，避免松散与重复。

应用文的正文一般都包括开头、主体与结尾三大部分，但在具体安排时，还要根据不同文体的特点来安排。例如，工作报告、纪要等陈述性文体，大多根据管理活动、管理对象的发展变化及特征来安排结构，要求有头有尾，连贯、完整；行政法规、合同和协议书等文体，侧重于说明根据、规则及措施，因此，常常使用条款和表格组织结构；调研报告、学术论文等说理性的文体，则要运用论据对论点进行论证，一般按提出问题、分析与论证问题、解决问题的顺序来安排结构。如果应用文兼用记叙文与议论文两种体裁，其结构就会更复杂。安排应用文的结构要注意以下四个方面。

1. 层次清楚有序

层次是应用文思想内容表现的次序。每个层次都要有相对的完整性，对层次的划分要前后有序、条理清楚。关于层次的划分，一篇文章中要取同一标准，一般采用的形式有以时间地点为序、以管理活动的发展阶段为序、以逐层论证为序、以问题为序和综合式。层次的表述可以使用小标题表示、数量词表示、词或词组表示三种方式。

2. 段落完整关联

这里的段落指自然段，即应用文中能够表达一个完整的意思而又相对独立的基本构成单位，是在行文中由于转折、间歇及强调等情况而自然形成的分隔、停顿。在划分层次之后，需要安排好段落。安排段落时，要注意这几点：一是要注意段与段之间的联系；二是要注意段落的完整性与单一性，即每段要相对完整地表达出一个中心意思，不能把一个完整的意思分成几段来写，也不能把不相关的内容放在一段之内；三是要注意段落的长短应适度。

3. 过渡照应自然

过渡是指层次与段落之间的衔接与转换，在文章中起着承上启下、穿针引线的作用。一般情况下，当内容由总到分或由分到总、意思转换及表达方式变化时，需要安排过渡。过渡的形式有段落、句子或词语。当上下文内容衔接不紧密，转折很大时，常用过渡段连接；当上下文内容联系紧密时，多用提示性的句子连接。如公文中，常用"特此通告如下""现将有关事项告知如下"等作为过渡。在意思转折不大的情况下，多用关联词，如"因为""所以""但是"等。

照应是指文章内容的前后呼应，可以使文章结构周密严谨，还能使某些关键内容得到强调，突出主题。应用文常用的照应方法有：首尾照应，即在文章的结尾处，把开头交代的事或提出的问题再次提起，进一步加以概括、归纳、补充，如论文、总结、调查报告等；文题照应，即在行文中时时照应标题，对主题加以强调、提示，如大多数公文标题中都包含着"事由"，文章内容自然要与标题相照应；文中照应，即文章自身前后内容间的照应，如某些细节和问题在行文中不断被提起，这样能强化印象，更好地实现作者的表达意图。

4. 首尾互相呼应

一般来说，应用文的开头往往开门见山，结尾一般与开头相呼应。

（1）应用文常用的开头形式

① 以揭示主题的方式开头，即在文章开头以简要的文字揭示应用文的主题，唤起读者的注意，引导读者继续阅读。

② 以撰文的缘由或目的开头，即在文章开头对撰写应用文的理由、目的和根据做简明的交代，以帮助读者理解应用文的内容。一般来说，请示、报告以写明理由开头，指示、决定、批复以说明根据开头，规章制度以说明目的开头。

③ 以陈述概况的方式开头，即在文章开头概述有关情况。例如，总结报告、综合报告一般要在开头处先概述某一时期、某一方面工作的基本情况，会议纪要、调查报告一般要在开头介绍会议的时间、地点、范围、规模等。比如，《关于协调解决沙面大街56号首层房屋使用权问题的会议纪要》的开头：

×××年2月2日上午，市政府办公厅×××主任主持召开会议，协调解决沙面大街56号首层房屋使用权问题。参加会议的有省政府办公厅交际处、广东胜利宾馆、市商委、市国土房管局、二商局、市外轮供应公司等有关部门的负责同志。

这份会议纪要在开头明确了会议的时间、议题、主持人、与会人员等情况。

④ 以阐述论点（结论）的方式开头，即在开头处亮明观点。

⑤ 以提问方式开头，即在开头处将应用文要回答的问题以提问的方式开门见山地提出来，起到引起注意、开宗明义的效果。

⑥ 以致意的方式开头，贺信、感谢信和讲话稿多以这种方式开头，目的是给人以亲切感。

⑦ 以表明态度的方式开头，一般用于批转通知或转发通知，以及对请示的批复或来函的复函。例如，"国务院同意××部《关于×××××的报告》，现转发你们……""经局长办公会研究，同意你处《关于××的请示》"。

应用文的结尾一般要与应用文的开头相呼应。

（2）应用文常用的结尾形式

① 以专用词语结束全文，例如，以"特此报告""此布""此复"等结束全文。

② 以强调行文目的结束全文，例如，以"上述报告，如无不妥，请批转……""上述要求，请予批准""请尽快函复，为盼"等结束全文。

③ 以点题的方式结束全文，在结尾点明主题或深化全文主题，可使读者加深对文章的理解。

④ 以号召、希望结束全文，这种形式适用于下行文或讲话。

（四）应用文的语言

应用文的直接实用价值，决定了应用文语言具有和文学作品语言不同的要求。

1. 应用文语言的特点

应用文的语言有明确、平实、简约、得体等特点。

（1）明确

明确即表达明白清楚、准确贴切，数字运用精确、规范，做到不产生歧义，不引起误解，能够使人看了就懂，并可以付诸实践。

（2）平实

平实即所使用的句子平淡、实在、不虚浮。其特点是不用或少用形容词等，不用或少用比喻、夸张、渲染和烘托之类的修辞方式或表现方式，实实在在地叙述事实、剖析事理。

（3）简约

简约就是叙事简明、完备，约而不失一辞；说理精辟、透彻，简而不遗漏、不欠缺内容；既不冗长累赘，又不会言不及义。

（4）得体

得体即行文要根据不同的对象和场合，掌握好分寸，语言要能体现作者处理事务的立场和态度，能为特定的需要服务。

即时训练

请指出下文的不当之处。

通知

南京市各中小学校长：

经研究决定，南京市教育局将在4月中旬召开中小学校长会议。会议具体情况另行通知。

南京市教育局
×年×月×日

2. 应用文语言的要求

语言是文章的第一要素。无论写何种文章，都需要遵循语言运用的一般规律，即语言合适、得体，准确、顺达，简洁、明快，生动、有力。

（1）合适、得体

合适、得体即文章的语言要合乎特定文体的要求，合乎特定社会语言环境的需要，合乎作者在特定社会关系中的地位。

（2）准确、顺达

准确、顺达即文章的语言表达要确切、符合实际；语义应界限清楚、轻重适度、不错不漏，能真切表达作者想要表达的内容；结构要文通理顺，合乎逻辑规范；语言要得当，语句要成分完整、搭配得当、含义明确、合乎事理。

（3）简洁、明快

简洁、明快即文章的语言要简明扼要、精当不繁，当详则详、当略则略，做到简与明的高度统一；忌语言重复、多余、冗长和拖沓。

（4）生动、有力

生动、有力即文章的语言要有文采，有声有色，鲜明、具体，有新鲜感，有感人的力量，能获得最佳的表达效果，以使文章的内容最大限度地影响读者，发挥文章的效用。

小贴士

应用文的专门用语

应用文写作中，有一些专门用语，我们需要对其有一定的了解，并掌握其运用的方法。

1．称谓词。称谓词即表示称谓关系的词，主要分为以下几种。

① 第一人称称谓词。第一人称称谓词有"本""我"，使用时，后面加上所代表的单位简称（如部、委、办、厅、局、厂或所等）。

② 第二人称称谓词。第二人称称谓词有"贵""你"，使用时，后面加上所代表的单位简称，一般用于平行文或涉外公文。

③ 第三人称称谓词。第三人称称谓词有"该"，使用时，后面加上指代人、单位或事物的简称或类别词语等。第三人称称谓词在应用文中使用广泛，可用于指代人、单位或事物，如该厂、该部、该同志、该产品等。在文件中正确使用"该"字，可以使应用文简明、语气庄重。

2．领叙词。领叙词是用以引出应用文撰写的根据、理由或应用文具体内容的词。常用的领叙词有"根据""按照""为了""接""前接""近接""遵照""敬悉""惊悉""收悉""为""特"等。应用文的领叙词多用于文章开端，以引出法律、法规及政策、指示根据；也有的用于文章中间，起过渡、衔接的作用。

3．追叙词。追叙词是用以引出被追叙事实的词，如"业经""前经""均经""即经""复经""迭经"。要注意上述词语在表述次数和时态方面的差异，以便有选择地使用。

4．承转词。承转词又称过渡用语，即承接上文、转入下文时使用的关联、过渡词语，如"为此""据此""故此""鉴此""综上所述""总而言之""总之"等。

5．祈请词。祈请词又称期请词、请示词，用于向受文者表示请求与希望。其主要有"希""即希""敬希""请""望""敬请""烦请""恳请""希望""要求"等。使用祈请词的目的在于营造发文者与受文者之间相互敬重、和谐与协作的气氛，从而建立正常的工作联系。

6．商洽词。商洽词又称询问词，用于征询对方的意见和探知对方的态度，如"是否可行""妥否""当否""是否妥当""是否可以""是否同意""意见如何"。这类词语一般在公文的上行文、平行文中使用，且在确需征询对方的意见时使用。

7．受事词。受事词即向对方表示感激、感谢时使用的词语，如"蒙""承蒙"。受事词属于客套语，一般用于平行文或涉外的公文。

8．命令词。命令词即表示命令或告诫语气的词语，以引起受文者的高度注意。表示命令语气的词语有"着""着令""特命""责成""令其""着即"等，表示告诫语气的词语有"切切""毋违""切实执行""不得有误""严格办理"等。

9．目的词。目的词即直接交代行文目的的词语，以便受文者正确理解并加速办理。用于上行文、平行文的目的词，还需加上祈请词，如"请批复""请函复""请批示""请告知""请批转""请转发"等；用于下行文的目的词有"查照办理""遵照办理""参照执行"；

用于知照性的文件的目的词有"周知""知照""备案""审阅"等。

10．表态词。表态词又称回复用语，即针对对方的请示、问函，表示明确意见时使用的词语，如"应""应当""同意""不同意""准予备案""特此批准""请即试行""遵照执行""可行""不可行""迅即办理"等。在使用这些词语时，应对公文中的下行文和平行文严加区别。

11．结尾词。结尾词即置于正文最后，表示正文结束的词语。用以结束上文的结尾词有"此布""特此报告""通知""批复""函复""函告""特予公布""此致""谨此""此令""此复""特此"；再次明确行文的具体目的与要求的结尾词有"为要""为盼"等；表示敬意、谢意、希望的结尾词有"敬礼""致以谢意""谨致谢忱"等。

（五）应用文的表达方式

文章常见的表达方式有叙述、说明、议论、描写和抒情。对一般的文章来说，表达方式是文章体裁的重要标志。通常情况下，叙述、描写用得多的，就是记叙文；议论用得多的，就是议论文；说明用得多的，就是说明文。

在应用文中，叙述、说明和议论的表达方式较为常见。虽然表达方式有时仍可作为区分应用文不同文体的参考因素，但多数情况下，应用文可综合运用各种表达方式。如在公文中，一般多用说明、叙述，有时也用议论等表达方式，叙述、说明和议论三种表达方式常常水乳交融，无法绝对分开。

1．叙述

叙述是对人物的行动或事件的发展变化进行叙说和交代的一种表达方式。叙述主要用于交代背景，介绍文章涉及的人、事、物的情况，记叙事件的发生、发展、结局，以及为议论提供事实依据等。

应用文中的叙述有以下特点。

（1）以记事为主。应用文主要用于反映现实、解决问题，多以记事为主，如反映经济活动状况、市场情况、经济信息，介绍典型经验，阐述事情原委，总结工作等。

（2）常用概述。应用文中的叙述一般采用概括叙述，极少采用具体、详细的叙述。应用文对叙述的要求是概括准、粗线条。只注重对事件的整体勾画，不要求细节的具体、内容的详尽；只叙述与表达主旨、说明与问题直接关联的部分；只是综合地、概括地叙述人或事的共同点。

（3）多用顺叙。为了使应用文条理清晰，让读者理解所述的客观事实，在应用文中常常使用顺叙。在叙述时有的以时间为顺序，有的以事件发展为顺序，有的以人们认识的客观过程为顺序，这样叙述能使较复杂的事实逻辑清晰，让人一目了然。

2．说明

说明是用简洁明了的文字，对事物或事理的各种属性进行客观解释和介绍的一种表达方式。说明主要是对客观事物或事理的形状、性质、特征、成因、关系、功用等属性进行解说，多用于解释概念、介绍科学知识或社会知识。在应用文中，说明是主要的表达方式，常与叙述同时使用。

应用文中的说明有以下特点。

（1）科学性。说明要客观地反映事物的真实面貌和本质特征，所以要求内容必须科学、态度客观，不掺杂个人的主观见解和评论。

（2）准确性。说明要表述准确，解释事理时，语言要准确、得当，恰当运用术语，并能抓住事物的主要特征。

（3）综合性。在进行说明的过程中，常常将多种方法结合起来同时使用，如数字说明和比较说明、定义说明和分类说明等说明方法结合运用，以便把事物说得更具体、准确。

3. 议论

议论就是对某一事件或问题发表见解，表明观点和态度，并以充分的材料证明自己观点的一种表达方式。议论的目的，一是表明观点，二是说服读者。这种表达方式在议论文中运用较多，在应用文中也大量运用。调查报告、总结、通报等文体，经常在叙述事实、说明情况的基础上表明对人物、事件、问题的评价。

应用文写作运用议论要注意两点：一要庄重，对任何事物的评价要实事求是，以事示人，以理服人；二要明快，要直截了当地阐明观点，不拐弯抹角，不回避矛盾。

应用文与一般议论文中使用议论的区别

在一般议论文中，议论是最主要的表现方法，贯穿全文始终，论点、论据、论证三要素齐备。而在应用文写作中，最主要的表达方式是叙述和说明，议论居于从属地位，一般只是在叙述、说明的基础上进行。另外，应用文的议论，一般不需要长篇大论，也不需要做复杂、多层次的逻辑推理，也不一定具备论点、论据、论证这三个完整要素，而只是在需要分析论证的地方采取夹叙夹议的方法或三言两语的方式，点到即止，不做深入论证。

叙述、说明和议论是应用文的主要表达方式，这并不意味着应用文就不能用抒情和描写等表达方式，只要有益于表达，有益于应用文写作目的的实现，各种表达方式都可以灵活运用。

自测练习

 项目二　应用文的写作方法

一、应用文的写作要求

应用文是机关团体、单位或个人在日常工作和生活中用以处理事务、沟通关系的具有一定惯用格式的文体，因而在写作上有其特定的要求。应用文写作的基本要求，可以概括为"明确、合式、得体"六个字。

（一）明确

所谓明确，是指行文的主旨要明确。应用文的主旨，是作者具体的行文目的的体现。写一篇应用文，不但作者自己要明确行文的目的与中心，明确为什么要写这篇应用文，主要反映什么内容；而且要让读者能迅捷而准确地明了行文的意图，了解文章的观点、要求，了解提出的主要问题，了解该文所涉及的事务与关系。

（二）合式

所谓合式，是要求应用文符合所用应用文体的规范性要求。规范性是应用文的又一大特点，它主要表现为具有一定的惯用格式。这一点，法定的行政公文表现得极为突出。以公文为例，标题、发文字号、主送及抄送抄报机关名称、正文、附件标注、发文时间、秘密等级、缓急程度等项目的写法及其书写位置等都有特定的要求，甚至连文字的书写排印、用纸的规格及装订等都有严格的规定。

（三）得体

所谓得体，就是得当、恰当。得体对应用文来说十分重要，因为其往往直接影响应用文体现出的处理事务、沟通关系的现实效益。得体主要反映在三个方面：一是文体的选用方面；二是行文方面，主要指表达方式的运用与篇章结构的安排，要根据文体的特点来正确运用表达方式、安排篇章结构；三是语言的运用方面，应用文写作要得体，主要就是指其语言的运用要得体。

二、提升应用写作能力的方法

现代社会，对每个人来说，都需要具备一定的应用写作能力，那么，如何提升应用写作能力呢？下面从四个方面给学习者提供参考和建议。

（一）学习应用写作基本理论

在基础教育阶段，学生学习过基本的应用写作知识，但是，一般没有系统地学习过应用写作的基本理论，往往"只见树木，不见森林"，在实践中缺乏驾驭能力。因此，学习应用写作基本理论是培养应用写作能力的重要基础。

通过理论学习，理解应用文内容的实用性、格式的规范性、语言的严谨性、文章的时效性等基本特点，对应用文的主旨、材料、结构、语言、表达方式等构成要素的特别要求予以把握，明白其与一般文学写作的不同，树立应用写作的规范意识。

情景还原

在本模块的情景故事中，我们可以看到，故事中的主人公陈晓虽然工作认真、积极主动，有敬业精神，但是写作能力不足，缺乏基本的应用写作常识。

从日常写作的角度看，她写的这篇文章开头似乎没有什么大的毛病，但领导要求陈晓写的是单位的年终总结。作为一种应用文，年终总结与我们平时所学的文学类文章、议论类文章不同。

从写作者身份来讲，一般而言，公司年终总结的法定作者应为公司总经理，陈晓的写作身份是代言作者，作为代言作者，陈晓就必须站在公司的角度，以公司总经理的口吻来起草这份总结。而从开头这几句话看，陈晓还没有进入写作角色，只是在表达个人感受。

从写作的内容来讲，总结的写作，尤其是开头几句，应该对全年的基本工作情况进行全面的概括，而不是辞藻的堆砌，或是泛泛而谈。

　　从应用文写作的语言要求来讲，应用文的语言应以应用性为准则，表达应直接明了、准确，少用或不用描写、抒情等修饰性语言。而陈晓用了"白驹过隙""一转眼""穿云燕子""兴高采烈"等较多修饰性的语言。

　　此外，这篇文章关于时间的表述也很混乱，短短不到100字中，出现了"2021年""过去的一年""去年""新的一年"4个表示时间的词语，读者很难明确到底是指什么时间。

　　一篇工作总结写得好或坏，表面上看是工作任务完成得是否合格，而实际上暴露出来的是一个人的业务功底是否扎实。

　　应用文与我们平时所读的小说、诗歌、散文或议论文有很大不同，而陈晓就因为不懂应用文的写作要求而使自己的工作受阻。所以，我们应当重视应用文的学习。在工作中，应用文应用非常广泛，应用文写作能力往往会影响一个人职业发展的上限。

（二）研读模仿优秀应用文本

　　应用文的种类很多，包括公务文书、事务文书、法律文书、礼仪文书、经济文书、职场文书等。在具体的实践过程中，我们往往会遇到以前没有用过的文种，此时可以找到规范的范文，认真研读其形式和内容，分析其写作思路，揣摩其处理文章观点、材料、结构、语言和表达方式的方法，然后进行模仿。在一定量的模仿写作基础上，掌握写作方法，精炼表达内容，从而不断提高写作能力。

　　在工作岗位上，可以多看该岗位工作人员以前撰写的各种工作材料和相关文件，对相关文献有初步了解，为写作实践做好积累。

（三）学以致用勤于写作实践

　　写作是一种技能，把所学理论与学习和工作实践结合起来，学以致用，才能切实提高写作能力。对学生来说，在学习和各种实践活动中，抓住锻炼写作能力的机会，比如写个人学习计划、社团活动策划、竞聘演讲稿、活动通知、总结及新闻稿等，既可以提高写作能力，又能够加深对所学理论的理解和掌握。

（四）扎实积累夯实写作功底

　　写作能力实际上是一种综合能力，既包括书面语言文字表达能力，也包括认识能力、思维能力、分析能力等多种能力。因此，提高写作能力，仅仅依靠简单的文字模仿，是远远不够的，需要多方面进行积累，厚积薄发，夯实功底。可以从以下几个方面进行学习和积累。

　　1. 勤于阅读

　　阅读是写作的基础，不管是应用写作，还是文学写作，都离不开大量的阅读。我们可以从以下几个方面进行阅读积累。

　　（1）品读文学作品，养兴趣，通语感

　　文学作品是作家创造性想象的产物，也是一种审美的语言艺术，它通过审美化的语言，能够激发读者的想象能力。阅读文学经典，需要读者心意合一，热情、灵感、理智、冷静和判断等多方面主观要素和谐发展，优化思维能力。经典文学作品通过艺术的方式反映社会生活的本质，是生活的一面镜子，也是人生的一面镜子，不仅塑造了栩栩如生的文学形象，而且表现了作家的人生态度，蕴含丰富的情感，具有提升认识、激励精神、熏陶情感和明理言志等作用。

经典文学作品是经过历史积淀和考验的经典之作，是文学的精华，也是文化的精华，是提升语感的材料。品读文学经典是获取知识、激发兴趣、培养能力、提升素养的重要途径。通过慢慢读、仔细品、融入感情、驰骋想象、分析揣摩，感受语言文字的魅力，对经典句段进行记诵，是提升语感的不二法门。

（2）写应用文，熟规范，悉套路

应用文是具有直接实用价值和惯用格式的一种书面交际工具，因此，应用文有规范的格式要求和行文规范。写作应用文，必须熟悉写作规范，尤其是公务文书，要按照国家规定的《党政机关公文处理工作条例》（2012年7月1日施行）写作，使用该条例中明确规定的文种，遵循规定的格式要求和行文规范，不得擅自更改。

应用文的写作，有相对固定的模式，也可以说是有一定的套路。这些套路主要表现在结构和语言方面。从结构的角度来看，应用文包括标题和正文，正文部分分为前言、主体、结尾和落款等部分。应用文的标题，有相对固定的模式，以公务文书为例，一般由发文机关名称、发文事由和文种三个部分构成。正文部分，前言部分一般写发文缘由，主体部分写具体的发文事项，结尾部分往往提出希望、要求，或者采用专门的结束语，落款部分写明作者和时间。

熟悉应用文的写作规范和写作套路，可以很快找到写作应用文的门道，提高写作效率。

（3）学习理论，与时进，成格局

应用文写作，尤其是党政机关公文写作，要特别重视政治理论、方针政策修养，写作专用文书要对相关领域的政策法规有充分掌握。因此，在日常的工作、生活和学习中，要养成关注时事政治、学习党和国家方针政策的习惯，与时俱进，提高理论水平，掌握科学的世界观和方法论，提升自身的思想政治素质。

2. 善于思考

在学习和写作应用文的过程中，要善于思考，总结写作规律、摸清写作门道，从而提升思维能力。可以从以下两方面着手。

（1）阅读文章，常揣摩，看门道

阅读文章，贵精不贵多。找到规范的应用文范本，从形式到内容，仔细研读，揣摩文章处理内容和形式的方法，分析文章如何选用材料、确立观点、安排结构，总结出写作的规律，为写作实践打下基础。

（2）写作文章，先构架，再动笔

写文章之前，要先理清思路，明确发文的目的，积累相关材料，选择适用的文种，做好文章构架，然后再动笔进行写作。

3. 精进写作

"不积跬步，无以至千里；不积小流，无以成江海。"写作能力的提高不是一蹴而就的，需要一点一滴扎实积累。既要坚持练笔，又要抓住任务写作的时机，精益求精，力求写出好文章。

（1）日常写作，勤练笔，顺表达

"汝果欲学诗，功夫在诗外"，提高写作水平，离不开大量的写作训练。在学习理论知识的基础上，养成经常写作的习惯，经过一定量的练习，表达能力能够得到提升。比如，可以通过写日记、周记、读后感、随笔、博文等方式，培养写作的习惯，提高语言表达能力。

（2）任务写作，惜机会，益求精

写作学习计划、活动策划方案或活动总结、毕业论文，往往是学生学习过程中会面临的写作任务。这些任务写作，不仅有时限要求，对写作质量往往也有较高的要求，珍惜这些写作锻炼机会，反复打磨，认真修改润色，拿出高质量的文章，能较快提升写作能力。

相关拓展

写作是极平常的事（节选）
叶圣陶

学习写作的方法，大家都知道，该从阅读和习作两项入手。就学习写作的观点说，阅读不仅在明白书中说些什么，更需明白它对于那些"什么"是怎么说的。

阅读时候假如用心的话，即使遇到不合适不成品的文字，也可以在写作方面得到益处。那益处在看出它的毛病，自己看得出人家的毛病，当然可以随时检查自己，不犯同样的毛病。

至于习作，最好在实用方面下功夫。说清楚一点，就是为了适应生活上的需要而写作，所以要认真地学习写作。

你之所以不会写作，是因为你没有养成写作的习惯。养成习惯的方法并不难，不过是要写就写，不要错过机会而已。你如果抱定宗旨，要写就写，那你的写作机会一定不少，几乎每天可以遇到。读一本书，得到一点意思；经历了一件事情，悟出了一个道理；与朋友谈话，自己或朋友说了有意义的话；参加一个集会，那景况给予自己一种深刻的印象；参观一处地方，那地方的种种对自己都是新鲜的有兴味的，这些时候，不都是你的写作机会吗？

咱们要写作，必然有个主旨。前面所说读书得到的意思，从事情中悟出的道理，这些都是主旨。写作的时候，有关主旨的话才说，而且要说得正确，说得妥帖，说得没有遗漏；无关主旨的话却一句也不容多说，多说一句就是累赘，就是废话，就是全篇文字的一个疵点。

主旨是很容易认定的，只要问自己为什么要写作这篇文字，那答案便是主旨。认定了主旨，还得自始至终不放松它。写一段，要说得出这一段与主旨有什么关系；写一句，要说得出这一句对主旨有什么作用。要做到这地步，最好先开列一个纲要，第一段是什么，第二段是什么，然后动手写第一段的第一句。这个办法，现在有许多国文教师教学生照作了。其实无论哪个写作，都得如此。即使不把纲要写在纸面上，也必须预先想定纲要，写在自己的心上。

一段文字由许多句子合成，句有句式；一句句子由许多词合成，词有词义。句式要用得妥帖，词要用得得当，全在平时说话和阅读仔细留心。留心的结果，熟悉了某种句式某个词用在什么场合才合适，写作的时候就拿来应用，那准不会错。消极的办法，凡是不熟悉的句式和词，绝对不要乱用。

技能训练

一、案例分析题

小张原是机关的一般职员，常在《晚报》上发表文学作品，单位把他调到宣传部门担任秘书。到岗不久，部长布置他写一篇公文，内容是向上级汇报本单位一年来加强思想政治教育工作的情况。可是小张写了三次，部长都不满意。原来，小张在第一稿中为了增加文采，大量运用抒情和描写；第二稿，散文笔法改了点，但主要从自己的角度去审视本单位的情况；第三稿，谈缺点和问题的文字占了全文的80%，而且使用的是"请示报告"这一文种。

1. 请你从公文撰拟的角度，分析小张在公文写作中存在的主要问题。

2. 从小张的工作教训中，分析归纳如何才能写出正确规范的公文。

二、写作实训题

1. 运用思维导图归类整理的过程，就是选材立意的过程，也是根据要表达的主题选择写作材料的过程。请用思维导图，以"时代楷模"为主题，围绕爱岗敬业、无私奉献、助人为乐、勤奋钻研、诚信友善、互助合作6个分支，对如下18个选项要表达的这6个分支进行归类整理：环卫工人、人民警察、影视艺人、健身教练、生活老师、乡村教师、班主任、宇航员、快递员、导购员、农民工、乘务员、父母、闺蜜、同桌、对手、室友、兄妹。

2. 请选择一种自己常用的物品，尝试为其写一篇产品使用说明书。

3. 为了解本班同学的阅读情况，请你拟出调查提纲或设计出问卷调查表，进行实地调查，然后根据调查所获得的材料，拟出一篇调查报告的内容纲要。

三、阅读分析题

请仔细阅读下文，指出这段文字运用了哪些表达方式。

九寨沟的蓝天、白云、雪山、森林尽融于瀑、河、滩，缀成一串串宛若从天而降的珍珠；篝火、烤羊、锅庄和古老而美丽的传说，展现出藏族、羌族人民特有的民族风情。

九寨沟，一个五彩斑斓、绚丽奇绝的瑶池玉盆；一个原始古朴、神奇梦幻的人间仙境；一个不见纤尘、自然纯净的"童话世界"！九寨沟以神妙奇幻的翠海、飞瀑、彩林、雪峰等无法尽览的自然景观，成为全国唯一一处拥有"世界自然遗产"和"世界生物圈保护区"两顶桂冠的旅游胜地。九寨沟以原始的生态环境、一尘不染的清新空气和雪山、森林、湖泊组合成神妙、奇幻、幽美的自然风光，显现自然的美。九寨沟的高峰、彩林、翠海、叠瀑和藏情被称为"五绝"，同时也因其独有的原始景观、丰富的动植物资源被誉为"人间仙境"。

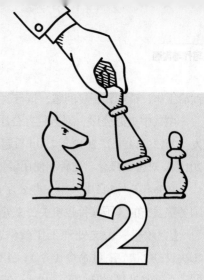

模块二
公务文书写作

公务文书，是国家统一规定使用、有着严格的格式要求的一类文书。学会准确选择文种、写出规范内容并按照程序处理文件，能帮助我们正确高效地处理各种事务工作及协调各种关系。

学习目标

1. 通过理论学习，掌握公务文书写作的概念、作用、分类、格式、写作的基本要求等。
2. 通过写作训练，能够结合实际写出规范得体的通知、通报、通告、请示、函、会议纪要等常用的公务文书。
3. 通过公务文书的学习，树立规范的公文意识，学会写作严谨合格的公文。
4. 养成认真严谨的写作态度，懂得遵守规范的必要性和严肃性，培养严谨、认真、严肃的立身处世态度。

情景故事

王明同学在自己所在的二级学院办公室当学生助理。国庆节即将来临，书记让王明拟写一份国庆节放假通知。王明虽然平时生活中看过、接到过很多通知，但觉得都有不规范的地方，而且通知与通报、通告有什么区别，他也不是很清楚。

项目一 公务文书写作概述

一、公务文书的概念

公务文书，简称公文，又称党政机关公文，是党政机关实施领导、履行职能、处理公务的具有特定效力和规范体式的文书，是传达贯彻党和国家方针政策，公布法规和规章，指导、布置和商洽工作，请示和答复问题，报告、通报和交流情况的重要工具。

中共中央办公厅、国务院办公厅2012年4月16日印发《党政机关公文处理工作条例》（中办发〔2012〕14号），2012年7月1日起施行，并配套国家标准《党政机关公文格式》（GB/T 9704—2012），对公文概念、文种和使用要求、格式做了明确的规定。

1996年5月3日中共中央办公厅发布的《中国共产党机关公文处理条例》和2000年8月24日国务院发布的《国家行政机关公文处理办法》停止执行。

《党政机关公文处理工作条例》（中办发〔2012〕14号）规定的党政机关公文一共15种：①决议；②决定；③命令（令）；④公报；⑤公告；⑥通告；⑦意见；⑧通知；⑨通报；⑩报告；⑪请示；⑫批复；⑬议案；⑭函；⑮纪要。

公文是党和国家机关在治国理政的进程中，用以表达意志、发布号令、传递交流重要信息的主要载体和工具，是一种具有特定效力和规范格式的文书。

公文的质量，直接反映机关的思想深度、政策水平和对社情民意、重大问题分析掌控能力，直接关系党的意志和方针政策的传达贯彻成效，直接体现机关干部的能力素质和工作水准。

党政机关公文代表国家机关行使权力，有非常高的规范性和严谨性，不可以随意对待、处理。

二、公务文书的作用

公文是党、国家各种组织之间、组织内部实施领导、管理、联系、协调等的常用工具，有非常重要的作用。

（一）公务联系作用

机关之间进行公务联系都需要使用公文，如布置和商洽工作，请示和批复问题，交流经验和处理事务。通过公文，完成上传下达、沟通协调，各级各类机关间的工作可以正常、高效、有序地施行。

（二）宣传教育作用

党和国家的法律法规、方针政策一般都用公文来发布，这对干部群众统一思想、提高认识起明显作用。如决定、通报等，在表彰先进、惩处错误方面起直接、鲜明的教育引导作用。

（三）凭据记载作用

上级来文，是下级机关开展工作的指导依据；下级来文，是上级做出方针决策的来源依据；单位内部发文，是单位内部履行职能、开展工作的凭证和真实记录。从长期来看，公文是单位、部门之间联系工作、开展业务的书面依据，具有很强的权威性，所以，公文应作为资料保存下来，形成可查可考的重要档案材料。公文也是研究政治、经济、文化等方面的可靠文献。

三、公务文书的分类

公文分类标准不同，分类结果也不尽相同。按照来源，公文可以分为对外文书（发文）、收来文书（收文）、内部文书；按处理要求，公文可以分为需办件、参阅件，或机密件、普通件等。

按行文关系或行文方向，公文一般分类如下。

上行文：下级机关发给上级机关的公文，比如请示、报告。

下行文：上级机关发给下级机关的公文，这类文种比较多，如命令（令）、决定、通知、通报、批复等。

平行文：平级机关或不相隶属机关之间互相发布的公文，如函。

泛行文：面向社会，没有明确的收文机关和行文方向，收文对象宽泛、不确定的公文，如通告、公告，有比较明显的告知意思。泛行文一般通过网络、电视、广播、报纸等新闻媒体发布，或在公共场所张贴向社会公众告知。

四、公务文书的格式

公文在应用文中有着最严格和规范的书面格式，程式化是公文的特征之一，大多通过书面文字材料形成的相对固定的格式来表现。从内外两个方面看，公文格式有着书面格式和内在结构。书面格式，是公文的外在表现形式，国家有明确规定；内在结构，是公文内容的组织构造。

一份完整的公文，其书面格式由版头、主体、版记三部分组成，公文格式主要是这几部分内容的组成与写作规定。具体包括份号、密级和保密期限、紧急程度、发文机关标志、发文字号、签发人、标题、主送机关、正文、附件说明、发文机关署名、成文日期、印章、附注、附件、抄送机关、印发机关和印发日期、页码等组成。

（一）版头

包括份号、密级和保密期限、紧急程度、发文机关标志、发文字号、签发人、分隔线等。

1. 份号

如需标注份号，一般用6位3号阿拉伯数字，顶格编排在版心左上角第一行。

2. 密级和保密期限

如需标注密级和保密期限，一般用3号黑体字，顶格编排在版心左上角第二行；保密期限中的数字用阿拉伯数字标注。

3. 紧急程度

公文的紧急程度是对公文送达和办理的时间要求。如需标注紧急程度，一般用3号黑体字，顶格编排在版心左上角；如需同时标注份号、密级和保密期限、紧急程度，按照份号、密级和保密期限、紧急程度的顺序自上而下分行排列。

4. 发文机关标志

发文机关标志由发文机关全称或者规范化简称加"文件"二字组成，也可以使用发文机关全称或者规范化简称。

发文机关标志居中排布，上边缘至版心上边缘为35mm，推荐使用小标宋体字，颜色为红色，以醒目、美观、庄重为原则。

联合行文时，如需同时标注联署发文机关名称，一般应当将主办机关名称排列在前；如有"文件"二字，应当置于发文机关名称右侧，以联署发文机关名称为准上下居中排布。

5. 发文字号

发文字号由发文机关统一办理，包括发文机关代字、年份、顺序号。如"苏办〔2021〕×号"，这样便于分类、检索与处理。如：宁政办〔2022〕25号。

发文字号编排在发文机关标志下空二行位置，居中排布。年份、发文顺序号用阿拉伯数字标注；年份应标全称，用六角括号"〔〕"括入；发文顺序号不加"第"字，不编虚位（即1不编为01），在阿拉伯数字后加"号"字。

上行文的发文字号居左空一字编排，与最后一个签发人姓名处在同一行。

6. 签发人

由"签发人"三字加全角冒号和签发人姓名组成，居右空一字，编排在发文机关标志下空二行位置。"签发人"三字用3号仿宋体字，签发人姓名用3号楷体字。

如有多个签发人，签发人姓名按照发文机关的排列顺序从左到右、自上而下依次均匀编排，一般每行排两个姓名，回行时与上一行第一个签发人姓名对齐。

7. 版头中的分隔线

发文字号之下4mm处居中印一条与版心等宽的红色分隔线。

（二）主体

主体包括标题、主送机关、正文、附件说明、发文机关署名、成文日期和印章、附注等要素。

1. 标题

标题一般用2号小标宋体字，编排于红色分隔线下空二行位置，分一行或多行居中排布；回行时，要做到词意完整，排列对称，长短适宜，间距恰当，标题排列应当使用梯形或菱形。

行政公文的标题由发文机关的名称、事由和公文种类三部分构成。如《中共中央关于恢复沈雁冰同志党籍的决定》。

事由是对公文主要内容的简要而准确的概括，一般都有介词"关于"和表达主要内容的词组组成介词结构，作为公文种类的定语，这样能使事由更加明确、突出。但也有的行政公文在使用公文专用纸的情况下省去发文机关；也有省略事由的，如《中华人民共和国人民代表大会公告》。

我们在写作训练中一般都写完整式标题，即发文机关+事由+文种。

2. 主送机关

主送机关编排于标题下空一行位置，居左顶格，回行时仍顶格，最后一个机关名称后标全角冒号。如主送机关名称过多导致公文首页不能显示正文时，应当将主送机关名称移至版记，具体标注方法见版记。

主送机关是行文的对象，也就是具体承办单位。

向上级请示的行政公文，一般只写一个主送机关，主送机关的书面位置，要在标题之后，正文之前。

3. 正文

公文首页必须显示正文。一般用3号仿宋体字，编排于主送机关名称下一行，每个自然段左空二字，回行顶格。文中结构层次序数依次可以用"一、""（一）""1.""（1）"标注；一般第一层用黑体字、第二层用楷体字、第三层和第四层用仿宋体字标注。

正文是公文的主要部分，表达上要简明、确切、条理清楚。

4. 附件说明

附件一般指随文转发、报送的文件，如随文颁发的制度、办法、规章、以及文件中的报表、说明材料等。附件的位置应在正文之后，机关名称之前，并注明附件名称及件数。

如有附件，在正文下空一行左空二字编排"附件"二字，后标全角冒号和附件名称。如有多个附件，使用阿拉伯数字标注附件顺序号（如"附件：1.×××××"）；附件名称后不加标点符号。附件名称较长需回行时，应当与上一行附件名称的首字对齐。

5. 发文机关署名、成文日期和印章

发文机关署名有以下几种情况。

（1）加盖印章的公文

发文机关署名所在位置及印章位置，都与成文日期位置密切相关，所以先了解成文日期的要求。

成文日期一般右空四字编排。

单一机关行文时，一般在成文日期之上、以成文日期为准居中编排发文机关署名，印章端正、居中下压发文机关署名和成文日期，使发文机关署名和成文日期居印章中心偏下位置（即所谓"骑年盖月"），印章顶端应当上距正文（或附件说明）一行之内。印章用红色，不得出现空白印章。

联合行文时，一般将各发文机关署名按照发文机关顺序整齐排列在相应位置，并将印章一一对应、端正、居中下压发文机关署名，最后一个印章端正、居中下压发文机关署名和成文日期，印章之间排列整齐、互不相交或相切，每排印章两端不得超出版心，首排印章顶端应当上距正文（或附件说明）一行之内。

（2）不加盖印章的公文

单一机关行文时，在正文（或附件说明）下空一行右空二字编排发文机关署名，在发文机关署名下一行编排成文日期，首字比发文机关署名首字右移二字，如成文日期长于发文机关署名，应当使成文日期右空二字编排，并相应增加发文机关署名右空字数。

联合行文时，应当先编排主办机关署名，其余发文机关署名依次向下编排。

（3）加盖签发人签名章的公文

单一机关制发的公文加盖签发人签名章时，在正文（或附件说明）下空二行右空四字加盖签发人签名章，签名章左空二字标注签发人职务，以签名章为准上下居中排布。在签发人签名章下空一行右空四字编排成文日期。

联合行文时，应当先编排主办机关签发人职务、签名章，其余机关签发人职务、签名章依次向下编排，与主办机关签发人职务、签名章上下对齐；每行只编排一个机关的签发人职务、签名章；签发人职务应当标注全称。签名章一般用红色。

机关印章应骑年盖月、端正、居中、清晰、文字可辨认。盖印是文件生效的标志，切不能漏盖或者盖得模糊不清，令承办机关难辨真伪。

6. 成文日期

成文日期用阿拉伯数字将年、月、日标全，年份应标全称，月、日不编虚位（即1不编为01）。

发文的日期（年、月、日），一律写在文件末尾签署之后，要与正文之间留些空格，以便盖章。行政公文上的日期（年、月、日），凡属会议通过的文件，以会议通过的日期为准；凡属命令、指示和重要通知，以签发日期为准；其他则以发出日期为准。

特殊情况说明：当公文排版后所剩空白处不能容下印章或签发人签名章、成文日期时，可以采取调整行距、字距的措施解决。

7. 附注

如有附注，居左空二字加圆括号编排在成文日期下一行。

8. 附件

附件应当另面编排，并在版记之前，与公文正文一起装订。"附件"二字及附件顺序号用3

号黑体字顶格编排在版心左上角第一行。附件标题居中编排在版心第三行。附件顺序号和附件标题应当与附件说明的表述一致。附件格式要求同正文。

如附件与正文不能一起装订，应当在附件左上角第一行顶格编排公文的发文字号并在其后标注"附件"二字及附件顺序号。

（三）版记

版记包括分隔线、抄送单位、印发机关和印发日期等。

1. 分隔线

版记中的分隔线与版心等宽，首条分隔线和末条分隔线用粗线（推荐高度为0.35mm），中间的分隔线用细线（推荐高度为0.25mm）。首条分隔线位于版记中第一个要素之上，末条分隔线与公文最后一面的版心下边缘重合。

2. 抄送机关

抄送机关是指和这件行政公文确实有关的单位，也就是协办单位或必须知晓公文内容的单位。抄送单位一般写在公文的末页，发文日期之后。

如有抄送机关，一般用4号仿宋体字，在印发机关和印发日期之上一行、左右各空一字编排。"抄送"二字后加全角冒号和抄送机关名称，回行时与冒号后的首字对齐，最后一个抄送机关名称后标句号。

如需把主送机关移至版记，除将"抄送"二字改为"主送"外，编排方法同抄送机关。既有主送机关又有抄送机关时，应当将主送机关置于抄送机关之上一行，之间不加分隔线。

3. 印发机关和印发日期

印发机关和印发日期一般用4号仿宋体字，编排在末条分隔线之上，印发机关左空一字，印发日期右空一字，用阿拉伯数字将年、月、日标全，年份应标全称，月、日不编虚位（即1不编为01），后加"印发"二字。

版记中如有其他要素，应当将其与印发机关和印发日期用一条细分隔线隔开。

4. 页码及印刷要求

页码：一般用4号半角宋体阿拉伯数字，编排在公文版心下边缘之下，数字左右各放一条一字线；一字线上距版心下边缘7 mm。单页码居右空一字，双页码居左空一字。公文的版记页前有空白页的，空白页和版记页均不编排页码。公文的附件与正文一起装订时，页码应当连续编排。

公文用纸主要技术指标：公文用纸一般使用纸张定量为60 g/m² ~ 80 g/m²的胶版印刷纸或复印纸。纸张白度80% ~ 90%，横向耐折度≥15次，不透明度≥85%，pH值为7.5 ~ 9.5。

幅面尺寸：公文用纸采用GB/T 148中规定的A4型纸，其成品幅面尺寸为：210mm×297mm。

页边与版心尺寸：公文用纸天头（上白边）为37mm±1mm，公文用纸订口（左白边）为28mm±1mm，版心尺寸为156mm×225mm。

字体和字号：如无特殊说明，公文格式各要素一般用3号仿宋体字。特定情况可以作适当调整。

行数和字数：一般每面排22行，每行排28个字，并撑满版心。特定情况可以作适当调整。

文字的颜色：如无特殊说明，公文中文字的颜色均为黑色。

印刷装订要求：版面干净无底灰，字迹清楚无断划，尺寸标准，版心不斜，误差不超过1mm。

印刷要求：双面印刷；页码套正，两面误差不超过2mm。黑色油墨应当达到色谱所标BL100%，红色油墨应当达到色谱所标Y80%、M80%。印品着墨实、均匀；字面不花、不白、无断划。

装订要求：公文应当左侧装订，不掉页，两页页码之间误差不超过4mm，裁切后的成品尺寸允许误差±2mm，四角呈90°，无毛茬或缺损。

骑马订或平订的公文应当：a）订位为两钉外订眼距版面上下边缘各70mm处，允许误差±4mm；b）无坏钉、漏钉、重钉，钉脚平伏牢固；c）骑马订钉锯均订在折缝线上，平订钉锯与书脊间的距离为3mm～5mm。

包本装订公文的封皮（封面、书脊、封底）与书芯应吻合、包紧、包平、不脱落。

式样：

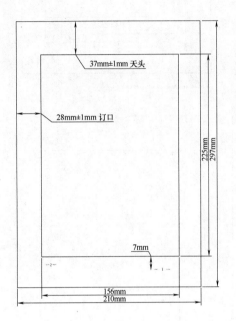

注：版心实线框仅为示意，在印制公文时并不印出。

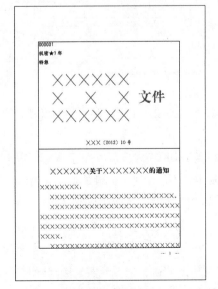

注：版心实线框仅为示意，在印制公文时并不印出。

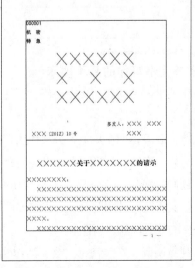

注：版心实线框仅为示意，在印制公文时并不印出。

公务文书写作

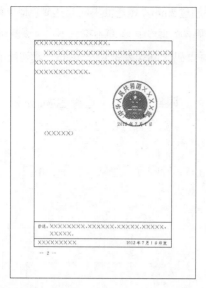

注：版心实线框仅为示意，在印制公文时并不印出。

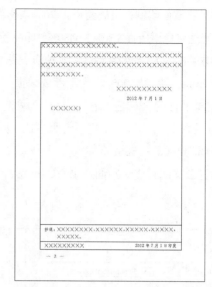

注：版心实线框仅为示意，在印制公文时并不印出。

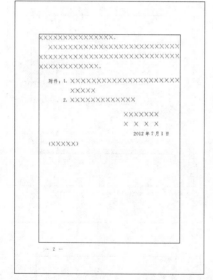

注：版心实线框仅为示意，在印制公文时并不印出。

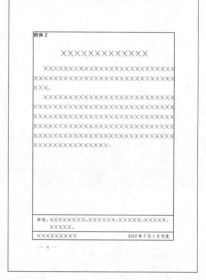

注：版心实线框仅为示意，在印制公文时并不印出。

五、公务文书写作的基本要求

公文写作要求内容清楚、文字准确，要达到缺一字不通，多一字则不顺的境界，语言风格要客观、平实、准确、得体。

第一，符合政策，严肃规范。公文代表权力机关行使国家权力、发布意见，所以首先应遵守党和国家的法律、方针、政策和上级机关的有关规定，不能出现方向性的偏差或错误。

第二，逻辑严密，一文一事。公文写作内在逻辑性很强，要根据客观规律、内在联系安排公文格局、行文思路，结构要严谨，思路要清晰，一般一文一事，一则公文一个主题，客观、平实，体现公文的权威性和严肃性。

第三，观点明确，文字精练。公文写作要求观点要明确，情况属实，层次分明、条理清楚，文字简洁精当，标点符号使用正确规范，符合应用写作的科学性和规范性。

第四，引用准确，出处清楚。公文中如出现人名、地名、数字等，需多方核实，务必保证准确无误，否则影响公文的严肃性和可靠性。如有引文，需要标明准确的出处。如果来自公文，则必须标明发文机关、标题、发文时间、发文字号。注意引用时应尽量精简，不要长篇引用，以免本末倒置、主次不分。

项目二　常用公务文书写作

一、通知

通知，是公文中最常用的下行文，适用于发布、传达要求下级机关执行和有关单位周知或者执行的事项，批转、转发公文。

通知使用广泛，被称为公文中的"老黄牛"。

（一）通知的特点

1. 使用范围的广泛性

通知不受发文单位级别、性质的限制。无论是国家大事还是单位内部的具体事务，都可以用通知的形式发布。

2. 明显的时效性

通知事项一般要求立即办理、执行或知晓，不容拖延。如会议通知，只在特定的一段时间里有效。

（二）通知的类型

1. 处理文件的通知

上级机关转发下级的文件，属于批转性通知。

下级机关转发上级、同级或不相隶属的机关的文件，属于转发性通知。

发布行政法规、规章、办法的通知属于发布性通知。

2. 布置性通知（工作通知）

这是上级机关就某些事项、某项工作，提出工作的具体原则、要求、安排，以让受文单位贯彻执行的通知。

3. 会议通知

会议通知指告知有关单位或个人参加会议的通知。

4. 知照性通知

知照性通知指告知有关单位或个人某些事项的通知。知照性通知内容包括：设立或撤销机构、迁移办公地点、启用或更换印章、调整办公时间等事项。

（三）通知的结构和写法

1. 标题

通知的标题由发文机关、事由、文种构成，这三个要素齐全，就是完整式通知标题，如《××××职业技术学院关于2022年国庆节放假的通知》；也可以省略发文机关，只保留事由和文种，即省略式通知标题，如《关于2022年国庆节放假的通知》。

处理文件通知的标题一般由"发文机关＋发布（批转或转发）＋被发布（批转或转发）的文

件标题＋文种"构成。重要的公文应加上书名号。

特别需要注意：若被发布、批转、转发的公文标题中已有多个"关于"和"的通知"字样，或者被发布、批转、转发的公文标题已较长，再拟通知标题时，应简写。简写方法：保留末次发布（批转或转发）文件机关和始发文件机关，只保留一个"转发""关于""的通知"字样。

标题三要素里，事由的概括要准确、简洁，事由比较难写，也非常考验写作能力。

2. 主送机关

主送机关即受文对象，根据实际情况，可以是一个或几个甚至所有的有关单位。主送机关如果只有一个，用全称规范写出即可；如果主送机关多或为普发性通知，就概括单位性质、类别，笼统称呼，不要一一列举。

3. 正文

不同类型的通知，其正文写法略有不同。

（1）处理文件性通知

正文包含两个部分：批语＋批转、转发或印发的规章或文件。

批语内容比较简单：说明批转、转发或印发的文件名称和有关要求。

基本格式："现将《关于……的规定》印发（或批转、转发）给你们，请……"

比较复杂的文件，则在结尾处对如何实施做出具体说明，或者阐述意义等。

（2）工作通知

正文内容分为三部分：引言、主体和结尾。

第一部分：引言，即说明缘由，说明布置这项工作的依据、缘由、目的、意义等。最后要写"现将相关事宜通知如下"文种承启语，并以冒号置其后。

第二部分：主体，即通知的具体内容。根据实际需要，可以是一段话，如果内容比较复杂，则分条列项陈述，使得内容清晰、明确。重要内容详细写，放在前面；次要内容，应尽量简化，放在后面。

第三部分：结尾，一般可以写上惯用结束语，如"特此通知"。省略也可。

总的说来，工作通知的目的在于布置工作任务，要求下级遵照执行。工作通知要说明：办什么事、为什么办这些事、怎样办这些事。

（3）会议通知

会议有大有小，有单位外部会议，也有单位内部常规会议。不同的会议通知在具体写法上稍有区别。

单位内部会议比较简单，写明会议时间、会议地点、会议内容、准备材料、出席人员等要素即可。

如果是规模大、涉及单位多、周期长的会议，包含内容会比较复杂，一般需要写清楚：会议名称、会议的原因与目的、会议议题、会议时间与地点、报到时间与地点、与会人员、与会人员需准备的材料、差旅费报销办法、联系单位、联系人与联系方式等，有的通知还应附上会议日程安排和与会的有关证件。

会议通知通常采用分条列项式写法。

4. 落款及成文日期

应以发文机关全称落款，并在下一行写明成文日期。如果在标题中已标明发文机关，落款时可以省略。

（四）通知的例文分析

例文1

国务院办公厅转发国家发展改革委 国家能源局
关于促进新时代新能源高质量发展实施方案的通知

各省、自治区、直辖市人民政府，国务院各部委、各直属机构：

国家发展改革委、国家能源局《关于促进新时代新能源高质量发展的实施方案》已经国务院同意，现转发给你们，请认真贯彻落实。

国务院办公厅

2022年5月14日

例文分析

这是一则批转下级机关文件的通知。该则通知由批转的文件和批示语组成，批转的文件即需要执行的内容，批示语简洁明确，但却具有行政约束力。

例文2

中共中央办公厅　国务院办公厅
关于印发《党政机关公文处理工作条例》的通知

各省、自治区、直辖市党委和人民政府，中央和国家机关各部委，解放军各总部、各大单位，各人民团体：

《党政机关公文处理工作条例》已经党中央、国务院同意，现印发给你们，请遵照执行。

中共中央办公厅　国务院办公厅

2012年4月16日

例文分析

这是一则印发文件的通知。该则通知由印发文件和批示语组成，批示语简洁明确，一语到位。

例文3

国务院办公厅关于2022年部分节假日安排的通知

各省、自治区、直辖市人民政府，国务院各部委、各直属机构：

经国务院批准，现将2022年元旦、春节、清明节、劳动节、端午节、中秋节和国庆节放假调休日期的具体安排通知如下。

一、元旦：2022年1月1日至3日放假，共3天。

二、春节：1月31日至2月6日放假调休，共7天。1月29日（星期六）、1月30日（星期日）上班。

三、清明节：4月3日至5日放假调休，共3天。4月2日（星期六）上班。

四、劳动节：4月30日至5月4日放假调休，共5天。4月24日（星期日）、5月7日（星期六）上班。

五、端午节：6月3日至5日放假，共3天。

六、中秋节：9月10日至12日放假，共3天。

七、国庆节：10月1日至7日放假调休，共7天。10月8日（星期六）、10月9日（星期日）上班。

节假日期间，各地区、各部门要妥善安排好值班和安全、保卫、疫情防控等工作，遇有重大突发事件，要按规定及时报告并妥善处置，确保人民群众祥和平安度过节日假期。

国务院办公厅

2021年10月25日

即时训练

如果是国庆节或寒暑假放假的通知，正文该怎么写？能否还是用日期列举的方式？是否需要分条列项？

例文4

会计学院关于召开班委会议的通知

各班级：

为抓好"四风"建设，拟召开各班级班委会议。现将有关事项通知如下：

一、时间：9月30日（周三）14:00—14:30。

二、地点：博雅楼107教室。

三、人员：2020级、2021级、2022级各班班长、副班长、学习委员、团支部书记。

四、要求：准时出席，不得请假；带笔、本子做记录。

特此通知。

2022年9月28日

例文分析

这是一则会议通知，条理清晰，要素齐全，虽然简单短小，但十分规范严谨，是一篇单位内部日常会议的典范例文。

（五）写作通知的注意事项

1. 虑事周到，提前发文。通知大多用于要求下级机关执行和有关单位周知或执行的事项，所以写作通知时要考虑需要落实的事项难度大小、多久能够完成、有无跨部门协调等因素，给下级机关留有充分的处理时间，在合理恰当的时间点发文。

2. 思路清晰，要求明确。通知结构上一般采用分条列项式写法，层次清楚，事项分明，任务的目的、该怎么做、什么时候完成等内容清楚明了。会议通知在与会人员上要清楚到哪些人员必须参会，哪些人不用参会，让接到通知的人一目了然。

3. 语言简洁，平实得体。通知写作要开门见山，不绕弯子，语言简洁客观，更不能因为是下行文而颐指气使、盛气凌人，应该遵守公务文书语言的要求，平实得体，清晰流畅。

即时训练

1. 单位内部会议通知一般提前几天发出比较合适？
2. 请归纳例文中时间、地点、人员三个要素的写作注意事项。
3. 总结内部会议通知的写作模板。

二、通报

（一）通报的概念

通报是下行文，适用于表彰先进、批评错误、传达重要精神和告知重要情况。通报一般具有三个作用：嘉奖作用、告诫作用、交流作用。

自测练习

（二）通报的特点

1. 真实性。内容真实，是制发通报的重要前提。

2. 时效性。通报行文要求很强的时效性。先进事迹、典型经验、重要情况，及时通报才能更好地推广，更好地发挥作用；坏人坏事、反面典型，及时通报才能更好起到警示作用，以杜绝类似事件的发生。

3. 双重性。通报具有双重性，既有教育作用，又有交流作用。

（三）通报的类型

对应通报的作用，通报可以相应分为三个类型。

1. 表彰性通报

表彰性通报指具有典型意义的先进事迹和好人好事的通报。

2. 批评性通报

批评性通报指能普遍产生鉴戒作用的对单位或个人的通报。

3. 情况通报

情况通报指传达重要精神或重要情况，起到交流情况、沟通信息，以促进工作的通报。

（四）通报的写法

1. 标题

标题通常由三个要素构成：发文机关、事由和文种。如《福建省人民政府办公厅关于2022年第二季度全省政府网站与政务新媒体检查情况的通报》。

2. 主送机关

在主送机关栏把收文机关全称或规范性简称写清楚即可。

3. 正文

不同的通报类型，其正文的结构思路比较接近，但具体写作内容各不相同。

（1）表彰性通报

表彰性通报正文内容一般包括以下几个方面。

① 叙述先进事迹，包括时间、地点、人物、事迹、做法及其结果。

② 对先进事迹进行分析、评议，指出其体现的精神、典型意义、主要经验。

③ 提出表彰决定。

④ 提出希望和学习号召。

（2）批评性通报

批评性通报正文内容一般包括以下几个方面。

① 错误事实

叙述事故或错误事实的情况，包括时间、地点、经过及其后果等。

② 分析评议

对事故或错误事实进行分析评议，分析其发生的原因，指出其性质及危害。

③ 处理事项

提出处分决定。

④ 经验教训

引申出应当吸取的经验教训，有的放矢地提出希望和要求。

（3）情况通报

情况通报正文内容一般包括以下几个方面。

① 概括叙述情况。

② 分析情况。

③ 针对情况提出希望和要求。

4. 落款

通报右下角写上发文机关和发文时间。如果标题中已有发文机关，且时间已标注在发文机关下面，则不再落款。普发性通报可不写抬头。非普发性通报要写抬头，且发文机关和发文时间写在落款处。

（五）通报的例文分析

例文1

××省化工总公司党委

关于授予张××"优秀共产党员"荣誉称号的通报

各分公司党委、总公司党委各部门、各直属机构：

张××同志是××分公司所属天宏化工厂管道维修工人，共产党员。今年8月12日上午8时30分，该厂成品车间后处理工段油气管道突然爆炸起火。正在利用公休日清理夜间施

工现场的张××被爆炸气浪猛烈推倒，头部、右臂和大腿等多处受伤，鲜血直流，鞋子也被甩出很远。在这危急关头，张××强忍剧痛，迅速爬起来，顾不得穿鞋和查看伤势，踩着玻璃碎片，冲入烈火之中，迅速关闭了喷胶阀门、油气分层罐手阀、蒸汽总阀。接着先后用了10余个干粉灭火器扑救颗粒泵、混胶罐等处的大火，在随后赶来的保安人员的援助下，共同英勇奋战10余分钟，最终将大火全部扑灭，避免了火势的蔓延。

张××同志在身体多处受伤、火势凶猛并随时可能发生更大爆炸的万分危急关头，将个人生死置之度外，果断处理突发事件，为遏制火势蔓延、防止事故扩大、减少国家财产损失，做出了突出的贡献。他的行为体现了为保护国家财产和人民利益而置个人生命安危于度外的崇高精神品质，谱写了一曲保持共产党人先进性的正气之歌。

为了表彰张××的英雄行为和崇高的革命精神，总公司党委研究决定：授予张××"优秀共产党员"荣誉称号，将张××奋力灭火的英勇事迹通报全公司，晋升二级工资，并颁发灭火奖励10 000元，以资鼓励。

希望各分公司党委、各直属机构组织广大共产党员和干部职工以张××为榜样，落实安全生产责任，努力做好本职工作，为化工行业的改革与发展做出更大的贡献。

××省化工总公司党委（印）

2021年8月18日

例文分析

这是一份表彰性通报，表彰对象为个人。正文叙述张××的先进事迹，对该同志的行为做了有境界而又恰当的分析、评议，目的句之后写决定事项，最后提出发文单位的希望号召。全文结构合理、格式规范。全文注重将英勇行为上升到恰当的境界予以分析、评议。全文语言通俗流畅。美中不足的是对事件过程的叙述不够概括。

例文 2

国务院办公厅关于对"十三五"时期
实行最严格水资源管理制度成绩突出的省级人民政府给予表扬的通报

各省、自治区、直辖市人民政府，国务院各部委、各直属机构：

"十三五"时期，在党中央、国务院正确领导下，各地区、各部门采取有力措施，继续实行最严格水资源管理制度，节约用水、取用水监管、水资源保护、河湖管理等各项措施加快落实，取得显著成效。2020年，全国用水总量、用水效率和重要江河湖泊水功能区水质达标率均实现了"十三五"期末控制目标，为经济社会发展提供了重要支撑。

为表扬先进、宣传典型，经国务院同意，对"十三五"时期实行最严格水资源管理制度成绩突出的浙江、江苏、山东、安徽4个省人民政府予以通报表扬。希望受到表扬的地区珍惜荣誉，再接再厉，充分发挥示范引领和带动作用，取得新的更好成绩。

各地区、各部门要认真贯彻党中央、国务院决策部署，立足新发展阶段，完整、准确、全面贯彻新发展理念，构建新发展格局，全面落实"节水优先、空间均衡、系统治理、两手发力"的治水思路，强化水资源刚性约束，坚持以水定城、以水定地、以水定人、以水定产，合理规划人口、城市和产业发展，深入实施国家节水行动，促进经济社会发展方式绿色转型，为推动生态文明建设和经济社会高质量发展提供水安全保障。

国务院办公厅

2021 年 9 月 18 日

例文分析

这是一则表彰性通报，表彰对象为单位。正文分三个层次：一是引言，介绍水资源管理制度实施的基本情况；二是对成绩突出的 4 个省人民政府予以表扬；三是提希望、要求，希望各地区、各部门把这项工作继续做好。

（六）写作通报的注意事项

1. 注意真实性

撰写通报前，一定要做好调查研究，核实事件细节，实事求是，以免发文后被动、失信。叙述典型事实要准确、平实、简明。

2. 注重时效性

通报要及时行文，拖延太久就失去了表彰、批评或交流重要信息的作用。

3. 注意指导性

通报的指导性主要体现在写好对事项的分析、评议上。分析、评议最能体现作者思想水平与写作水平。撰写通报时要注意将人和事上升到较高的层面来认识，切忌就事论事。同时，通报的决定事项不能与事实、政策相抵触。

关于撤销×××厂国家二级企业称号的通报

福建省人民政府办公厅关于 2022 年第二季度全省政府网站与政务新媒体检查情况的通报

三、通告

（一）通告的概念

通告是泛行文，用于在一定范围内公布应当遵守或者周知的事项。

通告内容广泛，使用普遍。国家机关、社会团体和企事业单位在所辖范围内均可使用通告。

自测练习

同样是公布需要遵守或周知的事项，通告与通知最大的不同在于，通知是下行文，是下级机关需要知道、做到的，而通告的收文对象不是下级机关，往往是宽泛的，是与通告内容相关的部门、人员。如某路段围挡施工修地铁，往往会张贴一则通告，让周边居民及过往的车辆、行人，对此事有所了解，起到提前沟通、交流信息的作用，避免给群众带来不便。

（二）通告的特点

1. 内容的业务性

通告发布的内容多是局部性、业务性的，针对性强。比如临时闭馆、因大型活动暂时交通封闭等。

2. 行文对象的宽泛性

不明确收文对象，只要与通告内容相关的单位、人员，某种意义上都在收文之列。

3. 发文单位的广泛性

党政机关、企事业单位、人民团体都可发布通告，无单位职级高低之分。

（三）通告的类型

1. 告晓性通告

告晓性通告一般用来公布让有关单位和个人周知的某些事项，如通告停电、停水、迁址等。

2. 办理性通告

办理性通告一般用来公布要求有关单位和人员需要办理的事项，要求办理的事项多为注册、登记、年检等。

3. 禁管性通告

禁管性通告一般用来公布一些令行禁止的事项，如交通管制、查禁违禁物品等。

（四）通告的写法

1. 标题

标题的写法有以下几种。

（1）发文机关＋事由＋文种，如"江宁区政务服务中心关于办公地点搬迁的通告"。禁管性通告或一些重要的告晓性通告通常使用这种完全式标题。

（2）发文机关＋文种，如"中国农业银行××分行通告"等。

（3）事由＋文种，如"关于税收财务大检查实行持证检查的通告"等。

2. 正文

通告的正文通常由缘由、事项、结语组成。

（1）缘由

缘由即发此通告的原因、根据。

（2）事项

事项指通告的具体事项或规定。内容比较简单、单一的，可不分条写；如果内容比较多，则应分条列项地写。

（3）结语

结语一般提出希望或要求。以"特此通告"作为结语，以示强调，引起注意。有的通告事项写完即结束全文，不再写结语。

通告面对的是公众，一般不必写抬头。

3. 落款

标题中没有发文机关，也没有日期，则落款处必须署上发文机关名称和日期。标题中已写发文机关，并在标题下标注了日期的，不必再写落款。

（五）通告的例文分析

例文1

关于依法驳回涉冬奥会、冬残奥会商标注册申请的通告

北京2022冬奥会和冬残奥会已圆满落幕。国家知识产权局继2月14日依法打击恶意抢注"冰墩墩""谷爱凌"等商标的行为后，对恶意抢注北京2022冬奥会冬残奥会吉祥物、口号、运动员姓名、场馆名称等商标注册申请再次予以坚决打击。依据《商标法》第十条第一款第（七）、（八）项，第三十条等相关条款，对第62717890号"青蛙公主"、第62626622号"翊鸣"、第62478160号"一起向未来"、第62034963号"雪飞燕"、第62612144号"BINDUNDUN"、第62515920号"雪绒融"等1270件商标注册申请予以驳回。

下一步，国家知识产权局将持续保持严厉打击商标恶意注册的高压态势，不断强化对包括冬奥健儿姓名在内的相关热词的保护，对恶意抢注商标的申请予以坚决驳回，并及时公布。

附：驳回名单

国家知识产权局

2022年3月21日

例文分析

这是一份告晓性通告，国家知识产权局对恶意抢注与冬奥会、冬残奥会有关的1270件商标注册申请予以驳回，请申请单位、个人或关注此事的人员周知。正文分两段，第一段表明态度，坚决打击，列举几个商标为代表，明确予以驳回。第二段表明继续加强严厉打击的态势及做法，态度明晰、坚决。最周到的是，把驳回名单作为附件放在正文后面，严谨、周全。该通告是一篇思路清晰、行文简洁的通告。

但是，这则通告格式上略有瑕疵，请问你找出来了吗？

 小贴士

附件的格式

上则例文，附件格式不规范。只用"附"不对，要用"附件"两个字表述，且应与正文空一行，前面空两格。

例文2

关于2021年积分落户公示及落户办理有关工作的通告

根据《北京市积分落户管理办法》（京政办发〔2020〕9号，以下简称"办法"）、《北京市积分落户操作管理细则》（京人社开发发〔2020〕8号），为做好2021年积分落户公示及落

户办理工作，现将有关内容通告如下：

一、2021年公示拟取得落户资格人员6045人。申请人取得落户资格后自行放弃的，落户资格不递补。

二、自2021年7月12日起，申请人可登录积分落户在线申报系统查看本人积分结果及排名。

三、拟取得落户资格的申请人名单自2021年7月12日至19日在市政府门户网站"首都之窗"公示。公示期满无异议的取得落户资格，可按相关规定办理本市常住户口。

对拟取得落户资格人员有异议的，请在公示期内向相关部门实名书面反映（电话：010-63135162，传真：010-63135367，联系地址：西城区永定门西街5号，北京市积分落户服务中心，邮政编码：100050）。反映问题要实事求是、客观公正。相关部门将根据反映情况进行查证。经查证属实取消落户资格的，落户资格不递补。

四、取得落户资格的申请人办理本市常住户口时限为2021年7月20日至2023年12月31日，请安排好时间，错峰有序办理。今年继续实行电子调函，经公示取得落户资格的申请人，审核通过后可前往公安分局办理落户手续。

五、档案审核由调京后的档案接收部门按相关规定办理。材料清单、办理流程详见市人力资源社会保障局政府网站积分落户服务专栏提示。

六、取得2021年积分落户资格人员随迁未成年子女的出生日期计算为：截至2020年1月1日（不含）不超过18周岁。

北京市人力资源和社会保障局

2021年7月12日

例文分析

这是一份办理性通告，正文可分为两个部分：一是引言，写明积分落户的依据及发文目的，"现将有关内容通告如下"文种承启语也承上启下，使行文连贯、规范；二是通告的具体内容，分条列项时间、地点、要求、流程、注意事项等。

（六）写作通告的注意事项

1. 撰写通告，要有政策观念，以政策衡量通告的事项，确保通告的事项不与现行政策抵牾。

2. 通告的目的在于使行文对象知道某个事项，以便于在以后的工作生活中注意或者遵守，所以，通告的语言要简洁明白、平实得体、一目了然。

3. 通告可以用来处理带有一定专业性的公务，所以写有关专业性的内容时，难免会使用一些术语，但要注意尽量选择大多数人熟悉的行业用语，同时，也要求撰稿者有一定的专业知识。

最高人民法院
最高人民检察
院 公安部
关于依法收缴
非法枪爆等物
品严厉打击涉
枪涉爆等违法
犯罪的通告

即时训练

某嘉年华活动因天气原因部分设施无法开放，出具了这样一份公文。

公务文书写作

请分析这份公文的优点、缺点，思考其正确写法，并写出范文。

> # 公告
>
> 由于天气原因，本次嘉年华活动部分设施无法开放，园区可以正常参观，不便之处敬请谅解。
>
> 嘉年华组委会

你能归纳出通告与公告的区别吗？

小贴士

公告与通告的区别

公告适用于向国内外宣布重要事项或法定事项。通告适用于在一定范围内公布应当遵守或周知的事项。公告与通告的区别如下。

1. 发文内容不同。公告所发布的事项是国内外普遍关注、有必要让海外人士了解的重大事项和法定事项；通告所发布的事项则属于有关职能部门对负有责任进行管理的社会某一方面工作做出规定和安排的一般业务事项。

2. 发布范围不同。公告所宣布的事项需让国内外了解，因此必须面向国内外发布；通告范围比较窄，限于一定范围内，内容也多是指向特定范围。

3. 重要程度不同。公告用来发布国内外重要事项，或者履行法律规定必须遵循的程序；通告发布的一般是一定社会范围内的事项，没有公告那么重大。

4. 作用性能不同。公告以让人"知"为直接目的；通告大多在于让人"知且行"。

5. 制发机关级别不同。公告的制发机关层次级别较高；通告的制发机关则没有严格的层级限制，各级党政机关都可以发布。

6. 发布方式不同。公告采用网络、电视广播、报纸等方便快捷的媒体发布，一般不张贴；通告不仅可以使用这些媒体发布，还可以利用公开张贴、悬挂、下发等形式发布。

四、请示

（一）请示的概念

请示是上行文，适用于向上级机关请求指示、批准。具体而言，请示的适用范围主要有如下几个方面：第一，属超出本机关的工作职权范围须经请示批准才能办理的；第二，对国家的有关方针政策或上级机关的有关规定、决定等不甚了解或有不同理解，须请上级机关解释或重新审定的；第三，工作中出现了新情况、新问题，必须处理却又无章可循、无法可依，有待上级机关批示的；第四，遇到本机关职权范围内很难克服

自测练习

或无力克服的困难，须请上级机关支持、帮助的；第五，属涉及全局性或普遍性的而本机关无法独立解决的工作困难和问题，必须请示上级机关以求得到上级机关的协调和帮助的。

（二）请示的类型

1. 请求指示的请示（认识方面）

请求指示的请示涉及的是下级机关对方针、政策，在认识上不明确、不理解，或对新问题、新情况不知如何处理的问题。

2. 请求批准的请示（无权办理）

请求批准的请示所涉及的，是下级机关限于自己的职权，无权自己办理或决定的事项。

3. 请求支持、帮助的请示（无力办理）

这类请示所涉及的，是下级机关遇到了仅靠自己的力量很难克服或无法克服的困难。

（三）请示的特点

1. 事前行文性

得到上级机关批准后才能付诸实施，不可先斩后奏或边斩边奏。

2. 请求批复性

请示行文的目的非常明确，即要求上级机关对请示的事项做出明确的批复。

3. 一文一事性

一文一事性即一份请示只能请求指示、批准一件事或解决一个问题。

（四）请示的写法

1. 标题

标题由发文机关、事由和文种构成。标题中的事由要明确，语言要简明。请示本身含有请求、申请之意，因而标题中应尽量不再写"申请""请求"类词语。

2. 主送机关

一般只写一个主送机关，如果撰写请示的主体受双重领导，在写请示时只写给与请示内容关系密切的上级机关。一般不得越级请示。

3. 正文

正文由三部分组成：缘由、事项、请示惯用结束语。

（1）缘由

缘由即请示的理由或根据。这部分内容要求：实事求是、有理有据、说明充分、条理清楚、开门见山。比较复杂的缘由必须写明必要的事实和数据，不能追求简要而进行简单化处理，要让领导知晓批准或不批准这个请示分别会出现什么局面。

（2）事项

事项即请求上级机关给予或指示或批准或支持和帮助的具体内容。事项要具体，有可行性，有可操作性。如果内容比较复杂，则分条列项写。事项用语要明确，不能含糊其词；语气要得体。

（3）结语

结语即请示惯用结束语。请示结尾绝不能缺少惯用结束语。通常使用的惯用结束语有"妥否，请批复""特此请示，请予批准""请批准""请审批""请指示"等。

（五）请示的例文分析

例文1

关于交通肇事是否给予被害者家属抚恤问题的请示

最高人民法院：

据我省××县人民法院报告，其对交通肇事致被害人死亡，是否给予被害者家属抚恤的问题，有不同意见。一种意见认为，被害者若是有劳动能力的人，并遗有家属要抚养的，应给予抚恤。另一种意见认为，只要不是由被害者自己的过失所引起的死亡事故，不管被害者有无劳动能力，都应酌情给予抚恤。我们同意后一种意见。几年来的实践经验证明，这样做有利于安抚死者家属。

是否妥当，请批示。

××省高级人民法院

××××年××月××日

例文分析

这是一篇请求指示的请示。正文内容简洁明了，请示事项单一明确。以"据……报告"作为行文依据、背景，然后对交通肇事致被害人死亡是否给予其家属抚恤的问题提出两种不同意见，同时表明行文单位的倾向意见。最后，请求上级单位给予指示。

例文2

××分公司关于给技术革新能手张××同志晋升两级工资的请示

××总公司：

我厂青年工人张××同志，入厂以来，虚心向老师傅学习，刻苦钻研技术，积极提合理化建议。去年，在工程技术人员和老师傅支持下，他连续完成三项技术革新，被评为技术革新能手。今年，在我厂原有产品滞销，企业经营出现极大困难的情况下，张××同志积极进行市场调查，根据用户需要，研制成功了新产品TS-2型测温仪，这项新产品在今年6月投放市场后，深受用户欢迎。

为了奖励张××同志对工厂业绩和调动全厂职工积极性的贡献，拟将张××同志的工资级别由二级晋升为四级。

以上意见当否，请批准。

××分公司

××××年××月××日

例文分析

这是一则请求批准的请示。全文三个自然段，第一段是写作重点，重在陈述理由，从"入厂以来""去年""今年"三个时间段展开陈述，有点有面，突出张××同志的技术革新能力。这是请示的缘由。第二段是目的句及请示事项，清楚明了，可操作。最后一段就一句话，即请示惯用结束语。本则请示思路清晰、重点突出、有理有据，是一篇典范易学的请示例文。

即时训练

如果你是上级机关的领导，是否会同意这则请示？

如果同意，回复文件怎么写？如果不同意，回复文件怎么写？

用来回复下级机关请示的文件是什么？该怎样写才规范？

 小贴士

批复

批复，适用于答复下级机关的请示事项。

批复是下行文。先有请示，后有批复。

批复正文一般由批复引语、批复事项和批复结语组成。

批复引语：先引请示标题，再引发文字号，发文字号应加圆括号。如"你公司/厂/部门/乡/镇/局……《关于……的请示》（××〔20××〕×号）收悉。经集体研究，现批复如下："

批复事项：针对请示事项给予明确答复或具体指示。一文一批复，同意有关请示的批复，不必阐述批复理由，表明同意态度即可。若不同意请示事项，或对下级机关要求的支持和帮助难以满足，则除在批复中表明态度外，还需要适当说明理由，以使对方能较好地接受，并及时做出相应的工作安排。

批复结语："特此批复""此复"等，也可以省略不写。

例文3

××县人民政府关于××乡人民政府兴建砖瓦厂问题的批复

××乡人民政府：

你乡××××年4月16日《关于兴建砖瓦厂的请示》（××发〔××××〕×号）收悉。经研究，现答复如下：

改革开放以来，农村盖房使用砖瓦量确实明显增加，因此各乡纷纷兴建了砖瓦厂。据调查，我县已经有40%的农户盖了新房；约30%的农户近年内不拟盖新房，砖瓦需求量相对趋于缓和。其余拟盖房户所需砖瓦的数量，我县现有砖瓦厂完全可以满足。因此，凡申报新建砖瓦厂的请求一律不予同意，以免供过于求，出现新的问题。

特此批复。

××县人民政府（印）

××××年××月××日

例文分析

这是一则不批准请求事项的批复。正文首先引叙请示标题及文号，以"经研究，现答复如下"引出否定新建砖瓦厂的理由。全文以"特此批复"作为批复结语，还附带对同类请示进行了表态，具有很强的工作导向性。

这则批复用词严谨，用数据说话，针对性强，以理服人，批复态度明确干脆，是一篇非常有说服力的批复。

例文4

关于丹霞山风景名胜区列为国家重点风景名胜区的请示

国务院：

丹霞山风景名胜区位于我省韶关市仁化、曲江两县境内，面积180平方千米，分丹霞山、韶石山、大石山三个景区，距韶关市区最近处10千米，最远处50千米，柏油公路直达主峰区，观光旅游的交通十分方便。

据地质考证，6 500年前丹霞山所在地是一个大湖泊，由于造山运动，形成红岩峭壁和嶙峋洞穴，构成奇异自然风景。在全世界同类地形中，以丹霞山最为典型，"丹霞地貌"已成为国际地质学名词。现丹霞山景区已开发接待游人的范围为12平方千米，主要景点有87处，山、瀑、江、湖兼备，绿化良好，兼之摩崖石刻、寺庵、亭台楼阁点缀其间，自然及人文景观丰富。靠丹霞山南侧的韶石山景区，傍于浈水，是历史上舜帝南巡奏乐之处，内有"三十六石"的奇景；丹霞山西侧的大石山景区，类似丹霞山的奇山异峰，有丹寨幽洞、岩柱等自然景观。

在丹霞山风景名胜区附近，有"金鸡岭""九龙十八滩""古佛岩""南华寺""马坝人遗址"等风景区及名胜古迹，总面积约4万平方千米。目前，粤北地区以丹霞山风景名胜区为中心形成了我省一条重要的旅游线。

根据国务院《风景名胜区管理暂行条例》，我们对丹霞山风景名胜区进行了资源调查、评价，编制了总体规划。现申请把丹霞山风景名胜区列为国家重点风景名胜区，请审批。

广东省人民政府

××××年××月××日

例文分析

这是一则请求批准的请示。正文第1～3段，是请示的缘由。第1段，介绍丹霞山的地理位置，交通方便。第2、3段，介绍丹霞山的风景名胜价值和独特的地质价值，并说明附近风景众多，在周边形成了重要的旅游线。第4段写了两句话，第一句话说明撰写请示的主体为申报丹霞山为国家重点风景名胜区，已做了充分的准备工作，第二句话是请示的事项和结语。行文思路清晰、要素齐备、说服力强。

尽管这是一篇旧文，但仍具极佳的借鉴价值：一是写申报理由注重摆事实、说价值，引人入胜；二是文章语言不但明晰简洁，而且具有很强的文学色彩，与丹霞山风景名胜相吻合。

（六）写作请示的注意事项

1. 请示一文一事，不能一文多事。

2. 请示一般不越级请示，不得抄送下级机关。

3. 请示讲究语言得体，不能使用指示性语言。

4. 实际工作中不滥用请示。凡在自己职权范围内经过努力能够处理和解决的问题和困难，都应尽力自行解决，不能动辄请示，将问题和困难上交。

5. 区分同为上行文的请示与报告。

 小贴士

请示与报告的异同

请示与报告的相同点如下。

1. 行文方向一致，均属上行文。

2. 都由标题、主送机关、正文、落款及时间四部分组成。

3. 都应当注明签发人姓名。

请示与报告的区别如下。

1. 行文时间不同：请示须在事前行文；而报告在事前、事中及事后皆可行文。

2. 行文的目的、作用不同：请示旨在请求上级批准、指示、支持和帮助，需要上级批复；报告旨在向上级汇报工作、反映情况、提出建议、答复上级询问。

3. 写法不同：请示内容单一，一文一事，侧重于讲原因、陈理由、述事项，体现请求性；报告侧重于概括陈述情况，总结经验教训，表述灵活，体现报告性。

4. 结尾用语不同：请示一般使用"以上请示，请批复"一类惯用语；报告的结束语一般写"特此报告"，或省略惯用结束语。

5. 受文机关处理方式不同：请示属办件，受文机关必须及时批复；报告多数是阅件，除需批转建议报告外，受文机关不必行文。

五、函

（一）函的概念

函用于不相隶属机关单位之间商洽工作、询问和答复问题、请求批准和答复审批事项。

函是平行文，使用范围极广，使用频率极高。

函的用途主要包括以下几个方面：平级机关或不相隶属机关单位之间的公务联系、往来；向无隶属关系的业务主管部门请求批准有关事项；业务主管部门答复审批无上下级隶属关系的机关单位请求批准的事项；机关单位对个人的事务联系，如答复群众来信等。

（二）函的特点

1. 使用广泛。使用范围不受单位大小、级别高低的限制，收发函件的单位均以比较平等的身份进行联系。

2. 用语谦敬，喜用文言。函用语讲究谦恭有礼，尊重对方。函是公文中富有文学性的文种，注重使用文言词汇。

（三）函的类型

1. 商洽函

商洽函指不相隶属机关单位之间商洽工作、联系有关事宜的函。如人员商调、联系参观学习等。

2. 询答函

询答函即不相隶属机关单位之间相互询问和答复有关具体问题的函。

询答函实际上又可分出两种。

（1）询问函。向有关机关和部门询问不明确的问题，用询问函。

（2）答复函。对机关和部门所询问的问题做出解释答复，用答复函。答复函涉及的多数是问题而不是具体的工作。

3. 批请函

批请函即用于不相隶属机关之间请求批准和答复审批事项的函。

批请函实际上也可以分为两种。

（1）请批函。请批函用于向不相隶属的主管部门请求审批事项。

（2）审批函。审批函用于主管部门答复不相隶属机关单位的请批事项。

（四）函的写法

1. 标题

标题一般由发文机关、事由和文种构成，也可省略发文机关。如"关于请求拨款举办'民间艺术节'的函"——去函标题；"关于拨款举办'民间艺术节'的复函"——复函标题。

也可以把回复函对象写进去，如"××县人民政府办公室关于棉籽价格问题给××县人民政府办公室的复函"。

2. 正文

（1）开头

开头写行文的缘由、背景和依据。

去函的开头：或说明根据上级的有关指示精神，或简要叙述本地区、本单位的实际需要、疑惑和困难。

复函的开头：引用对方来文的标题及发文字号，有的复函还简述来函的主题，与批复的写法基本相同。复函以"现将有关问题复函如下"一类文种承启语引出主体事项，即答复意见。

（2）主体

主体写需要商洽、询问、答复、联系、请求批准或答复审批及告知的事项。事项一般比较单一，可与行文缘由合为一段。如果事项比较复杂，则分条列项书写。

（3）结语

不同类型的函，其结语有别。不必对方回复的函，结语常用"特此函告""特此函达"。要求对方复函的，用"盼复""望函复""请即复函"等。请批函的结语多用"请批准""望能同意""望准予××是荷""请大力协助为盼"等。复函的结语常用"此复""特此复函""特此回复"等。也有的函不写结语。

（五）函的例文分析

例文1

关于商请派车运送民工的函

××省交通厅：

为做好今年的春运工作，及时运送在我省工作的外省民工回家过年，我们组织了民工运送专门车队，但由于我们运力不足，车辆不够，估计不能满足民工的要求，特请贵省派出大型客车20辆，与我省组成运送民工车队，负责运送贵省在我省工作的民工。

妥否？请尽快函复，以便办理有关手续。

广东省交通厅

××××年××月××日

例文分析

这是一则商洽函，非常简短，开头以"为……"目的句起笔，开门见山、直奔主题，继而提出明确的合作要求："特请贵省派出大型客车20辆""与我省组成运送民工车队"。文末一句甚是高明，"妥否？请尽快函复"，语言得体、谦逊有礼，又暗含催促之意。标题中的"商请"，文中的"特请贵省""妥否"等，充分体现了函用语谦敬这一特点。

公务文书写作

例文2

关于卖方降低原报价的函

×××副食品公司：

贵方××月××日还价函收悉。贵方不能接受我方的报价，非常遗憾。我厂加工的一级君山毛尖茶品质优良，且价格也合理，因此，贵方的还价我实难接受，我方最多只能将原报价再降低5%。

盼复。

×××茶厂

××××年××月××日

例文分析

这则答复函，短小精悍，但需要表达的意思尽出。第一句只说来函收悉，没有引用对方来函的标题及发文字号，不够规范。接着表明复函方态度"非常遗憾"，继而强调复函方不能接受还价的理由是产品质优价廉，并提出降价底线，以希对方接受，达成共识。最后"盼复"，虽仅仅两字，但希望能继续洽谈及合作的真诚态度可见一斑。

这则函行文能充分考虑对方的接受心理，又真诚提出复函方的价格底线，在讨价还价中较充分地体现了函的语言特征。

（六）写作函的注意事项

函是平行文，一般不长，语气谦恭以尊重对方，所以函的写作要求可总结为四个词语：短小精悍、开门见山、用语谦敬、喜用文言。这可以作为写作函时的基本要领，写作时注意以此为标准进行训练。

自测练习

六、纪要

（一）纪要的概念

纪要，适用于记载会议主要情况和议定事项。

纪要，一般根据会议记录、会议文件、会议的其他有关资料整理而成，用来记载、传达会议情况和议定事项。纪要可以上行也可以下达，可经上级领导机关或主管部门批转或被转发。

纪要的作用：沟通情况、交流经验、统一认识、指导工作。

（二）纪要的特点

1. 内容的纪实性

纪要在会议后期或会后根据会议记录和各种会议材料整理而成。

2. 表述的纪要性

纪要是对会议结果的择要归纳。

3. 作用的受限性

纪要只对与会单位、与会人员有一定的约束力。要扩大会议纪要受众范围和提升其影响力，则需由上级机关将之作为"通知"的附件下发。

（三）纪要的写法

纪要与其他公文在格式上略有不同：不用写主送机关和落款；成文时间大多写在标题下方，放在括号里；也不用盖公章。

1. 标题

标题由会议名称和文种"纪要"组成。如"首届两岸和平论坛纪要"。

标题中还可写上召开会议的单位名称，如"中美大气科技合作联合工作组第十八次会议会议纪要"。

也可以把会议的主要内容在标题里揭示出来，类似文件标题式。如"关于加强纪检工作座谈会纪要""关于落实省委领导同志批示保护省级文物×××问题的会议纪要"。

2. 正文

纪要正文内容一般分为三个部分。

（1）导言

导言概述会议基本情况，包括时间、地点、名称、主持人、出席人员、中心议题、议程等。

（2）主体

主体主要写会议的精神和议定事项，包括经验、做法、意义、今后工作的意见、措施和要求。

不同类型纪要，写法略有不同。

① 综述式纪要

综述式纪要对会议的内容或议定事项，进行综合概括，整体阐述。这种写法多用于小型会议，且讨论的问题比较集中单一，意见相对统一，容易贯彻操作，篇幅也比较短小。

② 分项式纪要

分项式纪要把会议的内容或议定事项，分条列项地写出。大中型会议或议题较多的会议，一般采取这种写法，即把会议的主要内容分成几个大的问题，然后标上标号或小标题，分项来写。这种写法内容相对全面，往往包括目的、意义、现状的分析，以及目标、任务、政策措施等。分项式纪要一般用于需要基层全面领会、深入贯彻的会议。

③ 摘要式纪要

摘要式纪要将与会者的发言提炼出内容要点和精神实质，按发言顺序或不同内容归类写出。摘要式纪要中要写出发言者真实姓名和职务、职称，这样能客观地反映发言者的观点和主张，并较大限度地保留谈话风格。某些根据上级机关布置，需要了解与会人员不同意见的会议纪要，可采用这种写法。

（3）结尾

结尾一般是提出号召和希望。如对会议做出简要评价后，提出希望要求；或发出号召，要求认真贯彻落实会议精神；等等。也可以不写结尾。

（四）写作纪要的注意事项

1. 根据会议的内容及规模，选用恰当的写作结构。

2. 使用纪要的习惯用语。常常以"会议"为第三人称来记述会议内容。常以"会议认为""会议提出""与会者一致认为""会议决定""会议要求""会议希望""会议号召"等，作为段落等的开头语。

3. 抓住要点，突出会议主题。语言以叙述为主，准确、精练，篇幅不宜太长。

4. 区分纪要与会议记录。

 小贴士

纪要与会议记录的区别

1. 纪要以会议记录为基础和依据，表现会议的主要内容。会议记录则是如实记录会议内容的结果。

2. 纪要在一定范围内公布传达，作为正式行政公文使用。会议记录只作为机关单位内部存查使用的文书，不对外公布。

3. 纪要是对会议全部材料的概括、综合和提炼，必须广泛搜集会议材料，全面掌握会议情况，并按照会议精神，对材料分类和筛选。会议记录基本信息要素一般有比较固定的格式，可以印刷成模板，开会时直接填写。

4. 纪要报送上级时，会议主办单位须另拟一份报送报告，与会议纪要一并，会议记录则无须报送上级。

公务文书写作

（五）纪要的例文分析

例文

关于协调解决沙面大街56号首层房屋使用权问题的会议纪要

　　×××年2月2日上午，市政府办公厅×××主任主持召开会议，协调解决沙面大街56号首层房屋使用权问题。参加会议的有省政府办公厅交际处、广东胜利宾馆、市商委、市国土房管局、二商局、市外轮供应公司等有关部门的负责同志。

　　会议认为，沙面大街56号首层房屋使用权的问题，是在过去行政决定下形成的历史遗留问题。早几年曾多次协调，虽有进展，但未有结果。最近，按照省、市领导同志"向前看""了却这笔历史旧账"的批示精神，在办公厅的协调下，双方本着尊重历史、面对现实、互谅互让的原则，合情合理地提出解决这个问题的方案。

　　经过协商、讨论，双方达成了一致的认识。会议决定了如下事项。

　　一、市外轮供应公司应将沙面大街56号房屋的使用权交给广东胜利宾馆。

　　二、考虑到市外轮供应公司在56号经营了30多年，已投入了不少资金，退出后，办公地方暂时难以解决，决定给予其商品损耗费、固定资产投资和搬迁费等一次性补偿费用共95万元。其中省政府办公厅和广东胜利宾馆负责80万元；考虑到省政府领导曾多次过问此事和省、市关系，另外15万元由广州市政府支持补助。

　　三、省政府办公厅和广东胜利宾馆的补偿款于××××年2月7日前划拨给市外轮供应公司。市政府的补助款于3月5日左右划拨。市外轮供应公司应于2月15日开始搬迁，2月20日前搬迁完毕并移交钥匙。

　　四、市外轮供应公司原搭建的楼阁按房管部门规定不能拆迁。空调和电话等2月20日前搬迁不了的，由广东胜利宾馆协助做好善后工作。

　　会议强调，市外轮供应公司与广东胜利宾馆在房屋使用权移交中要各自做好本单位干部群众的工作，团结协作，增进友谊，保证移交工作顺利进行。

××××市政府办公室

××××年××月××日

例文分析

　　这是一则分项式写法的会议纪要，市政府出面协调的会议上所议定事项，分条列项一一写出。前两段先写会议的基本情况，后面写会议商定的内容，并多处使用"会议认为""会议强调""会议决定"等表述双方达成的共识。

情景还原

　　王明通过一系列的学习及实践训练，终于写出了规范的放假通知，并掌握了相关公文写作的基础知识，尤其会写通知、通报、请示、函等几个常用文种。

关于印发《全国文物拍卖管理工作座谈会会议纪要》的通知

| 相关拓展 |

陶行知的"五字诀"

陶行知的一、集、钻、剖、韧"五字诀"，不仅是做学问的普遍规律和通用法则，也是公文写作的诀窍和奥秘所在。公文写作者提高专业素养、锤炼专业精神，必须念好"五字诀"。

1. 念好"一"字诀，做到一往情深、一门心思、一以贯之：视如恋人，一往情深；身入心入，一门心思；追求质量，一以贯之。

2. 念好"集"字诀，做到集大成、集众长、集素材：广泛涉猎，集大成；学习借鉴，集众长；广泛积累，集素材。

3. 念好"钻"字诀，做到钻研规律、钻研问题、钻研理论、钻研政策。

4. 念好"剖"字诀，剖析领导意图、剖析受众需求、剖析形势背景。

5. 念好"韧"字诀，在日常积累上保持坚韧、在不厌其改中保持坚韧、在老题新做上保持坚韧。

资料来源：张金烨，《念好"五字诀"，提高公文写作者专业素养》

公文写作需严谨务实

唐代刘餗所著《隋唐嘉话》中记载了这样一个故事。李渊建立唐朝后，封隋恭帝杨侑为酅国公，杨侑死后没有子嗣，便以其同族兄弟之子杨行基为嗣世袭爵位。

一次，唐太宗想送些樱桃给酅国公杨行基，但又想不出用什么得体的话来致辞。按照礼制，皇帝送东西给一般的官员，诏书上用"赐"字，但唐太宗觉得对酅国公用"赐"字有轻视之意，有可能使其不悦；如果用"奉"字，又有贬低自己之嫌。唐太宗感到很为难，于是把秘书监虞世南找来，问他用什么字为宜。这位虞秘书监确有学问，略加思索便回答说："当年梁武帝萧衍送东西给南齐逊帝巴陵王萧宝融时，诏书上用的是'饷'。"唐太宗听了虞世南的话，立即拍手叫好，采纳了这一建议。

"饷"字本义是给田间劳动的人送饭，后来衍生出招待、供给、赠送等多种义项。同样是送东西，赠予人与收受人地位不同，用词亦有讲究。臣送君叫"奉"，君送臣叫"赐"，地位基本平等的，用"饷"字最合体。

公文用词讲究严谨得体，所用词句要和文种特性相适应，和行文关系相适应，和一定的语境相适应。一名合格公文写作者，必须能够在公文用词的选择上做出精确判断，准确表达制文意图。

技能训练

一、分析改错题

阅读下文，指出其中存在的问题，并写出修改稿。

病文1

学校游泳池办证的通知

机关各直属单位：

　　学校游泳池定于6月1日正式开放，6月10日开始办理游泳证。请你们接此通知后，按下列规定，于元月三十日前到学校办理游泳手续。

　　一、办证对象：仅限你单位干部或职工身体健康者。

　　二、办证方法：由你单位统一登记名单、加盖印章到学校办理，交一张免冠照片。

　　三、每个游泳证收费伍角。

　　四、凭证入池游泳，主动示证，遵守纪律，听从管理人员指挥。不得将此证转让他人使用，违者没收作废。

　　五、家属游泳一律凭家属证，临时购买另票，在规定的开放时间内入池。

××××职业技术学院
××××年××月××日

病文2

关于加强交通管理的通告

　　为整顿治安秩序，加强交通管理，经市政府批准，对市区车辆行驶实行统一管理，特通告如下：

　　1．除公交车及小轿车外，其他机动车辆白天一律不得驶入市区。

　　2．轻骑、摩托车行使一律要有安全措施，严禁自行车带人。

　　3．非残疾人不得骑乘残疾车。

　　4．凡在市区行驶的车辆一定按交通部门规定的时速行驶；严禁酒后驾车或无证驾驶。

　　5．严禁在道路两侧摆摊设点，不得在道路上晒谷扬场，不准设置路障。

　　6．车辆停放一定要在指定地点，途中临时停车不得超过5分钟。

　　7．服从交通值勤人员管理。

以上通告望遵照执行，对违反上述通告者由公安、交通部门依照有关规定进行处理。

××交通局（公章）
××××年××月××日

病文3

关于要求报价的函

×××茶厂经理：

　　我们对你厂生产的绿茶很有兴趣，十分想买一批君山毛尖茶。我公司要求不高，只要求该茶叶品质一级，规格为100克一包，望你厂能告诉单价报价和交货日期、结算方式等给我公司。

如果价钱合理，且能给予最好的折扣，我们将做到大批量订货。

此致

敬礼

××××副食品公司

××××年××月××日

病文4

关于请××商厦准备安保工作经验材料的函

××市××局：

你局××商厦狠抓安全保卫工作，成绩突出。经市综合治理办公室同意，我局准备于12月中旬召开全市安保工作经验交流会，请××商厦在会上介绍加强内部防范工作的经验。请速通知该单位，于12月中旬将此材料报送我局×处秘书科（写作要求附后）。

此致

敬礼

××市公安局

××××年11月20日

病文5

《××××学会会议纪要》

时间：××××年××月××日

参加人员：常务副会长×××，副会长×××、×××、×××，办公室主任×××、副主任×××，活动中心主任××。

会议内容：

一、确定了学会的办公地点。根据××××年××月××日会议决定，×××、×××同志对学会办公地点进行了考察，经过比较，认为××大学办公条件优越，适合作为学会的办公地点。会议决定，从即日起××××学会迁到××大学，挂牌办公。通信地址：××市××区×××路××号。联系电话：××××××××××。

二、学会与××大学商定，由××大学给学会提供办公室、办公桌椅、电话和必要的办公费用。利用××大学的教学条件，双方共同组织举办秘书培训班等。

三、增补了学会副会长。为便于开展工作，建议增补××为学会副会长，负责学会的后勤保障和日常管理，先开展工作，以后提请××月常务理事会确认。

四、制订了今年的活动计划。（略）

×××学会

××××年××月××日

二、写作实训题

1. 以学校名义写一则关于今年清明节、端午节、中秋节、国庆节、暑假、寒假放假的通知。

2. 南京市教育局拟在12月中旬召开中小学校长会议，请代拟一份文件。

3. 请根据下列材料，以××市医药总公司的名义拟一份批评性通报，下发所属各分公司和各县医药公司。

元月上旬以来，××市××医药总店每天派出两名职工推着流动售货车，佩带××市工商行政管理局最近发给该店的零售营业执照，在市郊人口稠密处销售人参蜂乳精、阿胶、参类、龟苓膏等20多种不能用公费报销的高档滋补药物。其公然违反《关于滋补、营养、饮料等保健类药品不准公费报销的通知》规定，弄虚作假，给购买者均开具发票，上面写的却是普通中草药或西药。市工商行政管理局发现这一情况后已暂时吊销了其营业执照，市医药公司也责成其做出了检讨。

4. 江宁湖熟菊花每年都吸引了大量游客，今年因园区需要修整和菊花花期问题，将于11月17日闭展。请写一份文件，告知此事。

5. 请根据下列材料，拟写一份请示。

江苏省××局拟于2022年8月10日派组（局长张××等5人）到美国纽约市××设备公司检验引进设备，此事需向省政府请示。

该局曾与对方签订过引进设备的合同，最近对方又来电邀请前去考察。在美考察时间需20天，所需外汇由该局自行解决。各项费用预算，列有详表。

6. 2021级财管2班近日召开班会，讨论组织全班秋游玄武湖。试根据此班会内容，完成以下写作训练。

（1）写一份会议纪要。

（2）除会议纪要外，根据此班会内容还能写出什么文种的公文？

7. 通告与通知的特点、作用和行文对象不同，如果不仔细领会，经常会混用。请读以下文章，思考使用"通知"是否适当，为什么？

回迁通知

原住××区××街的动迁户，于明年6月底前回迁。请所有回迁户持动迁证、动迁协议书及交款单据，于明年5月底前，到我公司办理回迁手续。

具体办理时间：上午8时至12时，下午2时30分至5时30分。

特此通知。

×××房地产开发公司

××××年××月××日

模块三
职场文书写作

进入职场工作，既是个人谋生的需要，也是实现自身价值的途径。从求职开始，到履职、竞聘、辞职，职场文书写作能力是我们在职场工作不可或缺的技能。

学习目标

1. 通过理论学习，掌握职场文书写作的基本常识。
2. 通过写作训练，能够结合实际写出规范得体的求职信、求职简历、竞聘词、辞职信、邀请函、毕业论文等常用的职场文书。
3. 通过职场文书的学习，树立正确的职业价值观，学会进行职业发展规划，做好基础知识、专业技能、社会实践的积累，为求职就业做准备。
4. 养成认真踏实、勤勉上进、勇于创新的学习和工作态度，培养举止有度、谦逊有礼的良好个人品质。

情景故事

王天宇同学是××学院财务管理专业的学生，他从上大学开始，就对自己的职业生涯进行了规划，并逐步积累知识，学习上勤奋扎实，担任学院的学生会干部，平时积极参与社团活动和志愿者活动，并利用假期到企业实习。忙碌而充实的大学生活让他收获满满，得到了较快的成长。王天宇将于明年6月毕业，今年年底就要参加各种招聘活动，他应该如何做好相关准备呢？

项目一 职场文书写作概述

一、职场文书的概念

职场文书是指个人在求职、竞聘、履职、述职、转职、辞职过程中使用的应用文书。从广义的角度看，在职场中使用的所有应用文都可以称为职场文书，比如各种公务文书、事务文书、传播文书、毕业论文等；从狭义的角度看，职场文书是指与个人求职、履职、辞职等职场角色转换相关的文书，比如求职简历、求职信、竞聘词、述职报告、辞职信等。

职场文书与人们的工作息息相关，对个人的职场发展具有重要的作用。

二、职场文书的种类

职场文书的种类很多，包括求职文书、履职文书和辞职文书。

（一）求职文书

求职文书是指毕业生或需要找工作的求职者向自己理想的用人单位或职位主管写的介绍自己、推荐自己的一种实用文体。

1. 求职信

求职信是求职者根据求职意向和自身的求职条件，向用人单位或单位领导人介绍自己的实际才能、表达自己就业愿望的一种书信。一般来说，应聘求职时，可以写一封求职信，然后附上求职简历。

2. 求职简历

求职简历，又称个人简历，是对个人学历、经历、特长、爱好及其他有关情况所进行的简明扼要的书面介绍。简历是个人形象，是包括资历与能力的书面表述，对于求职者而言，是必不可少的。

（二）履职文书

履职文书是指在工作过程中使用的文书。从广义的角度看，一切工作开展过程中使用的文书都可以看作履职文书。我们这里主要探讨关于竞聘职位、阶段性总结和在工作过程中传播、交流的常用文书，如竞聘词、邀请函。另外，将毕业论文也放在履职文书中进行探讨，因为毕业论文是大学生走向职场前最重要的履职文书。

1. 竞聘词

竞聘词，又称竞聘演讲稿，或竞聘讲话稿，它是竞聘者为了实现竞争上岗，展露自我具有足够的应聘条件的演讲稿。大至竞选主席，小到竞聘上岗，都要用这种讲话稿，竞聘词的写作越来越重要。

2. 邀请函

邀请函，是邀请亲朋好友或知名人士、专家等参加某项活动时所发的请约性书信。邀请函既是活动主办方的礼仪愿望、友好盛情的体现，也是各项活动人际关系的反映。在日常生活和工作的各种社交活动中，邀请函的使用非常广泛。

3. 毕业论文

毕业论文是高等院校毕业生提交的一份有一定的学术价值的文章。它是大学生完成学业的标志性作业，是对学习成果的综合性总结和检阅，是大学生从事科学研究的最初尝试，是在教师指导下所取得的科研成果的文字记录，也是检验大学生掌握知识的程度、分析问题和解决问题基本能力的一份综合答卷。

（三）辞职文书

辞职文书即辞职信，是辞职者向工作单位辞去职务时写的书信。辞职信不仅具有法律效力，而且会对劳动关系结束的性质、双方责任的划分产生决定性的影响。因此，写辞职信也是员工保护自己权利的重要手段之一。

三、职场文书的写作准备

在撰写职场文书前，需要做充分的准备工作。

（一）撰写求职文书的准备

第一，了解工作职位的情况，具体包括阅读有关职业介绍情况、研究工作情况说明，从而了解工作职位所需要的才能、所需教育情况、工作职责等。第二，了解目标单位的情况。主要了解目标单位所属的行业情况、目标单位最近的发展状况及未来的发展方向。第三，了解求职者自身的情况。求职者对自身的专业技术才能和综合素质要有清楚的了解。求职者需要将工作职位、目标单位和自身情况联系起来，综合考虑。

（二）撰写履职文书的准备

履职过程中，因工作性质、内容和场合不同，往往需要撰写不同种类的文书，因此，具备扎实的写作基础是非常重要的。与此同时，根据不同的工作需要，记录、收集和整理工作过程和工作业绩的材料往往是撰写履职文书的重要基础。

（三）撰写辞职文书的准备

员工提出辞职，结束与单位的劳动关系，会对劳动关系结束的性质、双方责任的划分产生决定性的影响。因此，在做这个决定前，需要深思并做好承担风险的心理准备，还需要储备相应的法律常识并保存对自己有利的证据，必要时还需要求助于专业律师。

职场无小事，不管是求职、履职，还是辞职，做好相关的准备和积累，可以为自己成功求职、正常履职、顺利辞职奠定良好的基础。

 小贴士

招聘启事

单位为了招聘人才，往往会在报刊、网站或海报栏里发布招聘启事。招聘启事一般简明扼要、直截了当地说明要求，具体包括标题、公司简介、招聘岗位、岗位职责、薪资待遇、任职条件、工作时间、工作地址、联系方式等基本信息。对于求职者来说，关注报刊、网站或海报栏里发布的招聘启事，综合工作岗位、目标单位和自身情况，筛选出适合自己的工作岗位信息，是求职非常重要的一步。

招聘启事例文

 项目二 常用职场文书写作

一、求职信

（一）求职信的概念

求职信是求职者向用人单位或单位领导人介绍自己的实际才能、表达自己就业愿望的一种书信。求职信是求职就业的敲门砖，是求职者与用人单位见面前重要的展示、推销自己的手段之一。

（二）求职信的特点

求职信写作时要讲求自荐性、针对性和公务性。

1. 自荐性。求职信的最大特点是自荐性，因为写信的目的是向用人单位推荐自己，阐明自己的专长和技能，以期得到自己想要的职务。

2. 针对性。求职信的针对性体现在三个方面：一是要针对用人单位的实际情况，二是要针对读信人的心理，三是要针对自己的实际情况。

3. 公务性。求职是面对单位和组织的，所以求职信反映的是个人和单位、组织的行文关系，不是私人之间的书信往来。

（三）求职信的写法

求职信是书信文体中的一种，其基本格式与书信文体的一般要求相似，其结构主要包括标题、称谓及问候语、正文、落款和附件等几个部分。

1. 标题

一般用文种"求职信"或"求职书"作为标题，位置在全篇的第一行，居中排列。

2. 称谓及问候语

通常在标题下空一行顶格写明接受求职信的单位名称或有关领导的姓氏与职务。为了表示尊重，通常可写"尊重的××经理""尊敬的人力资源部部长"等，但不可用"亲爱的"之类过分亲昵的称呼。在称谓之下另起一行空两格处独立书写礼节性的敬辞和问候语。如果与对方从未谋面，一般可用"您好""冒昧打扰"等词语，后加感叹号或句号。

3. 正文

这是求职信的核心部分，要写明求职缘由、个人的基本情况、所应聘的岗位与自身条件的对应分析及愿望和要求等。

（1）求职缘由

在求职信的开头，应开门见山地向用人单位表达自己的求职意愿，阐述求职的缘由。求职缘由应从三个方面入手来写。

一是说明求职信息的来源渠道，要求理由充足。如果事先得知用人单位的招聘信息，就说明自己是如何获知的。比如，"非常高兴在××招聘网站获悉你们正在招聘××人员，本人于××××年毕业于××大学××专业，符合贵公司××岗位要求，本人也一直期望能有机会为贵公司效力……"

二是表明自己对用人单位的热爱，为自己来求职寻求理由，拉近与用人单位的距离，写明自己为何要选择应聘该单位和工作岗位。直截了当地写明自己求职的具体目标及自己对应聘单位、岗位的认识，是一个很重要的环节。招聘人员通过阅读这段文字，看到应聘者对单位及职务、岗位理解的深度和广度，基本可以确定对应聘者的招聘是否要继续下去。

三是阐明自己的人生理想与所求岗位的吻合，如所求岗位可以充分发挥自己的聪明才智和专业特长，为自己的求职寻找充分的理由。

（2）个人基本情况

这是求职信的重点，一定要仔细、认真，力求写好。求职成功的关键，便是求职者的基本情况符合所求岗位的要求。因此，应着重写好两方面的内容：一是求职者的教育背景、专业技能、技术职称等；二是求职者特有的内容，如主要工作经历、工作经验、工作成绩及创作成果、外语水平、计算机等级、获奖情况、敬业精神等。这些都可以使用人单位更全面、更深刻地了解求职者，从而为录用打下良好的基础。

（3）所应聘的岗位与自身条件的对应分析

有的用人单位在招聘信息中未明确披露招聘的岗位及岗位所具备的条件，因此，求职信应写明自己所求的应聘岗位及招聘单位应提供的工作环境和条件。因为，必要的工作环境和条件，是完成工作目标及取得工作成效的保障。同时，还可以简单地阐明自己对工作的具体设想、自己所能达到的目标，以博得对方的信任。

（4）愿望和要求

求职者的基本条件只是求职者的"硬件"，愿望和要求则体现出求职者的诚意和诚信。

求职信正文结尾处，可以像普通书信一样，写一些致谢致敬之类的话，如"您在百忙中阅读我的求职信，在此，再次表示衷心感谢"或"衷心希望得到您的指导和帮助，期盼您的答复"等。最后，分行写"此致""敬礼"。

4. 落款

在致敬语的下一行后半行位置写上求职者的姓名，并注明成稿日期。

5. 附件

附件是证明求职信内容的相关佐证材料，如个人简历、学习成绩单、获奖证书复印件、学历证书复印件、各类技能证书复印件（扫描件）等。如果是纸质形式，则需装订在求职信之后；如是电子邮件形式，个人简历应独立为一个文件，其他附件材料合并成一个文件，并注意文件的命名方式，以便对方下载、查阅。

（四）求职信的例文分析

例文1

求职信

尊敬的××经理：

首先，感谢您在百忙之中阅读我的求职信！

我是××职业技术学院计算机网络专业2020级学生，将于明年7月毕业。日前我从学校就业指导中心网站上看到贵公司××岗位的招聘信息，并向贵公司投寄了个人简历，希望能够成为贵公司的一员。

在大学期间，我严格要求自己，在学习专业知识和专业技能的同时，也注重自身综合素质的提升。

在专业方面，我努力学习并取得了较好的成绩。本人不仅熟练掌握学校所教课程Python语言、网络安全、综合布线、云计算技术、机器学习、Web应用程序开发、网络与云安全技术、智能计算平台应用开发等相关知识，而且专业实践能力强，曾获××省计算机网络应用技能大赛一等奖。

作为新时代的大学生，我非常注意自身综合能力的培养。在学校，我担任××学院的学生干部，组织了××等多项活动。这些活动锻炼了我的组织、管理和协调能力。我积极参加社会实践，曾在××信息有限公司做过网络技师，在××保险公司做过业务员，在×××做过星级训练员。这些工作锻炼了我的实践能力，培养了我对工作的责任感和吃苦耐劳的品质。

我期盼能成为贵公司的一员，从事计算机网络的相关工作。如能有幸被贵公司录用，我一定努力工作，与贵公司一同进步。望贵公司给予我宝贵的面试机会。最后，祝贵公司的发展蒸蒸日上!

随信附上我的个人简历、成绩单、获奖证书和技能证书等材料。

附件：1.个人简历

2.大学成绩单

3.获奖证书

4.技能证书

此致

敬礼

×××

××××年×月×日

通信地址：×××××××××

邮编：××××××

联系方式：×××××××××××，××××@163.com

例文分析

这份求职信思路清晰，结构完整，从求职目标、求职缘起、求职条件和附件介绍四个方面来写，是一份较好的求职信。求职者是应届毕业生，他围绕求职目标，重点介绍了在校期间所学的专业知识、专业技能和实践经历，语气礼貌诚恳，稳重踏实，能够给人留下良好的印象。

（五）写作求职信的注意事项

认真准备一份求职信，既能向用人单位展示自己的能力，也可以表达对对方的尊重和对求职机会的珍惜。具体来说，需要注意以下事项。

自测练习

1. 格式规范，要符合一般书信的格式要求。

2. 言简意赅，任何无关的表达或繁冗的文字都不要出现。

3. 情真意切，可以坦诚表达自己对所求职务浓厚的兴趣和迫切的心情，但不能言过其实。

4. 讲究礼仪，使用书面语言表达，做到谦和有礼、不卑不亢。

5. 书面整洁、字迹清晰，最好用计算机打印。

二、求职简历

（一）求职简历的概念

求职简历又称求职资历、个人履历等，是求职者将自己与所申请职位紧密相关的个人信息，经过分析整理并清晰简要地表述出来的书面求职资料。它的主要内容包括求职者的学历背景、技能特长、工作经验等个人情况，其制作目的是求职者成功地将自己介绍给用人单位，引起用人单位的注意，并最终被录用。用人单位通过求职简历上的信息，对应聘者进行初步的资格筛选。求职者最终能否获得面试机会，求职简历起着至关重要的作用。

（二）求职简历的类型

目前社会上普遍采用的求职简历一般有三种类型：表格式、时间顺序式、学习工作经历式。表格式是用表格的形式列出自己的基本情况和学习、工作经历，使人一目了然；时间顺序式是按照年月顺序列出自己的学习、工作经历，条理清楚；学习工作经历式是根据需要有选择地列出自己的学习、工作经历，充分表现自己的技能、品德。对于应届毕业生来说，宜采用表格式和时间顺序式。

（三）求职简历的写作

1. 求职简历的结构

求职简历由标题、正文组成。标题一般是"求职简历"或"求职人姓名＋求职简历"。

2. 求职简历的内容

求职简历一般包括个人基本信息、教育背景、实践工作经历、所获奖项、技能证书、个人特长、个人评价等。

（1）个人基本信息

个人基本信息包括：姓名、联系方式（通信地址、联系电话、邮箱地址、邮编等）。其他信息，如民族、体重、健康状况、出生年月、性别、婚姻状况、国籍或出生地、政治面貌等，可根据用人单位的需要灵活处理。

（2）教育背景

在"教育背景"栏目下，通常列出以下内容：高等教育、普通中等教育、专业培训课程、其他相关的培训和短期课程。

（3）实践工作经历

在这一部分，要说明工作时间、地点，做了什么工作，取得了哪些成绩。在表述中要注意展示以下内容。

① 阐述实践的机构和组织的价值，突出实践的意义。

② 阐述自己的岗位职责，即在工作中的角色、任务。

③ 阐述自己做了什么，取得了什么成果，用数字、事实来表述。

④ 阐述自己在实践中学到了什么知识、得到了哪些方面能力的锻炼和提高，这些内容无须面面俱到，可以根据自己的情况来把握。

（4）所获奖项

概述在学习或工作中取得的奖励，写作时要注意排列的先后顺序：奖项要按照重要性排序，并注明时间、获奖比例；各级奖励较多时，按照级别进行分类，如国家级、省级、市级、校级等；各类奖励较多时，按照类别进行分类，如综合类、学业奖学金类、单项奖类、社会实践类、文体类等。

（5）技能证书

个人专业技能和其他技能主要通过技能证书来表述。要注意如下表述技巧。

① 可以分类表述，如按外语、计算机、专业证书、文体技能等进行分类。

② 表述要简洁规范，要使用专业术语，如 TOEFL、CET-6 等。

③ 避免使用大众化、无特色的表述，如"熟练使用 Office"。

（6）个人特长

如果个人特长部分内容较多，可以单独列出来进行阐述，可以抽取相关的实践经历、奖项作为支撑材料。

（7）个人评价

针对每一个不同招聘岗位、招聘公司、招聘行业，要研究公司的产品，了解行业中的竞争对手和产业密集区域。在简历"个人自述"或者"职前自述"部分进行巧妙的体现和结合。写作时，不要夸夸其谈，要踏实诚恳，否则会给人留下不务实的印象。

如何制作一份高质量的简历？

（四）求职简历的例文分析

例文 1

个人简历

基本情况

　　姓名：×××

　　性别：女

　　出生年月：××××年××月

　　政治面貌：团员

　　毕业院校：江苏××职业技术学院

　　移动电话：189×××××××

　　电子邮箱：33982××××@×××.com

求职意向

　　公司会计

教育经历

　　20××年××月—20××年××月　江苏××职业技术学院　会计专业

　　20××年××月—20××年××月　××市第一中学 高中

工作经历

　　1. 20××年—20××年任×××级会计2班学习委员

　　2. 20××年—20××年任×××级学生会宣传部部长

　　3. 20××年××月于××市有限公司会计见习

技能证书及水平

　　1. 初级会计证书　　能运用财务软件处理账务，完成现金、银行存款、总账和报销等会计工作

2．全国计算机一级证书　　能熟练运用 Word、Excel 等办公软件

3．英语应用能力三级　　能运用英语进行基本的阅读、写作和交流

自我评价

　　我能够熟练操作财务软件进行账务处理，并取得初级会计证书；在工作实践中，能够管理好现金、银行存款，及时完成编制凭证，以及登记现金日记账、银行存款日记账、总账和报销等会计工作；了解银行税务，会开机打发票；有较丰富的计算机知识和较强的计算机应用能力，能熟练运用 Word、Excel 等办公软件；英语水平良好；有耐心，有毅力，团队合作精神强、易沟通。

例文分析

　　这份简历结构完整、思路清晰，根据求职目标来写学习经历、工作经历和技术能力，突出自己从事会计工作所需要的专业知识、技能以及实践经验方面的优势，很有说服力，是一份较好的个人简历。

职场文书写作

例文 2

个人简历

基本情况				
姓　　名	××	性　　别	男	照　片
民　　族	汉	出生年月	2002 年 6 月	
政治面貌	团员	籍　　贯	江苏省××市	
学　　历	大专	联系电话	138××××××××	
电子邮箱	×××@163.com	通信地址	××市××区××大道 180 号	
专　　业	广告学	毕业院校	江苏××职业技术学院	
求职意向	文化传播、新闻出版			

教育背景			
时间	院校名称	专业	学历
2020.9—2023.6	××职业技术学院	广告学	大专
2017.9—2020.6	××高级中学		高中

主修课程
广告学概论、广告策划与创意、广告史、广告文案写作、广告经营与管理学、广告媒体研究、广告摄像与摄影、实用美术与广告设计、图文设计、市场调查与分析、公共关系学、中外广告法规与广告职业道德等

技能证书
三级广告设计师证书，大学英语四级证书，全国计算机一级证书，普通话二级甲等

工作实习经历			
时 间	公司名称	职位	工作内容
2020.6—2020.12	××广告公司	编辑	参与××地产公司大型画册的策划、编辑、印刷事务
2021.3—2021.7	××纵横文化发展公司	策划	××项目的文案撰写工作
荣誉奖项			
2019 年、2020 年、2021 年连续三年被评为校级优秀团员 2020 年、2021 年均获得学校一等奖学金 2020 年获得国家励志奖学金			
自我评价			
活泼开朗，善于沟通协调工作，有较强的公共关系意识；勤奋好学，踏实肯干，有很强的社会责任感；细致认真，善于在工作中发现问题、分析问题、解决问题，有较强的执行力；坚毅不拔，吃苦耐劳，喜欢和勇于挑战有难度的工作。			

例文分析

　　这份表格简历，从基本情况、求职意向、教育背景、主修课程、技能水平、工作经历、荣誉奖项、自我评价等方面向用人单位推荐自己，条理清晰，重点突出，方便用人单位进行信息筛选。

（五）写作求职简历的注意事项

　　1. 注意针对性。求职者应明确求职目标，面向不同职位写出不同的求职简历。

　　2. 注意真实性。求职简历所列内容务必实事求是，自信但不自夸，用事实和数字说明自己的过人之处。

　　3. 内容要"简"。内容切忌过长，表述要简明扼要。各个部分内容较多的时候，选择其中最主要的几项即可。

　　4. 突出优势。写求职简历的时候，要针对职位凸显自己的个性和优势，表现出自己与众不同的地方。

　　5. 注意灵活性。求职简历的写法比较灵活，无论采用哪种形式，都要突出个性，富有创意，以便得到用人单位的关注。

情景还原

　　对于即将毕业的王天宇来说，大学期间的积累是很扎实的。接下来，可以根据自己的职业规划，多渠道了解招聘信息，确定求职目标，并针对求职目标认真撰写求职信和求职简历，积极参加面试，争取找到一份自己喜欢且能胜任的工作。

即时训练

　　请阅读各大媒体平台上的招聘启事，并结合自己所学专业和个人实际情况，选择某份招聘启事中的某一职位，试拟写一份求职简历。

三、竞聘词

（一）竞聘词的概念

　　竞聘词是竞聘者在竞聘会议上对评审者和听众就竞聘职位所发表的展示自己的竞聘条件、竞聘优势，以及对竞聘职务的认识、被聘任后的工作设想、工作计划等的专用演说类文书，也称竞聘演讲稿、竞聘报告或竞聘书。

（二）竞聘词的特点

　　竞聘词是演讲词的一种，因此，它具有演讲的一般特点，但由于它是针对某一竞争而进行的，所以它还具有以下特点。

　　1. 目标的明确性

　　目标的明确性，是竞聘词区别于其他演讲词的主要特征。竞聘词的目标指向是竞聘成功。

　　2. 内容的竞争性

　　竞聘词的内容不同于其他演讲内容，竞聘全程都是听众在候选人之间进行比较、筛选的过程，所以竞聘者要尽可能展现"人无我有""人有我强"的优势。

　　3. 主题的集中性

　　竞聘词要主题集中、重点突出，围绕一个中心，不蔓不枝。不能企图在一篇竞聘词中解决和说明很多问题。

　　4. 材料的实用性

　　实用性，是指所选材料既要符合实际，又要对自己竞争有利。这就要求竞聘者无论是讲自身所具备的条件，还是谈任职后的构想，都要从自我出发，从实际情况出发，这样才具有说服力。

　　5. 语言的准确性

　　准确，指的是恰如其分地表情达意。一是所谈事实和所用材料、数字都要求真求实，准确无误。比如，谈业绩，涉及数字时要尽量具体，三次获奖，不能虚说"曾多次获奖"。二是注意分寸，因为竞聘演讲的角度基本上是以"我"为核心的，如掌握不好分寸，夸大其词，就可能导致竞聘失败。

（三）竞聘词的写法

　　竞聘词一般包括标题、称谓与问候语、正文、结语和落款五个部分。

　　1. 标题

　　竞聘词的标题有单标题和双标题两种形式。

　　（1）单标题：有文种式，即直接以文种作为标题，如"竞聘演说词""竞聘演讲稿""竞聘报告"等；有全称式，即由竞聘职务＋文种构成，如"关于××一职的竞聘报告""竞聘××一职的演讲词"。

　　（2）双标题（正副式）：正标题提示主题或中心，副标题由内容＋文种构成，如"继往开来，有所作为——竞聘××学院院长的演讲稿"。

2. 称谓与问候语

称谓即对评委或听众的称呼。一般用"尊敬的各位领导""各位评委""各位听众",可视现场情况稍做变化。问候语一般为"大家好""早上好"等。

3. 正文

（1）开头要精彩。竞聘词的开头要抓住评委、听众的注意力，并要博得他们的好感。通常有两种开头形式：开门见山式、委婉曲折式。

（2）主体要丰富。主体部分一般要阐述竞选优势和工作思路两个方面。

（3）结尾要凝练。结尾一般用简洁的话语表明对竞聘成败的正确态度，竞争上岗的信心、决心和请求等。

4. 结语

竞聘词通常以"谢谢大家"作为结语。

5. 落款

竞聘人姓名、日期署在文后。演讲时不必讲出。

（四）竞聘词的例文分析

例文1

班长竞选词

同学们：

大家好！

今天，我走上演讲台的唯一目的就是竞选班长。

第一，我已经担任了两年班长，有了足够的经验。虽然如此，但我会做一个平易近人的班长，没有"官腔官气"，更没有畏首畏尾的私虑，而是有敢作敢为的闯劲。

第二，我跟同学们相处不错。我应该是架在老师和同学之间的一座桥梁，能向老师提出同学们的合理建议，向同学们传达老师的任务。我保证做到在任何时候、任何情况下，都首先"想同学之所想，急同学之所急"。

第三，班长作为一个班的核心人物，应该具有统领全局的能力，我认为我满足条件——入校两年来，我各门功课的成绩都在良好以上，连续两年被评为校级三好学生。

我坚信，凭着我新锐不俗的观念，凭着我的勇气和干劲，凭着我与大家同舟共济的深厚友情，这次竞选演讲给我带来的会是下次的就职演说。

例文分析

在这篇班长竞选词中，首先说明竞选意向，然后从三个方面介绍了自己的竞选优势，整篇竞选词条理清晰、语言活泼，颇富感染力。

例文2

岗位竞聘词

各位领导、同志们：

大家好！

我叫×××，今年××岁，大学毕业，××××年从××局选调到本单位，××××年通过"一推双考"被任命为办公室副主任，同时主持办公室工作。今年我本着"锻炼自己，为大家服务"的宗旨站在这里，竞选办公室主任一职，希望能得到大家的支持。大家都知道，办公室工作具有综合性、广泛性、从属性、服务性和琐碎性等特点，事务繁杂，任务艰巨。今天参加办公室主任竞选演讲的几位同志，每个人都有自己的优势，那么，我的优势是什么？我要说，我的优势在于两个方面。

一、我××××年××月开始主持办公室工作，至今已两年有余，在这里，我不想大谈特谈我院办公室如何在××××年全区检查综合评比中获得第一名的好成绩，因为荣誉属于大家，成绩代表过去，我只想说，两年多的工作经验使我熟悉了办公室的工作特点，使我增强了工作能力，使我积累了一定的工作经验。如果我能当选办公室主任，所有这些都将有利于我尽快进入角色，适应工作。

二、我一向勤勤恳恳，作风正派，有一颗全心全意为大家服务的心。我敢说实话，能办实事，在我主持办公室工作期间，不管是领导还是同事，我都做到了一视同仁，这一点大家是有目共睹的。

优势固然重要，但仅有优势也难以在工作中做出成绩。要使办公室工作开展得有声有色，还必须有自己的思路和设想。我的主要目标概括起来是以下四个方面。

第一，献计献策，当好"咨询员"。办公室作为联系上下左右、前后内外的桥梁、纽带，是各种信息的集散中心。如果我能当选办公室主任，我将积极主动地站在全局的角度思考问题，为领导决策提供信息、出谋划策，当好"咨询员"。

第二，立足本职，当好"服务员"。为领导服务是办公室主任义不容辞的职责，领导交办的事情，要不折不扣地完成，但是为领导服务的出发点和落脚点是为群众服务。因此，如果我能当选办公室主任，我一定会密切联系全体同事，积极倾听大家的呼声，了解和关心大家的疾苦，力争为大家当好"管家"，做一名合格的"服务员"。

第三，搞好关系，当好"协调员"。办公室处在我院的枢纽位置，需要处理内部和外部的各种关系。如果我能当选办公室主任，我一定会注重团结、顾全大局，与其他副主任一道协调好各种关系，以确保我院的各种工作正常运转。

第四，加强管理，当好"管理员"。办公室工作面宽事杂，只有加强管理才能保证工作杂而有序。如果我能当选办公室主任，我一定会加强管理，完善政治、业务学习等各项制度，为办公室人员定岗定责，做到责任明确、任务具体，充分调动每个同志的积极性和创造性，使办公室形成一个团结协作的战斗集体。

各位领导、同志们，最后我只想说一句话，那就是："给我一次机会，还您一个满意！"

谢谢大家！

例文分析

该篇范文，开头介绍自己的基本情况及竞聘岗位，分别阐述了自己的工作能力、竞聘优势，表明竞聘成功后的工作设想和决心。文笔流畅、语言诚恳，能很快博得在场听众的好感与支持，是一篇优秀的竞聘词。

（五）写作竞聘词的注意事项

述职报告与
竞聘词的辨析

1. 实事求是，内容可信。这既是对竞聘词的写作要求，也是听众衡量竞聘者是否能胜任所聘职务的重要标准。竞聘词写作时，要注意处理好谦虚谨慎与展示优势、个人政绩与集体合作、宏观展示与微观操作等方面的关系，不可一味强调一方面而偏废或否定另一方面。

2. 把握特点，突出重点。既然是竞聘词，竞聘者就必然要将自己胜任该职务的主要优势作为重点内容之一来陈述，在讲个人的主要特长及工作业绩时，既不可扩大张扬，也不宜写得过于具体，使听众了解即可。

3. 根据时间确定篇幅。竞聘演讲有时间限制，一般在 5 ~ 15 分钟。因此，撰写竞聘词应把握好字数，以不超过 2 000 字为宜。字数太少，不足以说明问题；字数过多，又往往达不到预期效果，甚至使听众产生厌倦情绪。

即时训练

假设你心目中的一个理想岗位公开招聘人才，请你拟写一份竞聘词。

四、辞职信

（一）辞职信的概念

辞职信，也称辞职书或辞呈，是员工向任职单位表明辞职愿望的信函文书。递交辞职信是辞职者辞去职务的一个必要程序。

（二）辞职信的写法

辞职信一般由标题、称谓、正文、结语、署名和日期六部分构成。

1. 标题

标题一般用"辞职信"或者"辞呈"。

2. 称谓

称谓写辞职信送达的单位名称、领导姓名或职务。

3. 正文

辞职信一般分三个层次来写。第一，说明辞职的理由，即说明"为什么辞职"。第二，表明辞职的态度或愿望，直接说明自己要辞去什么职务，并请求批准。也可以先表明辞职愿望，再写辞职理由。第三，表示感谢，感谢对方对自己过去工作的帮助和支持，并诚恳地希望对方能谅解自己的辞职。

4. 结语

结语一般用"此致敬礼""祝工作愉快"等。

5. 署名和日期

署名和日期写辞职者的姓名和辞职申请时间。

（三）辞职信的例文分析

例文1

辞职信

尊敬的××经理：

　　您好！

　　很遗憾自己在这个时候向公司提出辞职。

　　来到公司已经两年多了，在这里我开始踏上了社会，完成了自己从一个学生到社会人的转变。感谢领导们对我的信任，让我在公司从事××开发和××管理工作，使我在××开发和××管理等领域学到了很多知识，积累了丰富的经验。对此，我深怀感激！

　　但是，为了提升自己的专业能力，今年我报考了××大学全日制的硕士研究生。目前，我已经收到了录取通知书。所以，很遗憾，我不得不向公司提出辞职申请，并希望能于今年××月××日正式离职。

　　对于由此给公司造成的不便，我深感抱歉。

　　最后，祝公司生意兴隆，发展越来越好！

王××
20××年××月××日

例文分析

　　该辞职信明确又简洁地将辞职的原因和离职的日期在辞职信中说明，理由充分正当，并表达歉意，是一封得体的辞职信。

例文2

辞职信

尊敬的公司领导：

　　您好！我怀着十分复杂的心情递上这份辞职信，正式向您提出辞职。

　　进入公司已满三年，在这三年里，我得到了公司各位领导和同事们的多方指导、帮助与照顾，我也收获了许多知识、经验与友谊。我真心喜欢公司平等的人际关系和紧张有序的工作作风，喜欢公司良好的工作环境和优秀的企业文化。由于自身的学识及经验的不足，近期的工作让我感觉力不从心，我权衡再三，决定辞掉现在的工作。

　　也许我此时辞职会给您带来一些烦扰，对此我深表歉意。

　　在没有正式办理离职手续的这段时间里，我会一如既往按时上班，兢兢业业做好我的本职工作。非常感谢您在这段时间里对我的教导和照顾。在公司的这段经历于我而言非常珍贵。将来无论什么时候，我都会为自己曾经是公司的一员而感到荣幸。我确信在公司的这段工作经历将是我整个职业生涯发展中相当重要的一部分。

职场文书写作

> 希望您能够考虑我的实际情况，对我的请求予以批准。
>
> 　此致
>
> 敬礼
>
> 袁××
> 2022 年 7 月 20 日
>
> 例文分析
>
> 这封辞职信重点感谢公司的栽培，说明了辞职的原因，态度诚恳真切，易于打动人心。

（四）写作辞职信的注意事项

辞职信是员工结束与单位之间劳动关系的意思表示，是具有法律效力的，会对劳动关系结束的性质、双方责任的划分产生决定性的影响。因此，在写辞职信时，需要慎重考虑，三思而后行。写作辞职信要注意如下几点。

1. 理由要充分、可信。写辞职信，一定要充分考虑辞职的理由是否充分、可信。因为只有理由充分、可信，才能得到批准。但陈述理由的文字应扼要，不必展开。

2. 措辞要委婉、恳切。找到合适的理由之后，用委婉、恳切的言辞来表明辞职的诚意。在具体行文时，语气不可过于生硬，不可因辞职本身而与单位激化矛盾，也无须过于委曲求全，不敢宣告理由而使自己处于被动地位。

3. 适当表达感谢。很多时候，辞职是因为对工作单位不满，但是，不论有多大的委屈和多么气愤，都不应该在辞职信里表露，而应当说明自己在这个单位的积累和成长，尽可能地去感谢公司对自己的培养。

五、邀请函

（一）邀请函的概念

邀请函也称邀请信、邀请书，是邀请亲朋好友或知名人士、专家参加某项活动时所发的请约性书信。邀请函是现实生活中常用的一种日常礼仪文书。在国际交往和各种社交活动中，邀请函使用非常广泛。

（二）邀请函的特点

1. 告知性

无论是邀请对方参加会议还是其他活动，邀请函首先起到了告知作用。

2. 邀约性

在体现告知性的基础上，邀请函更为重要的作用在于体现对被邀请方诚挚的邀请；同时，还具有一定的约定性，虽然这种约定性不像行政公文那样具有命令色彩，但是也要求被邀请方给予回应，以便邀请方做好会议或活动的具体准备工作。

3. 礼仪性

邀请函属于礼仪文书的一种，从内容到形式均具有鲜明的礼仪性特点。

（三）邀请函的分类

邀请函按照性质来分，可分为商务邀请函和社交邀请函两种；按照内容和用途来分，可分为会议邀请函、开业（幕）邀请函、庆典邀请函等。

邀请函一般包括标题、称谓、正文、结尾、落款等部分。

1. 标题

标题由活动名称和文种组成，还可以包括个性化的活动主题标语。如"北京大学111周年校庆邀请函""5月4日，让我们相聚燕园"。活动主题标语可以体现举办方独有的文化特色。

2. 称谓

称谓即被邀请方单位名称或个人姓名，其后加冒号。个人姓名后要注明职务或加上尊称，如"××先生""××女士"；个人姓名前通常加上敬语，如"尊敬的"，以表示尊敬。

3. 正文

邀请函的正文包括正式告知被邀请方举办活动的缘由、目的、事项及要求。事项部分，要写明活动的日程安排、时间、地点，并对被邀请方发出得体、诚挚的邀请。活动的各种事项必须写清楚、周详，比如具体到写明交通路线以及来回接送的方式。

4. 结尾

结尾处通常写上礼节性的问候语，如"欢迎参加""致以敬意""敬请光临"等。

5. 落款

落款写明邀请方单位名称或个人姓名，下一行写明日期。

邀请函与请柬的区别

（四）邀请函的例文分析

例文1

××职业技术学院校庆邀请函

亲爱的校友：

金秋送爽，丹桂飘香，在这收获的季节，××职业技术学院即将迎来70周岁华诞。经过70年的努力，学院目前已发展成为……的高职院校。70年的峥嵘岁月，母校已凝聚了无数的光辉与璀璨；70年的辛勤耕耘，母校正焕发着勃勃生机。值此校庆大典之际，谨向各位校友致以崇高的敬意和衷心的感谢！

为继承和弘扬我校的优良传统，共谋发展大计。学校兹定于20××年××月××日上午××点在××市××区××路××号××职业学院内，举行隆重的庆典仪式。在此，我们诚挚地向各位校友发出邀请，衷心希望各位莅临母校，共襄盛举！请于20××年××月××日前将回执传真给我们，以便做好各项安排工作。

恭候海内外校友届时光临！

××职业技术学院

20××年××月××日

例文分析

这篇校庆邀请函，简单回顾了学校的历史，将校庆典礼召开的具体时间、地点详细交代，表达了对校友光临的热烈欢迎，语言得体，细致周到，是一份较好的邀请函。

例文2

××职业技术学院2022届毕业生校园招聘会邀请函

尊敬的用人单位领导：

　　××职业技术学院位于江苏省南京市，是江苏省首批示范性高职院校建设单位、国家示范（骨干）高职院校建设单位、江苏省高水平高职院校建设单位、江苏省卓越高职院校建设单位、中国特色高水平高职学校建设单位。2022届毕业生有××人，目前就业率达到93%；2023届本科毕业生××个专业共××人将参加本次招聘，真诚邀请贵单位前来我院选录毕业生，我们将竭诚为您服务。现将招聘会有关事项告知如下。

　　一、时间地点

　　招聘会布展时间：2022年12月6日8:00—9:00。

　　招聘会召开时间：2022年12月6日9:00—14:00。

　　招聘会召开地点：××职业技术学院体育馆一楼。

　　二、会务费用

　　参会单位免收会务费用，中午提供免费工作餐，会议期间住宿、其他餐饮费用自理。

　　三、会务联系

　　贵单位接到邀请函后，如有意参加招聘会，请于12月2日前将填写并加盖公章的参会回执及加盖公章的营业执照复印件的电子材料发至我校招生就业处邮箱（××××@×××.com），以便于安排席位。

　　四、其他

　　1. 招聘会现场报到地点为××职业技术学院体育馆一楼大厅。需要代为联系住宿的单位，报到地点将由学校招生就业处于12月4日之前电话通知确定。

　　2. 学校免费为用人单位提供洽谈场地及桌椅，用人单位不得向毕业生收取面试费等费用。

　　3. 会务联系部门：××职业技术学院就业指导中心。

　　联系人：黄××、赵××。

　　联系电话：×××××××××××。

　　4. 通信地址：××省××市××职业技术学院。

　　5. 邮编：2×××××。

　　6. 乘车路线：从火车站乘9路公交车到××职业技术学院（××校区）。

　　7. 欢迎用人单位随时到校举办专场招聘会。

××职业技术学院就业指导中心

2022年10月16日

例文分析

　　这篇招聘会邀请函，既清楚地介绍了此次招聘会的背景、主题、时间、地点、邀请范围等，又对被邀请者所需做的准备给予周到的提示，是一份细致的邀请函。

（五）写作邀请函的注意事项

1. "邀请函"三字是完整的文种名称，与公文中的"函"是两种不同的文种，因此不宜拆开写成"关于邀请××出席××活动的函"。

2. 被邀请者的姓名应该写全，不应写绰号或别名。在两个姓名之间应该写上"暨"或"和"，不用顿号或逗号。网络上或报刊上公开发布的邀请函，由于对象不确定，可省略称呼，或以"敬启者"统称。

3. 严格遵守写作格式，称谓、邀请事由、具体内容、活动时间、活动地点、相关事宜、联系方式、落款等是必不可少的部分，不能遗漏。

4. 邀请事项务必周详，使被邀请者做好准备，也可为活动举办的个人或单位减少一些意想不到的麻烦。

5. 邀请函须提前发送，以便被邀请者能写好回执，有足够的时间对各种事务进行统筹安排。邀请函具有社会公关及礼仪功能，不仅能表示礼貌庄重，也有凭证作用，要写得简明得体、准确文雅。

6. 邀请函的形式要美观大方，不可用书信纸或单位的信函纸草草了事，而应用红纸或特制的请柬填写。

电子邀请函

职场文书写作

六、毕业论文

（一）毕业论文的概念

毕业论文是高等学校应届毕业生毕业前所做的总结性的独立作业。撰写毕业论文是专业人才人文素养、科学素养和实践能力培养的重要环节。现代社会需要的专业人才应该具备的科研、创新、管理、语言表达等能力，都能在毕业论文撰写过程中得到训练和提高。一篇毕业论文不但体现了撰写者的科学研究成果及其学术水平，而且反映了撰写者的科学态度、科研方法、思维方式、写作能力等科学素养与人文素养。毕业论文要有创见，体现专业性，并在形式上达到一般学术论文的规范。

毕业论文对大学生具有考查作用。由于学历层次不同，考查要求的程度也不同。如硕士和博士，其论文就是学术论文，要求具有独创性；而大专生和本科生，主要考查的是已学理论的应用。

（二）毕业论文的特点

毕业论文不同于一般的议论文，它具有学术论文的一般特点，又具有自己的特殊性，归纳起来，毕业论文主要有以下几个方面的特点。

1. 科学性

科学性要求论文作者从客观实际出发，以科学的世界观和方法论为指导，准确揭示事物发展的客观规律，探求客观真理。

2. 创新性

创新是由科学研究的目的决定的。创新性要求毕业论文不能简单地重复前人的观点，而是要有新的发现或提出新的看法；也可以从一个新的角度，把原有的材料或者观点加以概括和表述，或对现实生活中的新问题做出科学的说明，并提出解决问题的方案。即使只是提出新想法、新问题，能引起人们的注意，也不失为一种创新。

3. 理论性

毕业论文的理论性和学术性是密切结合在一起的，一篇毕业论文是否构筑了严谨的理论体系，达到一定的理论深度，往往成为衡量写作者学术水平和论文学术价值高低的重要标志之一。

4. 规范性

在人们长期的写作实践中，毕业论文与其他学术论文一样，逐渐形成了规范的结构形式。我们要按照国家标准化要求撰写毕业论文。

5. 综合性

撰写毕业论文需要综合运用分析、归纳、收集资料、语言表述等能力，需要综合应用所学的专业理论知识。

（三）毕业论文的选题

1. 从自己感兴趣的领域入手进行选题

通常来说，感兴趣的领域往往是所学内容中比较熟悉、掌握较好的部分，这样研究起来相对轻松，更易掌握。在选题的时候，应逐层缩小范围，最终达到精准定位。比如，可以先选出所有课程中自己最感兴趣的科目；接下来，选择该科目中自己最感兴趣的、有话可说的章节或内容；最后再缩小到这部分内容中某一个具体问题。

2. 从实践中遇到的问题入手进行选题

提倡选择应用性较强的课题，特别是结合当前社会亟待解决的实际问题进行研究。可以考虑选些与自己工作有关的论题，将理论与实践紧密结合，使自己的实践工作经验上升为理论，或者以自己通过学习所掌握到的理论去分析和解决一些实际工作问题。

（四）论文写作的前期工作

1. 资料的收集整理

资料的收集不仅仅是简单地搜集和堆砌，搜集和筛选往往是同时进行的。初步搜集之后，进行筛选，舍弃与论文关联不大的，留下与论题密切相关的，直到感到论证资料充分。

2. 论文提纲的拟写

（1）确定论文题目，拟写出主题句。论文题目一两字之差，内容就很可能截然不同，因此拟写提纲，第一项工作就是明确论文题目。主题句重点记录拟定论文标题时的思路，简单说明选题的原因，文章从哪些方面说明问题。

（2）拟写章节标题，建立主体框架。可以先粗略将论文分为几部分，拟定各章标题，随后每章内容逐层细化，拟定小节标题；也可以逐章拟定，将一章的论述思路彻底理顺后，先明确本章的各小节标题，再继续思考下一章的结构层次。具体采用哪种方式，取决于个人习惯。总之，要在写作之前将论文的总体框架搭建完成。通常来说，论文的第一部分为绪论，主要介绍论文的选题原因、该领域的研究历史及研究现状；从第二部分开始，是论文的主体部分，分别从不同的角度论证论文主题；最后一部分是结论部分，总结全文，重申论文主题。

（3）细化论证思路，修改完善提纲。可在每一个小论点后写下拟定的论证方法，如将从某方面展开论述，或用某案例证明该论点，或用某些资料进行论述等。在正式写作之前，认真推敲论文提纲，将需要删减或增添的内容在提纲上进行标注，不断修改完善。

（五）毕业论文的写作格式

1. 封面

封面，通常包括论文题目，作者姓名、专业、所属系部，论文指导老师的姓名、职称等相关信息。

2. 声明书

紧随封面之后的应是一份《学位论文原创性声明》以及一份《学位论文知识产权及使用授权声明书》，学生只需在相应的位置签名。

3. 论文摘要及关键词

论文摘要即论文主要内容的概括说明，包括论文的主要观点、研究方法、论述方式以及结论或成果。通常来说，摘要的字数与论文篇幅成正相关关系，各校的论文规范中应对字数有相应的要求。

关键词的主要作用是便于论文的检索。通常选择3～5个与文章内容密切相关的词语，列在摘要下面。

毕业论文的摘要及关键词除了中文版，还需要将英文版附于其后，通常另起一页，内容与中文版一致。

4. 目录

毕业论文的主目录应为软件系统自动生成，附录中的图、表、案例等可手动添加。

5. 正文

（1）论文内容

首先，安排前言或绪论内容，对选题原因、研究历史、研究现状等进行简要说明。其次，仔细分析选题，思考从哪几个不同的方面来论述，证明自己的观点。每一个大的方面可进一步细化，根据需要，分为几个不同的层面来论述，还可以从不同的角度来论述相对复杂的问题。如有必要，可以不断进行细化，直到把问题说清楚，在此过程中，一定要做到观点与材料的统一。最后，对全文进行概括性总结，重申观点。

（2）引用和注释

论文中凡是引用他人的观点、数据、言论等间接材料的内容，都必须在文中插入注释标明。引用他人文章中的原文必须要加注释；将他人的观点或实验等用自己的话表述出来，同样要标明引用用自某人的成果；甚至于自己想出来的观点，只要检索后发现有其他人已经公开发表过相关观点，仍然需要指出某人曾于某处发表过相关论点，笔者观点与此一致，同时在文中加注释标明。

注释主要有尾注和脚注两种。尾注即全文所有注释统一编号，统一列于论文正文之后；脚注即每页中出现的注释均标注于本页页脚，注释编码每页重新排序。注释内容与参考文献相同。

6. 参考文献

参考文献需列出所有写作本篇论文时曾参考过的文献名称，正文注释中曾引用的文献必须列于此处；文中未曾引用，但在论文写作过程中曾参阅过的，为论文写作提供思路或帮助的其他文献也应列于此处。

罗列文献时，通常应标明作者、文献名称、文献类别、出版社名称、出版年月、版次等。实际上，由于引用文献来源、类型不同（如著作、期刊论文、网页资源等），标注内容会有一些细微的差异，具体在各校发布的论文写作规范中均应有详细要求及说明。

7. 致谢

致谢部分的内容和形式相对灵活。主要内容是作者对论文写作过程提供过帮助的个人、集体等表达感谢，同时，也可以表达写作完成时自己的一些感想。

8. 附录

这部分内容视具体情况而定，可以是发表过的论文、取得的研究成果，也可以是正文中不便出现的图表等其他支撑材料。

（六）毕业论文的例文分析

例文

浅论企业核心竞争力

吴×× 杨××

【摘要】企业核心竞争力是企业经营的根本依托，是企业竞争优势的决定力量，同时核心竞争力又是一个复杂和多元的系统。企业核心竞争力的形成和培育必是一个长期的战略过程。

【关键词】企业核心竞争力 学习型组织 企业文化

随着市场经济的发展，企业核心竞争力已经成为企业竞争优势的决定性力量。从短期看，企业产品质量、性能和服务质量决定了企业的竞争能力；从长期看，以企业资源为基础的核心能力则是企业保持竞争优势的决定性源泉。

一、核心竞争力的含义

1991年，普拉汉拉德和哈默在《哈佛商业评论》上发表"The Core Competence of the Corporation"一文，标志着企业核心竞争力理论的正式提出，他们认为，核心竞争力是企业组织中的集合性知识（Collective Learning），特别是如何协调多样化生产经营技术和有机结合多种技术流的知识。随着产品生命周期的日益缩短和企业经营的日益国际化，一个企业的差异化竞争优势，来源于企业管理层比竞争对手既快速又低成本地将遍布于企业内的各种技术和生产技巧有机结合起来形成核心竞争力的能力。企业的核心竞争力是指企业以开发独特产品、发展独特技术能力为基础，通过企业战略决策、生产制造、市场营销、内部组织协调管理的交互作用而获得使企业保持持续竞争优势的能力，是企业在其发展过程中建立与发展起来的一种资产与知识的互补体系，同时企业的核心竞争力在很大程度上受企业所面临的产业技术与市场动态的影响。

通俗地讲，企业的核心竞争力就是企业在那些关系到自身生存和发展的关键环节上所独有的、比竞争对手更强的、持久的某种优势、能力或知识体系……

二、核心竞争力的构成

核心竞争力是一个复杂和多元的系统，包含多个层面。归纳起来主要包括以下几个方面。

1. 创新能力。一个企业要保持发展和竞争优势，就必须善于总结和提高，永远追求卓越，不断超越自我，不断进取和创新。所谓创新就是根据市场和社会的不断变化，在原基础上重新整合人才、资本等资源，进行新产品开发和更有效组织生产，不断创造和适应市场，实现企业的更大发展，它包括技术创新、产品和工艺创新、管理创新……

2．形象力。这是通过塑造和传播优秀企业形象而形成的一种对企业内外公众的凝聚力、吸引力、感召力和竞争力，是隐含在企业生产经营活动背后的一种巨大的潜力，是企业新的生产力资源，它包括产品形象、服务形象、品牌形象和管理形象……

3．服务增值能力。现代市场发展的一个重要趋势，就是服务竞争在现代市场竞争中的地位和作用越来越突出。质量概念，不仅包括产品质量，也包括服务质量。国外企业文化研究中首先使用的"服务增值"的概念，值得重视。因为同样质量的产品，可以因服务好而"增值"，也可以因服务差而"减值"……

……

三、核心竞争力的培育

企业核心竞争力的形成不是一种短期行为，而在于要把企业建设成为一种创新型的学习性组织，在不断学习和积累中形成特有的竞争力，并通过机制来保障这种竞争力的发展。因此，形成并保持企业核心竞争力是一项长期的根本性战略。为此，企业必须做好以下工作。

1．建立学习型组织。企业核心竞争力的出现是系统整合的结果，尤其面对日益复杂多变的环境，企业需要比以往任何时候更重视持续地、更快地获取信息和知识。而且这种学习必须是全体的、主动的、积极的和创造性的。彼得·圣吉认为，企业是一个系统，可以通过不断学习来提高发展的能力，《第五项修炼：学习型组织的艺术与实践》即在组织中实行共同愿景、自我超越、团队学习、改善心智模式和系统思考，在企业中建立一个相互关照、彼此通融的"学习型组织"。使组织形成"学习—持续改进—建立持续性竞争优势"的良性循环。

2．建立良好的企业文化。从企业文化力的功能来说，它有5个方面。第一，凝聚力。企业文化搞好了是一种黏合剂，可以把广大员工紧紧地黏合、团结在一起。第二，导向力。其包括价值导向与行为导向。在企业行为中该怎么想、怎么做？企业价值观与企业精神，发挥着无形的导向功能。第三，激励力。企业文化所形成的文化氛围和价值导向是一种精神激励，能够调动与激发员工的积极性、主动性和创造性，把人的潜在智慧诱发出来。第四，约束力。在企业行为中哪些不该做、不能做？企业文化、企业精神常常发挥着一种"软"约束的作用。第五，纽带力。企业特别是大企业集团，维系发展要有两种纽带：一种是产权、物质利益的纽带；另一种是文化、精神道德的纽带。这两种纽带相辅相成，缺一不可。

3．建立良好的管理队伍。企业核心竞争力是企业综合实力的表现，是人的主观能动性得以发挥的成果。要产生这样的效果，企业必须有优秀的领导者和良好的运行体系……

4．坚持技术创新与技术领先。技术能力是企业赖以生存的关键。科学技术是第一生产力。产品与服务领先的支柱是科技领先。像英特尔不断推出高性能的微处理器的能力，微软不断推出新的计算机软件的能力等，都是保持领先的基础能力。

综上所述，企业核心竞争力是企业综合实力的象征，是决定企业生死存亡的关键。企业应把核心能力的管理放到战略的高度来考虑，在企业的发展过程中逐渐积累、培育领先于对手的核心能力。

（参考文献略）

例文分析

该论文主要从企业核心竞争力的含义、构成、培育三个方面来论述观点，结构清晰、层次分明，论述层层递进，论证充分、扎实，有一定的理论深度，不失为一篇优秀的毕业论文。

（七）写作毕业论文的注意事项

毕业论文是考查学生的专业学习成果，检验其综合运用所学知识解决实际问题能力的重要方式。完成毕业论文的撰写主要抓住两个方面，即选择课题和研究课题。

1. 论文写作选题要结合学习、工作实际，尽可能多收集相关文献资料，确定选题宜小不宜大。对于在校大学生来说，只要在学术的某一领域或某一点上，有自己的一点见解，或成功的经验，或失败的教训，或新的观点和认识，言之有物、读之有益即可。

2. 在广泛搜集资料、认真研读材料和实际调研的基础上明确论点。搜集资料越具体、越细致越好；明确调查目的、对象和内容，进行实地调查研究，获得真实可靠、丰富的第一手资料。在此基础上，提出自己的观点和见解，根据选题，确立基本论点和分论点。

毕业论文和学术论文的区别

3. 下笔之前，先搭好框架，拟定论文写作提纲。对于初学论文写作者，最好拟一个比较详细的写作提纲，用于提出论文各部分要点，并对其中所涉及的材料和材料的详略安排以及各部分之间的相互关系等都有所反映，这样写作即可得心应手。

4. 初稿完成后，要不厌其改，然后再定稿。修改时主要从是否可以清楚表达写作意图，基本论点和分论点是否准确、明确，材料运用是否恰当、有说服力，论证是否有逻辑，段落的结构是否完整、衔接自然，句子词语是否正确妥当，文章是否合乎规范等方面着手。

| 相关拓展 |

给新人面试的五个建议

财富中文网的一篇文章，介绍了一名资深的企业培训师杜先生给新人面试提供的五个建议。

杜先生说："成绩好、课外活动和实习经历丰富都会加分，但更加难找的是软技能。排名第一的软技能是沟通技能；其次是解决问题的能力和团队工作能力。面试官并不期望毕业生刚入职就拥有丰富的技术专长。他们更关注的是面试者是一个什么样的人，以及如何展示自己。"所以，新人在展示自己时要注意以下五点：

　　第一，真诚完整地表达自己。很多机构会招聘那些愿意真诚讲述自己个人经历的人。所以，清晰的表达能力至关重要。需要注意几个细节：避免使用"Z世代"，也就是对"95后"或"00后"一代的说法；减少使用"升调"，也就是在一段声明的结尾使用上扬的语调，这听起来像是提问；减少像"嗯，是的"这样的口头语，比如，"我从事过一些数据分析和营销研究，还有，嗯，是的"。总之，要练习表达完整的肯定句，自信地把自己的优势和内心需求展现出来。

　　第二，认真准备一份求职信。准备一封漂亮的求职信，一定要仔细检查求职信和简历，寻找错误，不能放过任何一个细微的纰漏。

　　第三，需要关注四个词：情形、任务、行动和结果。在回答面试官的提问时，最好用一个具体的案例来展示自己。这个案例要包括情形、任务、行动和结果四个方面。面试官可能会问：讲一讲当你遇到问题时你是怎么解决的，当时的情形为什么会如此困难，你都做了什么以及结果如何。你的案例不一定是轰轰烈烈的壮举，但它应该是一个有关团队工作和如何解决问题的案例，哪怕是一个小故事，目的在于让面试官了解你如何应对挑战，以及在受聘后会如何对待工作。

　　第四，避免可能带来负面影响的展示。面试时的穿着打扮应采取保守或中立的策略。有关自身个性打扮的任何物品，如果对它的积极影响没有把握，那么这些物品都应避免使用。

　　第五，写封感谢信。在每次面试完成后，尽快写一封简短的邮件或短信，感谢面试官给予的面试机会，并简单重申自己对这份工作的热情。也可以手写感谢信，正式地寄出。这会加深面试官对你的印象，也表达了你对他的尊重和对这份工作的重视。

技能训练

一、分析改错题

请阅读××职业技术学院学生的求职信，予以评析，并进行修改。

求职信

尊敬的领导：

　　您好！

　　十分感谢您在百忙之中翻阅我的求职信。

　　我是××职业技术学院会计专业2021届毕业生。作为一名会计学专业的应届毕业生，我热爱学习并投入了巨大的热情和精力，我以优异的成绩完成了各学科的功课，曾获得过三好学生、优秀学生等荣誉。

　　在校期间，我用心向上、奋发进取，不断从各个方面完善自己，取得长足的发展，全面提高了自己的综合素质。在工作中我能做到勤勤恳恳、认真负责、精心组织，力求做到最好。

　　在假期的实践工作中，我学会了思考，学会了做人，学会了如何与人共事，锻炼了组织潜力和沟通、协调潜力，培养了吃苦耐劳、乐于奉献、关心群众、务实求进的思想。

在课余时间里，我喜欢阅读各类书籍，从书中汲取信息来充实自己，更新观念，开拓胸怀。同时，我还用心参加文体活动。

怀着自信的我向您推荐自己，如果有幸成为贵公司的一员，我会努力工作，虚心尽责，为贵公司做出贡献。我相信贵公司能给我带给一个才华尽展的空间，也请您相信我能为贵公司带来新的活力、新的业绩。

感谢您在百忙之中给予我的关注，愿贵公司事业蒸蒸日上。

此致

敬礼

求职人：张一帆

2021 年 2 月 15 日

二、写作实训题

1. 过几天学校将邀请省内多家企业在校内举办现场招聘会，假设你是大三学生，请根据自己所读专业的特点，撰写一份求职信参加应聘。

2. 阅读各大媒体平台上的招聘启事，结合所学专业和个人实际，选择某份招聘启事中的某一职位，试拟写一份求职简历。

3. 如果你是一名在校大学生，想竞聘你们学校学生会的某个职务，请写一份竞聘词。

4. 如果你是班级班长，因为个人原因，要辞去班委职务，请试着写一份辞职信。

5. 请根据所学专业的实际，选择一个适合自己的论文题目，试撰写一篇小论文，不少于3 000字。

6. ××职业学院财会专业2021级毕业班将于2024年4月30日下午2:30在阶梯教室举行演讲比赛，主题是"即将走向社会的毕业生，面对纷繁复杂的社会，应该树立什么样的人生观、价值观"。为此，毕业班向兼任他们两课教师的马克思主义学院刘副院长发出邀请函，邀请其出席指导。请拟写这封邀请函。

模块四
事务文书写作

4

事务文书是机关、团体、企事业单位（和个人）在处理日常事务时用来沟通信息、安排工作、总结得失、研究问题的实用文体，具有鲜明的政策性、广泛的实用性、体式的灵活性、语言的通俗性、联系实际的现实性等特点。事务文书的种类很多，本模块将着重介绍计划、总结、经济合同、投标书、简报和海报。

学习目标

1. 通过理论学习，掌握事务文书写作的基本常识。

2. 通过写作训练，能够结合实际写出规范得体的计划、总结、经济合同、投标书、简报和海报等常用的事务文书。

3. 通过事务文书的学习，增强统筹规划意识、规范意识和宣传意识，在工作和生活中善于做计划、总结，能做出合法合规的经济合同和投标书，会写工作简报和制作宣传海报。

4. 养成事前有目标规划、事后有反思总结的习惯，遵纪守法、诚实守信、有契约精神，有家国情怀。

情景故事

　　王静是老年服务与管理专业的学生，学习优秀，她准备参评校级"三好学生"，以下是她写的个人总结材料：

　　"我是2019级老年服务与管理专业1班的王静，任职班级学习委员和校宣传部部长。在2019—2020学年第一学期荣获校级一等奖学金；在2019—2020学年第二学期获得校级三等奖学金；在校级第二十二届'一二·九'大合唱比赛中获得第一名；在校级第二十八届田径运动会广播操比赛中获得第一名。我在学院活动中表现积极，多次主持学院晚会活动，例如'中华经典诵读复赛''大学生资助月''大学生职业规划大赛'；多次参加志愿者服务活动及暑假社会实践。

　　学习上，我能够较好地安排学习计划，有条不紊地进行复习，遇到不懂的问题虚心请教，因此学习成绩名列前茅。在思想上，我积极要求进步，努力向党组织靠拢，并积极参加学校组织的各项活动。在班级工作上，我认真负责做好自己的本职工作，关心帮助同学，与同学们建立了深厚的友谊。我尊敬师长，是老师们的好帮手，遵守学校的一切规章制度。我会继续脚踏实地一步一步努力，成为更优秀、全面发展的学生。"

　　她把写好的材料拿给老师看，老师指出文章的思路有点乱，很难让评委一眼看出她的亮点。她陷入迷茫，怎样写才能让评委一目了然、眼前一亮呢？

项目一　事务文书写作概述

一、事务文书的概念

　　事务文书是机关、团体、企事业单位和个人处理日常事务时用来沟通信息、总结经验、研究问题、指导工作、规范行为、交流合作的实用性文书。由于使用频率高，应用范围广，事务文书在机关、团体、企事业单位的日常工作中发挥着重要作用。

二、事务文书的作用

（一）工作指导作用

　　事务文书是因事而制作的，如计划、总结、简报等，都是为贯彻执行党的路线、方针、政策和上级指示，统一思想，总结经验教训，以指导今后的工作而制发的。因此，这类文书在机关、团体、企事业单位的实际工作中发挥着指导作用。

（二）宣传教育作用

　　事务文书是进行宣传教育的工具，它以各种形式对中心工作进行部署和宣传。事务文书中的讲话稿等，在工作中直接发挥着宣传教育作用；简报、海报等，以其说理性、真实性等特征，间接发挥着宣传教育作用。

（三）检查监督作用

　　事务文书中的一些内容，规范了全体或一定范围的社会成员共同遵守的行为准则。如计划，在制定工作目标的同时，也为以后的工作目标考核等提供了检查监督的依据；而总结等文体本身，就具有接受检查的意义。

（四）资料凭据作用

　　事务文书是机关日常公务活动的文字记录，不仅起到处理公务、交流情况的作用，而且它们中的一部分，又成为机关工作的原始记录，存档后具有很高的资料价值，并且可以成为检查工作的依据和凭证。

三、事务文书的种类

　　事务文书按照不同标准可以分为不同的种类。根据其性质与作用的不同，常用的事务文书可分为以下几类。

（一）计划类文书

计划类文书是单位或个人对一定时期内的工作、生产或学习做有目的、有步骤的安排或部署所撰写的文书，包括规划、设想、安排、计划、方案等。

（二）报告类文书

报告类文书是反映工作状况和经验，对工作中存在的问题或具有普遍意义的重要情况进行分析研究的文书。这类文书主要有总结、述职报告、调查报告、调研报告等。

（三）规章类文书

规章类文书是政府机构或社会各级组织针对某方面的行政管理或纪律约束，在职权范围内发布的需要人们遵守的规范性文书。这类文书包括章程、条例、办法、规则、制度、守则、公约、合同等。

（四）简报类文书

简报类文书是记录性文书，包括简报、大事记等。

（五）会议类文书

会议类文书是用于记录或收录会议情况和资料的文书。这类文书包括会议计划、会议安排、会议记录、发言稿、开幕词、闭幕词等。

（六）宣传类文书

宣传类文书是专门用于宣传相关情况的文书。这类文书包括海报、招标书等。

四、事务文书的写作要求

（一）以政策为指导，以法律为依据

事务文书的政策性很强，它是党和国家的方针政策在有关实际工作中的具体体现。拟稿者须认真领会有关的政策，并运用政策原则去指导工作。同时，事务文书还必须以法律规定为依据，不能与现行的政策和法规相抵触。

（二）深入调查研究，获取真实材料

撰写事务文书要了解实际情况，进行深入细致的调查研究，尽可能多地搜集、积累材料，只有这样，才能了解情况、知晓变化、确定决策，才能发挥事务文书的指导性功能与务实的作用。

（三）坚持实事求是，方法切实可行

事务文书，或拟定计划，或制定规范文书，或调研总结，或拟会议材料，都是为了解决工作中的实际问题，因此，必须实事求是，解决问题的方法要有科学的可行性。

（四）格式约定俗成，语言准确简练

事务文书的格式虽然不像行政公文那样程式化，但许多文种的格式也有约定俗成的共同特点。在结构方面，事务文书要求开门见山、突出重点、层次分明；在语言方面，要求用语准确，尤其是规章类文书，更讲求炼词炼句，表述不能模糊，不能出现歧义。

项目二 常用事务文书写作

一、计划

（一）计划的概念

计划是党政机关、社会团体、企事业单位以及个人，在一定时期内为实现特定目标或完成某项任务而事先做出的安排和打算。

计划有不同的名称，比如规划、设想、要点、方案、打算、安排等，它们之间的区别主要在于时限的长短和内容的详略。

1. 规划

规划适用的时间比较长，范围较广，内容较概括，是具有全局性、长远性和方向性的计划。比如，"××市城市建设总体规划""个人职业生涯规划"。

2. 设想

设想是指初步的、非正式的计划，以提供参考为主要目的。比如，"××市拓展就业安置门路的设想"。

3. 要点

要点是列出工作主要目标的计划。比如，"××公司第一季度工作要点"。

4. 方案

方案往往用于领导机关向所属单位部署一定时期的工作，交代政策，对工作方法、步骤做出具体、周密的安排，是原则性较强的计划。比如，"信息系计算机机房建设方案"。

5. 打算

打算是短期内工作的要点式计划。比如，"金融学院争创文明校园的打算"。

6. 安排

安排是对短期内工作进行具体布置的计划。比如，"国庆期间值班安排"。

在具体的实践中，既需要长远的规划，也需要近期的安排，更需要能直接落实工作的具体方案。

（二）计划的特点

1. 预想性

计划都在事前制订，是对将要进行的工作的安排和打算。预想准确与否，是计划是否科学、是否具有实践性的关键。计划虽源于实践，但以预测未来为目标，是对未来一定时期工作活动做出的预想性安排。因此，在计划写作前，必须对所安排的工作做正确的分析，充分考虑可能出现的问题。

2. 指导性

计划是把党和国家的方针、政策，上级领导的指示和要求，同本单位、本部门的实际相结合的产物。因此，计划制订后，对工作的开展和进行、困难的克服、问题的解决、政策的执行等都具有指导作用，它既是行动的方向，又是指导工作的依据，完成各项工作任务都应依照计划而行。

3. 实践性

计划作为具有指导性的文字材料，必须考虑和重视预想的现实可行性。计划中提出的措施与办法必须是切实可行的，提出的目标必须是经过努力能够达到的。目标过高，方法不具有实践性，计划只能是一纸空文。

4. 约束性

计划的制订，体现着上级的意图和要求。计划一旦通过并下达，就要遵照执行。因此，计划对工作行动不但具有指导作用，还具有约束力。即使是个人制订的工作、学习计划，也应该具有自我约束力。

5. 可变性

计划虽然对工作具有约束力，是执行性文件，但不是法规，在执行中可以根据实际情况有所变通、调整和修改。计划制订后，由于实践中发生了始料不及的情况而部分或全部修改计划的情况也是有的。但是，这种改变仍然要基于对情况的深入了解，对初始计划目标的准确把握。

（三）计划的作用

1. 明确目标

计划是把握工作目标、完成工作任务的保证。有了切实可行的计划，才能明确奋斗目标，避免或减少工作中的盲目性、被动性，做到心中有数，合理安排人力、物力和时间，保证各项工作有条不紊、有秩序地进行。

2. 提高效率

明确的计划，具体的措施，使执行者在工作中能保持清醒的头脑，做到行动、步骤有条不紊，统一认识、协同努力，提高工作效率。

3. 利于监督

制订的计划应报给上级，便于上级了解情况，及时发现问题，避免造成实际损失。在计划实施过程中，领导也可以依此检查工作，及时纠正错误和偏差，起到监督作用，保证工作顺利完成。

（四）计划的分类

计划按不同的方法划分，有不同的种类。

按时间划分，有长期计划、短期计划、年度计划、季度计划、学期计划、月计划等。

按形式划分，有表格式计划、条文式计划、表格条文兼用式计划等。

按性质划分，有综合计划和专题计划。

按范围划分，有国家计划、部门计划、单位计划、个人计划等。

（五）计划的写作方法

计划可以分为表格式、条文式以及表格条文兼用式三种类型，现介绍表格式计划和条文式计划的写作方法。

1. 表格式计划

表格式计划在写作时先要把各项内容划分成几个栏目，再把制订好的各项具体计划内容填写进栏目中，形成表格。这种方式适用于时间较短、范围较小、方式变化不大、内容较单一的具体安排，如销售计划、月计划等。

例文1

致远公司　月工作计划						
部门负责人：　　　　　填表日期：　　年　月　日						
序号	工作项目	完成标准	计划完成时间	实际完成时间	责任人	完成与否（未完成原因及解决方案）
1						
2						
3						
4						
5						
6						

例文分析

计划的指标、任务通过表格来体现，不仅可以节省大量文字，而且表达清楚，使人一目了然。

2. 条文式计划

这类计划一般由标题、正文、落款构成。

（1）标题

标题一般由四个要素组成：单位名称、适用时限、计划内容和计划种类，如"××大学2022年招生工作计划"。有时候，标题也可以省略其中的某些要素，或省略时限，如"××公司接待方案"；或省略单位，如"2022年毕业生分配工作的计划"；或省略单位和时限，如"财务工作计划"。

若计划是不成熟或未经批准的，则在标题后加"草案""讨论稿""征求意见稿"等字样，并加上圆括号。有的计划还要在标题下注明何时何会议通过。

（2）正文

计划的正文包括前言、主体和结尾三个部分。

① 前言

前言又称"引言"，在全文中起引导作用。前言一般简明扼要地介绍制订计划的目的、背景、依据、指导思想，提出工作的总任务或总目标。前言通常以"为此，特制订计划如下"或"为此，需抓好以下几方面的工作"为过渡语，引出主体部分。例如：

为进一步加强母婴安全保障工作，降低我镇孕产妇、婴儿和五岁以下儿童死亡率，根据《××市母婴安全行动实施方案》（卫妇幼〔20××〕491号）精神，按照我县推进健康建设要求，结合我镇实际，特制定本方案。

② 主体

主体部分应说明计划的具体内容，即计划的目标任务、措施方法、实施步骤等事项。一份好的计划，要确保措施具体、分工明确、步骤有序和条理清晰。

第一，明确目标任务。目标任务是计划的核心内容，是提出具体工作要求的部分。通俗地说，就是要写清楚"做什么"。这一部分要明确指出总体目标和基本任务，以及工作任务要达到的数量和质量等指标。目标的表述要具体明确、主次分明，通常可用简单有意义的衡量标准，如数量、费用、质量等进行参照。

第二，列出措施方法。这是指要列出完成计划任务所采用的方式、方法，方式和方法要写明"怎么做"。以什么方法或用什么措施来完成任务、实现目标，是决定计划具有可操作性的关键环节。这一部分要写清楚采取何种办法，利用什么条件，由何单位何人具体负责，如何协调配合以完成任务。

第三，写清实施步骤。实施步骤是对工作的阶段划分，强调时限和先后有序，即"何时完成"。编制计划必须要有全局观念，经过分析、对比、统筹，设计出科学的工作流程，并对人、财、物进行合理配置和周密组织，在此基础上，对整体的工作任务进行分解，规定操作步骤，将各项工作的完成时限、质量要求及责任人落到实处。这样才能做到职责明确、操作有序、执行无误，保证计划的顺利完成。

③ 结尾

计划的结尾可以说明计划的执行要求，可以提出希望或号召，可以表明信心和决心，也可以自然收尾。比如：

本学期的工作一定会开展得丰富多彩，希望我们在以往所取得成绩的基础上再创辉煌，将我们部门的宣传工作推上一个新的台阶。

这段结尾简明扼要，表明了信心，提出了希望。

（3）落款

在正文右下方署上制订计划的单位名称和成文日期，如果以公文的形式下发，则要加盖公章。

（六）计划的例文分析
例文2

××服装店××××年"双增双节"工作计划

为开展好国家倡导的"双增双节"活动，我们决定将今年的工作重点调整为一起抓"双增双节"活动和企业深化改革，改善企业经营管理体制，发挥名牌特色产品优势，深入挖掘潜力，以提高经济效益。现根据服装店的实际，确定××××年的工作计划如下。

一、目标

服装店具体目标如表4-1所示。

表4-1　服装店具体目标

序号	类别	指标	同比
1	销售计划	1 600万元	比去年的1 552.80万元增长3.04%
2	周转天数	118天	比去年的122.90天加快4.90天
3	平均流动资金	524.40万元	比去年的530.50万元下降1.15%
4	费用	68.50万元	比去年的70.69万元下降3.10%
5	借款利息	19.30万元	比去年的20.80万元减少1.50万元
6	削价损失	16.70万元	比去年的33.40万元下降50%
7	毛利率	19.79%	比去年的18.79%增加1%
8	定制加工	5 460件	比去年的5 300件增长3.02%
9	上缴税额	262.20万元	比去年的255.70万元增长2.54%
10	利润	218.90万元	比去年的208.50万元增长4.99%

二、措施和做法

（一）扩大产品销售，提高经济效益

1．抓好产品质量，扩大市场占有率。对产品定期抽样检查，力争正品率达到××%。其中××%的产品质量符合市优质产品标准和颁布标准。

2．全面分析和预测市场上各时装的生命周期，合理选择进货渠道，组织适销对路的原料，增加花色品种，妥善安排工作，做到款式新颖、高雅，并做好必要的储备，以满足市场需要。

3．开拓新产品，设计新品种，对库存产品不断更新换代，使产、销、调、存出现良好的运行状态。

4．采取门市销售、预约销售和电商销售等形式，扩大销量。

5．提高服务质量，引发消费者的购买兴趣，唤起消费者的潜在需求。结合创新活动，争取服装店评上"文明服装店"的称号。

（二）抓好横向联系

1．在全国各地设立特约经销单位。以京、津、沪为据点，向四面扩展。上半年增设

××、××、××等×个经销点，下半年再增设××、××、××等×个经销点，逐渐形成一个×××产品的销售网。

2．利用短期贷款，多生产质量优、价格合理的产品，满足各地不同层次的需要。

3．加强横向联系，了解各地市场的风土人情，分析销售趋势；帮助横向联系单位改进柜台设计和产品陈列，提升供应能力。

（三）压缩银行贷款，减少利息支出

1．加速资金周转，对库存产品不断进行清理、分类，及时处理冷、呆、残损产品，防止资金积压。

2．缩短生产流转的期限，加工产品及时回收，及时上柜，及时回笼资金，以压缩银行贷款，减少利息支出。

（四）降低成本，节约费用

1．紧密排料，减少损失，降低消耗。

2．合理调整库存，减少库存量。

3．紧缩差旅费，节约水电费及文具办公费用。

（五）加强经营管理建设

1．健全财务报表体系，准确反映单位的经济情况，定期分析各项经济指标完成情况，找出问题，及时处理。

2．加强管理环节，使进、产、销、存的管理系统化、科学化。

3．对原材料仓库场地、成品仓库场地、产品陈列室等进行合理的布局，对管理人员加以调整充实。

4．健全各项考核制度，做到"奖不虚施，罚不妄加"。

××××年的任务是艰巨的，但我们有一支热爱服装店的职工队伍，我们有信心完成奋斗目标。

××服装店

××××年××月××日

例文分析

这是一篇表格和条文结合的计划。计划的前言，概述了制订计划的依据和工作思路。主体部分首先用表格表述奋斗目标，将每项指标与上年度业绩进行比较，显示了"双增双节"的要求，明确、具体、简洁；然后用条文式写实现目标的五项措施和具体做法，可操作性强。结尾表明实施计划的信心。总体上来说，这是一篇不错的计划，但有两个地方还可以改进：一是计划中没有写明落实措施和做法的具体步骤，二是各项任务没有具体落实到由什么人做。这不仅是写作思路的问题，还与作者乃至该店领导的素质及工作水平有关。

（七）写作计划的注意事项

1．从实际出发，统筹兼顾。无论是撰写长期计划还是短期计划，都必须从实际出发，充分分析客观条件，所撰写的计划既要有前瞻性，又要留有余地，使计划执行者通过一番努力能够完成。此外，事关全局的计划应考虑周全，处理好大计划与小计划的关系、整体与局部的关系等。

2. 重点突出，主次分明。计划在目标较多的情况下，要解决好先与后、重与轻、主与次的关系。只有做到点面结合、有条不紊，才有利于工作的全面开展并获得事半功倍的效果。

3. 目标明确，步骤具体。计划的目标应明确具体，为计划执行者明确努力方向；同时，步骤和措施应详细具体，这样有利于实际工作的顺利开展。

 小贴士

如何写好策划书

一、做好策划准备

策划前要明确活动举办的目的，保证活动计划的周密性，体现与其他活动的差异性，考虑活动的后备方案，对参与活动的工作人员有效分工，还要考虑活动的后继性。

具体来说，要做好这些准备工作：确定活动主题、活动要素（时间、地点、人物、内容）、活动流程（可分为几个模块来做），细化分工（每个任务都要分工到具体负责人，而且要明确任务的要求、要点），明确活动进程（详细的时间表），制定活动预算等。

二、撰写策划书

（一）方案名称

尽可能写出活动的具体名称，如"第二届博雅艺术节活动方案"。

（二）活动背景

这部分内容应根据策划书的特点选取部分内容重点阐述，如基本情况简介、组织部门、活动开展原因、社会影响、环境特征分析等。

（三）活动目的、意义和目标

活动的目的、意义应用简洁明了的语言表述清楚；在陈述目的要点时，该活动的核心构成或策划的独到之处及由此产生的意义（经济效益、社会利益、媒体效应等）都应该明确写出。活动目标要具体化，并需要满足重要性、可行性、时效性。

（四）活动时间、地点

简单明了地写出活动举办的时间和地点。

（五）活动主办方、参与人员等

注明主办方、参与人员以及嘉宾，必要时还可写清活动顾问等。

（六）活动流程

明确所需人力、物力资源，包括活动的开展地点、详细的任务分工表（具体负责人及明确的任务要求）、各项任务完成的时间等。在此基础上，对策划的各项工作，按照时间的先后顺序排列，绘制实施时间表；明确说明人员的组织配置、活动对象、相应权责及时间地点。这部分，语言要简洁明了，内容要力求详尽，尽量做到没有遗漏。

（七）应急方案

开展活动一定要考虑到一些不确定性因素可能带来的问题，并做好针对可能发生的突发事件的后备方案。

（八）经费预算

活动的各项费用在根据实际情况进行具体、周密的计算后，确定每一项开支的数目以及方式等，用清晰明了的形式（建议用表格）列出。

（九）策划单位、时间

在方案最后右下角要注明策划单位和时间。

需要注意的是，写策划书的目的是促进工作开展落实到每一个人、每一项工作。因此，策划书的写作，需要建立在一定的调研和集思广益、充分论证的基础上，以保证活动方案的科学性和可行性。策划书的写作只是整个策划工作的一部分，具体工作的开展，还要分配人员对各项任务进行跟进和监督，必要时还要做调整。

即时训练

请你为自己制订一份本学期的学习计划，要求要素齐全，条理清楚。

二、总结

（一）总结的概念

总结是指党政机关、企事业单位、社会团体及个人对前一阶段的工作进行回顾、反思和分析研究，找出成绩与问题、经验与教训，用来指导今后工作的一种应用文书。日常工作中的总结还有其他名称，如"回顾""小结""体会""经验""心得"等。

通过总结，人们可以把零散、肤浅的感性认识上升为系统、深刻的理性认识，从而得出科学的结论，以便发扬优点、克服缺点，使今后的工作少走弯路，多出成果。总结得出的科学结论还可以作为先进经验进行推广，为其他单位提供借鉴。

（二）总结的特点

1. 回顾性

总结针对的是过去的事务，因此要回顾过去已经做过的工作及其全过程，包括时间、地点、人员、事件、结果等。

2. 评价性

总结要对已经做过的工作进行实事求是的评价，说明取得的成绩，指出存在的问题并分析原因。

3. 时效性

总结涉及的是特定时期内的工作情况，必须在一项工作完成后及时进行。

4. 汇总性

总结必须全面、客观地反映情况、记录事实、汇集数据，使读者阅读后就能对总结的内容有一个完整、清楚的了解和认识。

小贴士

总结与计划的关系

总结和计划都是做好工作的重要环节，是同一工作的两个方面，它们都以实践为基础，以指导实践为最终目的，因此两者有不可分割的联系。

一方面，计划与总结是互相制约、互相依赖的关系。一般来说，下一阶段的工作计划要根据上一阶段的工作总结来制订，没有全面、系统、深刻的总结，不可能制订出符合实际、切实可行的计划；而总结是以前一阶段的计划为依据，是对前一阶段计划完成情况的检查。

另一方面，计划与总结是相互促进、不断提高的关系。计划—实践—总结—再计划—再实践—再总结……如此循环，不断提高，这就是计划与总结最本质的关系。

两者的区别主要在以下几个方面。

1. 从时间上看，计划是对未来行动的安排，在工作之前制订；总结是对过去所做工作的认识、评价，是在工作进行到一定阶段或完成之后才能进行的。

2. 从内容侧重点看，计划要回答的是"做什么""怎么做""何时完成"；总结要回答的是"做了什么""怎么做的""做得怎样"。

3. 从表达方式看，计划是工作前的打算、部署，重在叙述说明；总结是工作后的认识、评价，重在理论概括，它以叙述和议论为主要表达方式，叙议结合是它表达上的重要特点。

（三）总结的类型

从性质、内容、时间、范围等不同角度来看，总结可划分为以下类型。

1. 按性质划分，总结可分为综合性总结和专题性总结。

（1）综合性总结

综合性总结又称"全面总结"，它是对某一时期各项工作的全面回顾与检查，如"××公司2021年度工作总结""××省体委工作总结"等。

（2）专题性总结

专题性总结又称"单项总结"，是对某项工作或某方面问题进行专门的总结，以总结推广成功经验多见，如"××集团2022年度销售工作总结""××市××区植树造林工作总结"等。

2. 按内容划分，总结可分为工作总结、学习总结、科研总结、教学总结等。

3. 按时间划分，总结可分为年度总结、季度总结、月度总结等。

4. 按范围划分，总结可分为地区总结、部门总结、个人总结等。

以上分类是相对的，总结的类型是可以相容和交叉的，写总结时应灵活掌握，不必过于刻板。

（四）总结的写法

总结由标题、正文和落款三个部分构成。

1. 标题

总结的标题有多种拟写方式，常见的有以下几种。

（1）文件式标题

文件式标题由写作总结的单位名称、时限、内容和文种名称四个部分构成。如"××集团公司2023年度安全工作总结""××市2023年农村工作总结"等。

（2）文章式标题

文章式标题即以单行标题概括主要内容或基本观点，不出现总结字样，但对总结内容有提示作用的标题，如"我们是如何实行教学与科研相结合的"。

（3）双标题

双标题由正标题和副标题构成。正标题点明主旨，副标题具体说明总结的单位名称、时限、内容和文种或只说明内容和文种，如"适应新的形势，努力做好财会工作——××厂财务处2023年工作总结"。

2. 正文

正文由开头、主体和结尾三个部分组成。

（1）开头

开头一般介绍总结写作的依据、背景、基本概况等，也可交代总结主旨并做出基本评价。总结的开头力求简洁，开宗明义。常见的总结开头有以下几种写法。

① 概括式

简要介绍基本情况，分清主次，为下文叙述奠定基础。比如：

办公室工作的被动性、从属性、事务性和服务性特点，常常导致办公室工作在忙、乱、杂中开展。如何从被动中求得主动，提高办事效率、办公质量？现将我们岳阳石化总厂储运公司的一些做法介绍出来，以期抛砖引玉。我们采取"抓住重点，带动一般"的办法，在重点项目上建立健全工作程序、标准和制度，实现工作程序化、标准化和制度化，从被动中求主动。

开头概述了实行"三化"提高工作质量的做法，为下文详述经验做了铺垫。

② 提问式

以提问的方式直接点明主题，引人注意。例如：

党校培训是每一个有志于加入中国共产党的青年学子的必修课。那么，究竟通过学习可以得到哪些提高呢？现以本人的学习经历，谈几点体会。

这段开头在点明主题的同时，以提问的方式设置悬念，引起读者的注意。

③ 对比式

用前与后、新与旧或先进与落后进行对比，分出优劣，引出下文。例如：

2015—2018年，我厂平均每年亏损80余万元人民币。建立集团公司后，2019年公司首次创盈利新高，获净利润2 000万元人民币，公司不仅扭亏为盈，而且连年来产值、利润以6.9%的幅度稳步提高……

这段开头用前后两组差别显著的数据进行对比，以引起读者对所总结的经验和所取得的成绩的注意。

④ 结论式

开门见山提出总结的结论，引发人们对总结过程的兴趣。例如：

经过一学期的刻苦学习，我取得了理想的成绩。这使我得出一个终身受益的结论——有效的学习方法是提高学习成绩的关键。

这段开头直截了当地给出总结的结论，先声夺人，激起读者对总结过程的探索欲。

（2）主体

主体是总结的重点部分，一般占全文2/3以上的篇幅。主体部分的内容通常包括以下四个方面。

① 基本情况

这部分应全面、简要地说明某一时期所做的各项工作或某项工作的各个方面。写基本情况时可以分项表述，但不能记流水账，应该着眼于重点事项，清楚地反映工作的开展过程。

② 取得的成绩

这部分是总结的主要内容，应有重点地概括工作中取得的主要成绩或获得的经验，并做出相对客观的评价，体现总结的真实性和评价性。

③ 存在的问题

这部分应写明实践活动中应当解决而暂时没有条件解决或没有办法解决的问题，应写得简略、中肯、有针对性。对于专门写成功经验的总结，可以不写这部分内容。

④ 今后打算

通俗地讲，今后打算就是展望未来。总结是通过回顾过去的工作来为制订计划做铺垫。所以总结中谈到今后打算时，既要与常规工作、中心工作和长远计划相结合，又要与本阶段存在的问题相结合。但总结毕竟不是计划，在谈今后打算时宜粗不宜细，宜简不宜繁，宜大不宜小。

（3）结尾

结尾就是总结的结束语，通常包括归纳呼应主题、指出努力方向、提出改进意见或表示决心等。

3. 落款

落款包括署名和日期，可写在正文的右下角。单位名称已经在标题中出现的，则可不再署名。有时，署名也可写在标题下。

（五）总结的例文分析

例文

实行"三化"提高工作质量

办公室工作的被动性、从属性、事务性和服务性特点，常常导致办公室工作在忙、乱、杂中开展。如何从被动中求得主动，提高办事效率、办公质量？现将我们岳阳石化总厂储运公司的一些做法介绍出来，以期抛砖引玉。

我们采取"抓住重点，带动一般"的办法，在重点项目上建立健全工作程序、标准和制度，实现工作程序化、标准化和制度化，从被动中求主动。具体来说就是：抓住文件、会议、小车管理和接待协调三大项目，带动其他日常工作，对各项工作都要求绘出程序图，制

定出制度和标准，在规定目标的同时，也规定达到目标的方法。

首先，我们根据3个重点项目各自的特点，绘制了经理办公程序、行政会议组织程序、公文审稿工作程序、客人接待工作程序、小车安排工作程序等24个工作程序图，制定和完善了《草拟公文工作标准》《秘书日常工作标准》《文稿修改工作标准》《复印文件工作标准》等12个工作标准和《关于复印文件暂行规定》《关于保密工作的暂行规定》《关于印信使用的暂行规定》等8项工作制度，使各项工作有程序、标准和制度可依。

其次，在严格执行上下功夫。例如，我们要求在办文中严把"四关"，即：一把拟办单位关，要求拟办单位草拟文件时不草率；二把文字关，即看是否要行文和以什么形式行文，是否符合党和国家的政策法规，文字表达是否准确、简练、通顺，涉及几个部门时是否协商一致，和本单位前后文件是否矛盾，体例格式是否规范；三把打字、校对、印刷、装订、分发关；四把文件发出后的催办关。通过严把"四关"，使文件的草拟、审核、审批、打印、校对、印刷、装订、分发与催办形成一条龙，从而保证文件整体质量的提高。再如，在提高会议质量时，我们根据所规定的工作程序、标准和制度，主要抓了会前的准备工作、会中的记录和提醒、会后的记录整理以及有关事项的催办和反馈四个环节。会前填写会议议题单，会后下发会议决定通知单或会议纪要，严格控制会议，认真整顿会风，提高会议质量。

经过几年的实践，我们体会到，实行工作程序化、标准化和制度化，可以使复杂的工作条理化、规范化和责任化，使每个人都明确自己的责任和权限，达到了用时少、效率高的目的。

例文分析

这是一篇工作专题性总结。文章总结了该办公室实行工作程序化、标准化、制度化这"三化"的经验，文章很善于概括经验，针对性强，做法具体，条理清楚，是推广经验性文章的可取写法。

事务文书写作

情景还原

从王静同学写的总结材料来看，她应该是个很优秀的学生，但是，文章材料堆积，没有厘清思路，所以，评委也很难看出她到底在哪些方面表现突出。如果理出清晰的思路，就比较容易让人看到亮点。可以做如下修改。

本人系公共管理学院××××级老年服务与管理专业1班的×××。进入大学一年以来，我严格要求自己，思想进步、工作积极、学习优秀，具体表现如下。

一、思想端正，积极进取

本人在思想上一直严格要求自己，自觉遵守学校的各项规章制度，并在工作和活动中努力向党组织靠拢，积极参加学校组织的各项活动。

二、工作认真，能力突出

本人有较强的组织和协调能力，担任校宣传部部长以及班级学习委员，组织和参与学校、学院和班级的多项活动，并取得了优秀的成绩：作为公共管理学院代表主持了学校的迎新晚会；组织参与校级第二十二届"一二·九"大合唱比赛，获得第一名；组织参与校级第二十八届田径运动会广播操比赛，获得第一名；多次主持公共管理学院举办的"中华经典诵读复赛""大学生资助月""大学生职业规划大赛"等学生活动，得到师生的一致肯定；多次参加志愿者服务活动以及暑假社会实践，获得良好的社会评价；在班级工作中，认真负责，有较强的影响力，主动关心帮助同学，与同学们建立了深厚的友谊，是老师们的好帮手。

三、学习努力，成绩优异

学习上，我始终对自己有较高的要求，能够较好地安排学习计划，并坚持不懈地认真积累，因此学习成绩名列前茅。在2019—2020学年第一学期，我荣获校级一等奖学金；在2019—2020学年第二学期，我荣获校级三等奖学金。

通过一学年的努力，我在思想、工作和学习中，都取得了较好的成绩，因此具备申请参评学校"三好学生"的条件。

经过修改，文章的脉络就变得清楚了，一目了然，把作者在思想、工作和学习等方面的表现做了概括；材料也按照活动级别、时间先后的顺序进行排列，层次清晰。

（六）撰写总结的注意事项

1. 要用实事求是的态度来写。写总结常常出现两种倾向：一种是好大喜功，搞浮夸，只讲成绩，不谈问题；另一种是将总结写成了检讨书，把自己说得一无是处。这两种都不是实事求是的态度。正确的做法是：如实地、一分为二地分析和评价以往的工作，对成绩，不要夸大其词；对问题，不要轻描淡写。

述职报告和总结的区别

自测练习

2. 要有参考性和指导性。一方面，要抓主要矛盾，不论是谈成绩还是谈问题，都不要面面俱到。另一方面，对主要矛盾要进行深入分析，谈成绩要写清是怎么做的，为什么要这么做，效果如何及获得了什么经验；谈问题要写清是什么问题，为什么会出现这种问题，其性质是什么及得到了怎样的教训。

3. 要用第一人称来写。总结要从本人、本部门、本单位的角度来写。

4. 要注意阅读对象。阅读对象就是总结的阅读者或使用者。总结时应尽量使用阅读者能看懂的语言，少用专业术语。

三、经济合同

（一）经济合同的概念

经济合同是订立合同的双方或多方当事人，为实现一定的经济目的而确立相互之间某种权利或义务关系的书面协议。

经济合同是市场经济专业化协作的纽带，有利于保护当事人的合法权益、维护社会经济秩序、加强企业管理和主管部门的监督、促进和加强社会生产的专业化协作和经济联合。

小贴士

意向书

　　意向书是表示缔结协议的意向，并经另一方同意的文书。意向书旨在表明一种意向，并不是正式的协议，它为进一步正式签订协议奠定了基础，是"协议书"或"合同"的先导，多用于经济技术的合作领域。

　　意向书具有协商性和灵活性，它不像协议、合同那样，一经签约就不能随意更改，意向书比较灵活，在协商过程中，当事人各方均可按各自的意图和目的提出意见，在正式签订协议、合同前亦可随时变更或补充。

　　意向书一般包括标题、正文和落款等部分。

　　1. 标题

　　标题一般由项目名称和文种构成，也可直接写文种名称，如"关于合作经营××的意向书"。

　　2. 正文

　　正文包括前言、主体和结尾三部分。

　　① 前言

　　前言部分写明各方单位的名称，并以简要的文字说明因何事进行了协商，以及合作原则，然后用"双方就有关事宜达成如下意向"之类的过渡语转入主体部分。

　　② 主体

　　主体部分是意向书的重点内容，一般写明双方的意图、达成的共识或倾向性的认识。如果事项较多，可以采用分条列项的形式来写。

　　③ 结尾

　　结尾一般应以"未尽事宜，在签订正式协议（合同）时予以补充"之类的语句作结。

　　3. 落款

　　落款部分写明各方单位的名称、签订时间、联系人、联系方式等，由各方洽谈代表签字。

　　法律并没有对意向书的效力做出规定，意向书内容的约束力不强，意向书往往列有"本意向书不具有法律约束力""双方的权利义务具体由正式的合同确定"等条款，这些都表明双方不受到有关内容的约束。因此，通常来说，意向书不具有和合同一样的法律效力。

意向书例文

（二）经济合同的特点

　　1. 经济合同是双方或多方的法律行为

　　首先，经济合同必须是双方或多方当事人意思表示一致。意思表示不一致，即未取得一致的协议，合同就不能成立。其次，签订经济合同的双方或多方当事人，必须具有合法的资格，即具有签订经济合同的民事行为能力。

2. 经济合同双方或多方当事人的法律地位平等

经济合同双方或多方当事人的法律地位是平等的。任何一方都不得把自己的意志强加给对方，任何组织和个人不得非法干预。采取胁迫手段所签订的经济合同是无效合同。

3. 经济合同当事人的权利和义务是相互的

当事人双方签订经济合同，是为了实现一定的具体经济目的，双方的法律地位是平等的，因而决定了权利义务也是相互的。

4. 经济合同一旦订立，就具有法律效力

订立经济合同是一种法律行为。经济合同的内容必须符合国家法律、法规和政策的规定，才能得到法律的认可和保护。同时，经济合同的法律约束力，还表现在任何第三者不得对依法设立的合同关系进行非法的干预和侵害。

（三）经济合同的分类

常用的经济合同有以下类别：买卖、建设工程、加工承揽、货物运输、仓储保管、租赁、中介、借款、物业服务等。

（四）经济合同的写作

1. 经济合同的基本要素

每份合同的条款数量不等，但大致包括如下几个方面。

（1）当事人的姓名或者名称和住所

当事人的姓名是指自然人的姓名，当事人的名称是指法人的名称，即签订经济合同的单位的法定名称。住所是指法人或自然人真实的住址。

（2）标的

标的就是经济合同当事人各方权利和义务所共同指向的对象。标的名称要使用公认的名称，并且要具体明确。如买卖合同的标的是工农业产品，建设工程合同的标的是工程项目，借款合同的标的是货币。

（3）数量

数量是标的多少、轻重、大小的表示。数量一是要采用国家法定的度量衡单位来计算；二是要详细具体，如以包、箱、袋作为单位计算数量时，要说明其里面装了多少千克或多少件等。对尾差、自然损耗率等的许可范围也要加以说明。

（4）质量

质量是指标的的物理、化学、生物、机械性能素质和外观状态标准。国家有规定的，要说明按国家哪一年颁布的标准执行，国家没有规定的，合同当事人各方要协商确定标准。

（5）价款或报酬

价款或报酬是指合同一方当事人向交付标的的另一方当事人以货币形式支付的代价。标的是货物的，代价称为价款；标的是提供劳务的，代价称为报酬。产品价款和劳务报酬要按照等价交换的原则执行，并严格遵守国家的价格政策。

（6）履行期限、地点和方式

经济合同履行期限是指交付标的和支付价款或报酬的时间界限。可规定为即时履行或一定期限内履行。履行期限要明确规定年、月、日，不能用"明年""秋季""以后""尽可能"等模糊词语表述。

　　履行地点是指交货、提供服务、付款等地点。履行地点要具体明确，如货物运到北京，要明确北京的具体地点；若遇地点重名，要在地点前冠以省、市、县名称，以免引起合同纠纷。

　　履行方式是指合同当事人以什么方式履行合同义务。要根据标的的不同情况加以规定，例如货物验收采用什么方法；对隐蔽性问题是否允许使用后提出；货物是自行提取，还是代办托运；货物采用什么运输工具；何方支付运输费用；价款或酬金是支付现金，还是用支票；是一次付款，还是分期付款；保险事项等都要具体明确。

　　（7）违约责任

　　违约责任是指合同依法成立后，由于合同当事人一方或双方的过错而导致合同不能履行或不能适当履行，有过错的一方应当承担的责任。对违约责任的追究，可以用支付违约金、支付赔偿金、继续履行合同等方式解决。

　　（8）解决争议的办法

　　如因违约产生争议，当事人可以通过协商或者调解解决合同争议。当事人不愿意和解、调解或者调解不成的，可以根据仲裁协议向仲裁机构申请仲裁……当事人没有订立仲裁协议或者仲裁协议无效的，可以向人民法院起诉。当事人应当履行发生法律效力的判决、仲裁裁决、调解书，拒不履行的，对方可以请求人民法院强制执行。

　　2. 合同的结构

　　合同一定要按照特定的格式来写作。合同的格式，主要有条款式和表格式两种。

　　条款式合同是把双方达成的协议列成几条，写入合同。表格式合同是按印制好的表格，把协商同意的内容逐项填入表中，一般用于一方同意另一方的条件而达成的协定。无论是条款式合同，还是表格式合同，一般均包括首部、主体、尾部三部分。

　　（1）首部

　　①标题

　　标题写在合同文本首页上方居中的位置。合同的标题可以由"合同性质＋文种"组成，如《借款合同》《仓储合同》；也可以由"合同标的＋合同性质＋文种"组成，如《松下电视机买卖合同》《汽车租赁合同》。

　　②合同当事人名称或者姓名

　　订立合同的双方应在合同中写明单位名称、代表人姓名和住所。为了行文方便，规定某方为"甲方"或者"需方"，另一方为"乙方"或者"供方"。如有第三方，可简称为"丙方"。在贸易合同中，有的称一方是"卖方""发包方""出租方"，另一方是"买方""承包方""承租方"。

　　（2）主体

　　主体用条款或者表格写出双方的合同内容。条款式合同必须写明双方所议定的事项，写明双方的合同内容，如双方所承担的义务、权利、程度、时间等。表格式合同要按照表中所列项目协商填写。

　　①写出签订合同的依据或者目的，表明签订合同的态度。

在一般情况下，合同都可以采用这种开头方式。比如：

"为了……，根据……的规定，经双方充分协商，特订立本合同，以便共同遵守。"

② 另起一行分条写合同的法定条款（标的，数量，质量，价款或酬金，履行期限、地点和方式，违约责任和解决争议的办法）和约定条款。

③ 一般最后的一两条写订立合同的有关事项说明。

（3）尾部

尾部指合同的结尾和落款部分，主要包括如下内容。

① 合同的有效期限和文本保存

有效期限是指合同执行生效、终止的时间，是合同当事人要求必须具备的条款。文本保存是注明合同文本的保管方式，即合同一式几份，当事人保管的份数。

② 落款

这部分是合同特定的内容和格式。落款即在合同的有效期限和保管条款下方，依次写上当事人的名称、签章、法定通信地址、法人代表姓名、银行账号、签约日期及地点等。

有些合同有特殊要求，或有附件，也要在尾部注出。通常是在合同正文"其他条款"之后注明："合同附件、附表均为本合同的组成部分，且有同等的法律效力"。如工程承包合同要在附件中列出：工程项目表、工程进度表、工程图纸等。这些附件、附表均标写在合同落款的最下方，即"年、月、日"以后的部位。

（五）合同的例文分析

例文

购销合同

甲方：××市肉类联合加工厂

乙方：××市食品公司

为了繁荣市场，保证食用猪油供应，经双方协商，签订本合同，以资共同遵守。

一、由乙方向甲方订购食用猪油 $2×10^5$ 千克，按每千克3.5元计算，乙方付给甲方货款共70万元。

二、甲方于××××年4—5月分4次在××火车站向乙方交付完所订购的食用猪油。

三、付款办法采取银行托收承付。乙方在验收第一批货物后5日内先付款50%，在验收全部货物后的5日内付清余下货款。

四、采用铁桶包装，铁桶回空，运至××火车站，回空费由甲方负担，运杂费由乙方负担。货物发运后的铁路运费及卸车费由乙方负担。

五、质量标准。按食用油规格，水分不超过1%为合格，不符合质量标准乙方拒收。

六、双方按规定日期交付货物或货款，逾期不履行合同的，违约方按每天1%的尾款或货物折价款付对方违约金。

七、本合同1式4份，双方各执正副本各1份保存备查。

××市肉类联合加工厂（盖章）	××市食品公司（盖章）
代表人×××（签名）	代表人×××（签名）
地址	地址
电话号码	电话号码
开户银行账号	开户银行账号
	××××年××月××日

例文分析

　　这是一份条款式合同。第一条确定了购销的标的物、单价及总货款；第二条说明了货物交付的时间和地点；第三条注明了结算付款方式和有关要求；第四条规定了包装方式和包装物处理的要求；第五条规定了质量标准；第六条明确了双方的违约责任和处罚方法；第七条注明合同的执存方式。这份合同行文简明、具体、完备，一旦执行起来，能够避免不必要的纠纷和损失。

（六）合同写作的注意事项

1. 合法

订立合同，必须依法办事。任何违反法律的行为，都会导致合同无法成立。

2. 合理

合同必须贯彻平等互利、协商一致、等价有偿的原则。任何一方都不得把自己的意愿强加给对方。

3. 合格

合同写作要符合合同的一般写作格式，具备必备的主要条款。

4. 完善明确

一份合同，不仅格式和主要条款要完善，每一条款的内容也要尽量周密严谨，避免产生漏洞。

5. 做好调研

一份合同能成立、有效，能全面履行，必须满足基本的有效条件。首先，要调查对方属于何种身份。其次，要调查对方履行合同的能力。可以通过检阅证明文件、当面洽谈、现场考察、从旁调查等多种途径了解。最后，要核查本单位履约的能力。签订合同必须从己方的实际条件和能力出

自测练习

发，才能保证全面履行合同，否则就会招致违约而负违约责任。此外，签订合同前还要对社会、市场进行调查，多掌握一些情况，尽可能使合同内容切合实际。

小贴士

协议书

　　协议书是指国家、政党、企业、团体或个人就某个问题经过谈判或共同协商，取得一致意见后，订立的一种具有经济或其他关系的契约性文书。

事务文书写作

订立协议书，其目的是更好地从制度上乃至法律上，把双方协议所承担的责任固定下来。作为一种能够明确彼此权利与义务、具有约束力的凭证性文书，协议书对当事人双方（或多方）都具有制约性，它能监督双方信守诺言、约束轻率反悔行为，它的作用与合同基本相同。需要注意的是：协议书需要以书面形式确立，口头协议一律无效。

协议书有相对固定的格式和内容，一般包括标题、协议各方信息、正文和落款等部分。

1．标题

标题一般由项目名称和文种构成，也可直接写文种名称，如《××协议书》。

2．协议各方信息

写明参与协议的各方当事人的单位名称或个人姓名，以及通信地址、邮政编码、联系人、电话、电子邮件等信息。

3．正文

正文包括前言和主体两部分。

（1）前言

前言部分写明签订该协议书的目的、依据和过程等。

（2）主体

主体部分写明当事人议定的内容，一般应包括协议的条款、协议的时间和期限、合作方式、双方的权利和义务、在有关问题上的具体要求、违约责任、履行条款期限、协议份数和保存方式，以及其他需要说明的事项等。

4．落款

落款部分包括各方当事人的单位名称（盖章）和法人代表签名、签订时间等。

对于大学生来说，还有必要了解就业协议书，其全称是《全国普通高等学校毕业生就业协议书》，是由教育部高校学生司统一制定的。根据国家规定，在达成就业意向后，毕业生、用人单位、学校三方必须签订《全国普通高等学校毕业生就业协议书》。就业协议书具有一定的广泛性和权威性，是学校制定就业方案派遣毕业生、用人单位申请用人指标的主要依据，对签约的三方都有约束力。

四、投标书

（一）投标书的概念

投标书是指投标单位按照招标书的条件和要求，向招标单位提交的报价并填具标单的文书。它是投标单位在充分领会招标文件，进行现场实地考察和调查的基础上所编制的投标文书，是对招标公告提出的要求的响应和承诺，并同时提出具体的标价及有关事项来竞争中标。

投标书是招标工作时甲乙双方都要认可和遵守的具有法律效力的文件，因此逻辑性要强，不能前后矛盾、模棱两可，用语要精练、简短。对政策法规的准确理解与执行，有利于标书制作者剔除歧视性条款，是对甲方（采购方或发包工程方）"出钱想买什么就买什么"传统观念的强力阻击。

（二）投标书的特点

1．针对性

投标书的内容都是按照招标书提出的项目、要求和条件来写的，因此，具有很强的针对性。

2. 真实性

投标书对招标书的应答要做到内容真实，对己方的资质、实力、拟采取的措施和承诺等都要实事求是、真实有效。

3. 目的性

投标书是为了在竞争中赢得签署合同的机会而写的，所以不仅要满足招标方的要求，还要突出己方比竞争方具有的优势。

（三）投标书的写法

1. 标题

标题一般由投标单位名称、投标项目和文种构成，如《××关于××项目的投标书》；可以省略投标单位名称，如《××项目投标书》；也可以直接写作《投标文件》。

2. 正文

正文包括前言和主体两部分。

（1）前言

前言部分一般以简要的文字写明投标的依据和主导思想。

（2）主体

主体部分按照招标书的要求和规定，逐一写明投标项目、数量、质量、费用、时限目标及技术指标、经营措施、投标方有利因素和条件、需招标方提供的保证条件、双方应承担的法律责任、附件附录说明材料等。

3. 落款

落款部分写明投标单位名称（加盖公章）、负责人、地址、联系电话、邮政编码等。

（四）投标书的例文分析

例文

××关于××项目的投标文件

（正/副本）

投标书

×××：

根据贵方××××项目（项目编号××××）的投标邀请，我方（投标方名称）授权×××（全权代表姓名、职务）为全权代表，参加贵方组织的××招标的有关活动，为此：

①提供投标文件正本1份、副本2份；

②投标项目的总投标价为（大写）_____（人民币）；

③保证遵守招标文件中的有关规定和收费标准；

④保证忠实地执行双方所签的经济合同并承担合同规定的责任义务；

⑤愿意向贵方提供任何与该项目投标有关的数据、情况和技术资料，完全理解不一定要接受最低价格的投标或收到的任何投标；

　　⑥投标人已详细审查全部招标文件，包括修改文件（如需要修改）以及全部参考资料和有关附件，我们完全理解并同意放弃对这方面有不明及误解的权利；

　　⑦其投标自开标之日起有效日为＿个工作日；

　　⑧如果在规定的开标日期后，投标人在投标有效期内撤回投标，其投标保证金将被贵方没收；

　　⑨与本投标有关的一切正式往来通信请寄：

　　地址：＿＿＿＿＿＿＿＿＿＿＿　邮编：＿＿＿＿＿＿＿＿＿＿＿

　　电话：＿＿＿＿＿＿＿＿＿＿＿

　　投标人代表姓名、职务：＿＿＿＿＿＿＿＿＿＿＿

　　全权代表签字：＿＿＿＿＿＿＿＿＿＿＿

投标人名称（公章）：
日期：　年 月 日

　　配套的投标文件如下。

　　一、投标报价表

　　二、商务响应

　　1．投标函

　　2．法定代表人证明书及法定代表人授权书

　　3．资格证明文件

　　4．退投标保证金

　　5．商务响应说明

　　6．商务差异表

　　7．服务费承诺书

　　8．其他资料

　　三、技术响应

　　1．技术响应文件

　　2．采购人配合条件

　　3．技术差异表

　　4．唱标信封

例文分析

　　投标文件一般包括投标书、投标报价表、商务差异表、技术差异表等。这个例文，在投标书部分介绍了文本、标价、责任承诺、有效期、联系方式等方面的内容，接着，把需要提供的配套投标文件项目列出来，是一份较为完整的投标书。限于篇幅，这里仅罗列配套投标文件名称。

（五）投标书的写作注意事项

1. 明确招标要求，根据招标条件，有针对性地写清投标方的各方面资质。

2. 应答实事求是，保证己方的资质、实力、拟采取的措施和承诺等都真实有效，不可弄虚作假。

3. 语言简洁，语气谦和。

4. 投标书技术要求，主要由使用单位提供资料，使用单位和招标机构共同编制。

5. 提供投标书的份数，应根据标的物大小、参加评标专家人数而定，以便于评标为原则。一般少则 4 ~ 5 份，多则 5 ~ 15 份。

 小贴士

招标书

　　招标书，又称招标说明书，是招标人为了征招承包者或合作者而对招标的有关事项和要求做出解释和说明，利用投标者之间的竞争而达到优选投标者的一种告知性文书。招标书的内容主要包括：招标单位和招标项目名称，招标项目的具体要求，投标资格与方法，技术、质量、时间等要求，投标开标的日期、地点和费用等。

招标书例文

事务文书写作

五、简报

（一）简报的概念

　　简报是指党政机关、社会团体、企事业单位为了汇报工作、反映情况、交流经验、解决问题、传播信息而编发的一种简短的报告性文书。

　　从文体上看，它是简要报道单位内部各方面信息的一种常用文体；从形式上看，它是一种具有固定格式的内部刊物。常见的"××反映""××动态""××简讯""××信息""××内部参考"等，虽然名称不同，其实质都是简报。

（二）简报的特点

　　简报的特点可以用四个字概括：快、新、实、短。

1. 快，指反应迅速及时。简报具有新闻性，追求时效性，要求发现、汇集情况快，撰写成文快，编印制发快。

2. 新，指内容新鲜、有新意。简报要提出新情况、新问题和新经验。善于捕捉工作、社会生活中的"新"，可以使简报具有较强的指导性和交流性。

3. 实，指反映情况客观。简报所反映的情况和问题要真实、准确，不能随意夸大或缩小。

4. 短，指简短。文字短，内容精，开门见山，直接叙事，一语中的，尽可能一事一议，少做综合报道。简报字数一般为几百字，最多不过千字。

（三）简报的种类

　　根据内容和性质的不同，简报可分为综合简报、专题简报和会议简报三种。

1. 综合简报

综合简报的内容涉及本系统、本单位或本部门各个方面的工作和情况。在综合简报中，可以上情下达，同时反映贯彻落实党和国家的方针政策及上级指示的情况；也可以反映工作的进度、进展情况及好的做法和经验，表扬先进事迹；还可以反映工作中存在的不足或弊端，促进问题的解决。有利于提高认识、拓宽视野、丰富知识、鼓舞干劲的一些重要信息和动态，都可以在综合简报中予以反映。

2. 专题简报

专题简报主要反映某一专项工作的动态和情况，其内容一般围绕着此专项工作的进展来写，如上级对这项工作的关心和支持、员工的工作态度和干劲、难关的攻克、问题的解决及经验教训等。

3. 会议简报

会议简报用于大中型会议或重要会议，一般由会议秘书组根据会议的主题、领导讲话精神、讨论发言情况、与会代表的观点和意见等方面来写。会议简报能如实地反映会议的进展情况，引导会议的发展方向，使会议能够顺利进行。

（四）简报的结构与写法

简报一般由报头、报核和报尾三个部分组成。

1. 报头

报头，又称"版头"，在简报的第一页上部，约占首页的1/3版面，下用红线与报核部分隔开。报头一般包括以下内容。

（1）简报名称

简报名称在居中位置，一般用套红大号黑体字印刷，如"××简报""××动态""××内部参考"等。如果有特殊内容而不必另出一期简报时，就在名称或期数下面注明"增刊"或"××专刊"字样。

（2）期数

期数排在简报名称的正下方，用括号注明，如"（第12期）"，有时还应注明总期数。

（3）编发单位

编发单位排在横隔线的左上方位置，如"××学院院长办公室""××会议秘书处"。

（4）编印日期

编印日期排在横隔线的右上方位置，要求年、月、日齐全，如"2022年3月2日"。

（5）密级

密级排在报头的左上方，分为绝密、机密、秘密、内部情况等级别，也可写"内部资料，注意保密"或"内部文件"等字样。

（6）编号

编号在报头右上方，按印数编号，如"012""013"等。

2. 报核

报核即刊登简报文稿的部分，是简报的核心，一般由标题、正文、署名三个部分组成，有时根据需要还应加上按语。

（1）按语

按语由简报的编发单位编写，是为引导读者理解所编发文章、了解编者意图而写的提示语。按语应写在横隔线以下、标题之上，并注明"按""按语""编者按""编者的话"等字样。排印时，须用与正文不同的字体，以示区别，同时也可使按语更加引人注目。需要注意的是，并不是所有的简报都需要按语，它只适用于内容比较重要、意义比较重大的简报。

（2）标题

简报的标题在按语下方，如果不加按语，简报的标题写在横隔线以下的居中位置。

（3）正文

简报的正文在标题下方，一般分为前言、主体和结尾三个部分。

① 前言

前言即简报的开头部分，类似于新闻的导语。前言主要概括全文内容或主要事实，或点出主题及意旨，先让读者有一个总体印象，并引起下文。前言中通常要交代时间、地点、人物、事件、原因、经过和结果等。

② 主体

主体是简报的主干部分，是对前言部分的具体说明。写主体时要紧扣标题，紧接前言，用有说服力的材料对主要事实进行叙述或按照一定的逻辑顺序来阐述和说明观点，还要注意用事实和数据说话，恰当运用典型事例、人物的典型语言等使内容具体化。

③ 结尾

简报的结尾常用一句话或一段话来概括正文的主要内容，还可以指明事件发展的趋势，提出建议或希望。主体部分如果已将相关内容讲完，就不必再加结尾。

（4）署名

简报正文的署名可以是供稿部门的名称，也可以是供稿者的姓名。署名写在正文的右下方，并加上圆括号。一般情况下，由编发单位撰写的简报文稿不署作者姓名；如果是约稿或征集的稿件，或有关部门送过来的稿件，则应署名。

3. 报尾

报尾部分主要包括发送单位和印发份数两项内容，位于简报最后一页的末端。发送单位一般应分别写明"报：×××（对上级单位）""送：×××（对同级单位或不相隶属的单位）""发：×××（对下级单位）"，也可以不加区别，一律写为"发送"。

简报的印发份数通常是固定的，如果临时增加印发份数，则应注明"本期增发××份"，排印在发送单位的右下端。

会议简报如果只发给与会者，则可省去报尾部分，不写发送单位和印发份数。正文和报尾之间要用横隔线隔开。

事务文书写作

（五）简报的例文分析

例文

会议简报

（第32期）

诚远公司办公室编　　　　20××年××月××日

"诚远公司召开20××年度工作会议"

　　××月××日下午，诚远公司在公司会议室召开了20××年度经济工作会议。控股公司××副总裁出席了会议，企管部、审计部、投资部、工信部、财务部、项目中心、咨询中心及铺前船厂等单位负责人应邀出席了会议。会议由××副书记主持，诚远公司班子成员及员工代表共32人参加本次会议。

　　会上，××总经理首先做了《诚远公司20××年经营管理情况及20××年经营目标》的工作报告。报告回顾了诚远公司过去一年经营管理情况，并实事求是地指出工作中仍存在的问题，同时就20××年的经营管理工作提出设想：一是全力以赴做好三个项目（铺前船厂保障性住房项目××、××省海口航道所统建房项目、铺前船厂6.9公顷土地开发建设项目）的开发建设管理工作；二是继续做好代管项目的建设管理工作；三是加快推进监管项目税务清算及收益分配收尾工作。

　　其次，××副总经理和××副总经理分别就铺前船厂保障性住房项目工程管理及解决项目的历史遗留问题方面做了《铺前船厂保障性住房工程管理几点看法》《以创新管理解决历史遗留问题》的专题报告。

　　会上，应邀出席的相关部门与会代表就项目管理、工程监理、合同管理及风险规避等方面工作，提出了宝贵的意见和建议，这将为诚远公司今后的管理工作起到积极的推动作用。

　　最后，××副总裁做了总结性发言，在肯定诚远公司20××年工作的同时，就公司下一年的工作进行了安排和部署：第一，多关注政策及收集行业方面的信息，尽可能地发挥诚远公司的优势，改善员工住房条件；第二，加强与各部门、各单位的日常沟通，提高审批材料的质量及完整性；第三，注重房地产开发项目的计划编制工作，制订年度工作计划，并将计划细分到月，责任到人来完成；第四，抓住铺前船厂保障性住房项目和××省海口航道所统建房项目的契机，培养自身人才，锻炼队伍；第五，把控项目的风险点，重点体现在合同管理的合理合法、完善资料存档等方面；第六，利用周边资源，加快解决历史遗留问题；第七，梳理内部管理环节，加强内部沟通。

报：×××××××，××××××××，××××××××

送：×××××××，××××××××××，××××××××

共印××份

例文分析

　　这份简报是一份会议简报，其格式规范，内容简明扼要。报核部分突出了会议主题、领导讲话精神、讨论发言情况、与会代表的观点和意见等内容，如实地反映了会议的进展情况，能够很好地传达本次会议的重要内容和精神。

 小贴士

新闻

　　新闻，也叫消息、资讯，是通过报纸、电台、广播、电视台等媒体途径所传播信息、记录社会、反映时代的一种文体。新闻概念有广义与狭义之分，从广义来说，除了发表于报刊、广播、互联网、电视上的评论与专文外，消息、通讯、特写等都属于新闻；狭义的新闻则专指消息，是指用概括的叙述方式、简明扼要的文字，迅速及时地报道国内外新近发生的、有价值的事实。

　　"麻雀虽小，五脏俱全"。新闻在结构上，一般包括标题、导语、主体、背景和结语五部分。前三者是主要部分，后二者是辅助部分，标题、导语、主体必不可少。从表达方式上看，新闻以记叙为主，有时兼有议论、描写、评论等。新闻包括六个要素，即记叙要素：时间、地点、人物，事件的起因、经过、结果，即五个"W"和一个"H"，即 Who（何人）、What（何事）、When（何时）、Where（何地）、Why（何因）、How（如何）。

　　新闻的标题一般包括引标题、正标题和副标题。导语是新闻开头的第一段或第一句话，它扼要地揭示新闻的核心内容。主体是新闻的躯干，它用充足的事实来表现主题，是对导语内容的进一步扩展和阐释。背景指的是新闻发生的社会环境和自然环境，背景和结语有时也可以暗含在主体中。

（六）写作简报的注意事项

　　1. 抓准问题，有的放矢。简报应该围绕本单位的实际情况编写，反映那些重要、典型、新鲜、为群众关心、需要引起注意的问题。

　　2. 材料准确，内容真实。简报作为加强领导和推动工作的重要工具，内容必须绝对真实、准确，否则会造成不良后果。简报所选用的任何材料，包括人名、地点、时间、情节、数字、引语、因果关系等，都必须准确无误。

　　3. 简明扼要，一目了然。写简报必须做到简短、明快，用尽可能少的文字说清楚必须说明的问题。具体应做到以下三个方面：一是注意主题集中，一稿一事，不贪大求全；二是注意精选材料，围绕主题精心挑选典型事例；三是既要求简，又要写清。

　　4. 内容实在，言之有物。用事实说话是简报的主要特点之一，也是编写简报时应该注意的一个重要问题。简报的内容应言之有物，切忌写套话、空话和大话。

六、海报

（一）海报的概念

海报这一名称，最早起源于上海，是一种宣传方式，主要用于戏剧、电影等演出、活动的招贴；演变到现在，海报已不仅仅是职业性戏剧演出的专用张贴物，它同广告一样，具有向群众介绍某一物体、事件的特性。

海报是视觉传达的表现形式之一，通过版面的构成在第一时间内将人们的目光吸引，这要求设计者要将图片、文字、色彩、空间等要素进行完整的结合，以恰当的形式向人们展示宣传信息。正规的海报中通常包括活动的性质、主办单位、时间、地点等内容，多用于影视剧和新品宣传，利用图片、文字、色彩、空间等要素进行完整的结合。

（二）海报的分类

从不同角度划分，海报可以分为不同的种类。

从内容来分，海报有公益海报、商业海报、政治海报、文体海报等。公益海报是指宣传公益内容的海报；商业海报是指以宣传商品、获取经济效益为目的而制作的海报；政治海报是指传播政治思想、提高人们思想觉悟的海报；文体海报是指传递文化、体育信息的海报，根据宣传内容的不同，文体海报可分为运动会海报、音乐节海报、电影海报等。

从形式来分，海报有文字海报和美术海报两种。文字海报是指文字在平面设计作品中是传递信息、交流情感的主要手段，一般来说，商业海报中可以没有图案，但不能没有文字。海报中只有文字时，可以直观传达主题，使立意更加明确。美术海报是指以美术设计为主要手段来传递信息的海报形式。

（三）海报的特点

1. 广告宣传性

海报传达的是希望社会各界参与海报中的活动，它是广告的一种。有的海报加以美术的设计，以吸引更多的人参与活动。海报可以在媒体上刊登、投放，或者张贴于人们易于见到的地方，其广告宣传性色彩极其浓厚。

2. 商业性

海报是为某项活动做的前期广告和宣传，其目的是让人们参与其中，演出类海报占海报中的大部分，而演出类海报又往往着眼于商业目的。当然，学术报告类的海报一般是不具有商业性的。

（四）海报设计的要素

海报设计有三个要素。

1. 文字

海报的文字具有说明作用。

2. 图案

海报是视觉艺术，可以通过图案产生强烈的视觉效果。海报的构图讲究单纯、突出。

3. 排版

海报文字和图案的排列方式直接影响信息传递效果。

（五）海报的写作方法

1. 标题

海报的标题可以突出主题，如"篮球赛"；也可以省略。

2. 正文

正文要写清活动的内容，如演出、赛事、会议等；活动的时间、地点、主办方名称、日期等。

3. 结尾

海报的结尾可加上一些吸引人的口号。如"莫失良机""欢迎参加"等。

（六）海报的例文分析

例文

例文分析

　　这份海报用突出的字体和形式表现了"年终买房"的主题，以楼盘的"低价""方便""户型合理""央企开发"等为卖点，以完成"心愿清单"的情感诉求来鼓动顾客，有情感温度、有理性分析、有行动鼓动，能够起到较好的广告宣传作用。

（七）写作海报的注意事项

　　1. 海报的内容要真实，一定要具体真实地写明活动的地点、时间及主要内容。文中可以用鼓动性的词语，但不能夸大，更不能虚报。

　　2. 海报的文字要简洁明了，篇幅要短小精悍。

　　3. 海报的版式要做一些艺术性的处理，以突出主题，吸引观众。

即时训练

学校将于11月举办"校园音乐节"，请你为此次音乐节做一份海报，张贴在校园海报栏。

相关拓展

总结的写作技巧

　　在事务文书中，篇幅比较长、结构难把握、内容难有特色的，要数总结。因此，往往从撰写的总结质量可以看出一个人写作的水平。那么，总结写作与修改的要点有哪些呢？我们可以从扣政策、抓特色、找典型、清材料、理思路、删冗文等六个方面来把握。

　　一、扣政策

　　写工作总结，往往要对前一阶段工作进行全面、审慎的回顾，对贯彻执行党和国家的方

事务文书写作

针政策、依法行政和实施的情况进行审视。所谓扣政策，具体地讲，一是无违法、违背客观规律、违背中央指示精神、侵犯群众利益的行政行为被作为经验总结；二是理论上的提法符合正确的舆论导向和新提法；三是引用的政策法规得当。如果政策使用不当，或有错误，那么总结出来的经验也是不正确的；如果推广，则是有害无益的，甚至会造成恶劣影响。

二、抓特色

所谓"特色"，是指事物所表现的独特色彩和风格。就一份总结而言，一是指内容上的独特风格。单位或部门的工作总结，要突出"你无我有，你有我优"的工作成绩，写作的重心应当是反映工作中有独特性和创造性的地方，要写出自己的特色；而对于那些一般化的工作情况，年年可套、家家可用的"常规性武器"，就没有必要写入总结中。在当今"快餐化"的时代，生活、工作节奏不断加快，阅文者总是希望在最短的时间内阅读尽量多的文字，获取尽可能多的信息。因此，只有突出文章的特色，尽量缩短文章的篇幅，才能达到阅文者的要求。二是指在形式上要突出特色。工作总结的标题要突出全面工作总结的特色，文章各个部分要紧扣主旨，突出各个方面的特色，每一段的开头概括本段要旨；还可以从每段内容提炼一个小标题，让阅文者在一两分钟内就能读完一份经验材料主干。

三、找典型

典型的作用巨大，一个好的典型就是一面鲜明的旗帜，典型比一般的说教更具说服力和感召力。那么，怎样才能寻找到典型呢？

除了平时在工作中要注意培养典型外，还可以从效果、做法、认识等三个方面去发现典型。首先，是从效果上找典型。某项工作产生了很好的效果，取得了显著成绩，才能引起人们的关注和领导的重视。对于在工作实践中创造出来的、能够解决人们关心的问题而又优于别处的最佳处置方案及工作经验，应当敏锐地抓住并及时地撰写。模范集体和先进个人都有科学的经验值得推广。其次，是从做法上找典型。某方面工作能取得实效，自然离不开科学的管理和先进的做法，但如果某项工作略见成效或效果暂时不明显，也可总结比以前有所改过、比别人先进，特别是有创意的典型做法。最后，是从认识上找典型。思想是行动的先导，认识的深化、观点的亮化和主题的升华，写进总结中，仍然不乏深刻的典型意义。

四、清材料

材料是文章的基本要件，无论是理论材料还是事实材料，都要做到真实、新颖、贴切、有力。所引政策法规、名人名言、领导讲话、群众评价等都必须准确无误，不能断章取义、拼凑曲解，更不能"想当然"。

事实材料就更有讲究。一要真实，不能虚构杜撰；二要新，要选择最新的事实和统计数据；三要贴切，即围绕中心来精心选择材料。在修改和审核时，对于那些虚假的、过时的材料，要毫不吝惜、坚决摈弃。

五、理思路

写得好的总结，思路往往是很清晰的，犹如一位出色的导游，预先设计好路线，将游客有顺序地引到一个个游览景点，看完所有的景点而行程丝毫不乱。写工作总结，一般是按照

"基本情况—主要做法—成绩及经验—存在问题及教训—下一步打算"的思路来构思文章；还可采用"横式结构"，分别按照各个方面的工作来写，边写做法、成绩、经验，边写存在的问题及教训和打算。

具体总结某一方面的工作时，可先写做了什么工作，谈重要性，次写做法与效果，后用典型集体和个人的事例来予以说明，按照"做了什么—怎样做的（情况与做法）—做得怎样（成绩和经验）"来构思；还可只写"做了什么"与"做得怎样"，而略去"怎样做的"这一部分。即使在一段话中，上下句之间也存在一个思路衔接的问题。

六、删冗文

梁实秋先生说："文学作品无不崇尚简练，简练乃一切古典艺术之美的极则。"这同样也是写总结所追求的最佳境界。简练就是简要而又精练，即少而精，讲究立意精辟、结构精巧、材料精确、叙议精当、文笔精悍。当然，"简练"是相对而言的，不是越短越好，也不是一切总结皆作短文。譬如，政府工作报告，一万余字便是少了；一个企业的年度工作总结，一万字就是多了。

技能训练

一、分析改错题

1. 阅读下面的计划，请指出其存在的问题。

××县经委今后八个月工作计划

为了完成县委、县政府下达3.1亿元工业总产值（力争3.5亿元）的任务以及各项经济指标，我们计划在今后八个月主要抓好以下几方面工作。

（一）进一步深化企业改革。我们在全面推行厂长（经理）任期目标责任制的基础上，从实际出发，有针对性地分别实行租赁、承包、百元工资税利制和工资总额与企业经济效益包干等经营方式，把权、责、利全面落实到企业及其经营者身上，使企业真正成为相对独立的经济实体，成为自主经营、自负盈亏的社会主义商品生产者和经营者，较好地调动企业厂长、职工的积极性，增强企业活力，促进生产发展，并使这一改革能够健康发展，深入持久地坚持下去，采取有效措施加以保证。

（二）加快新项目和技术改造项目的建设速度，确保这些项目预期投产，发挥效益。主要抓好苎麻纺织、印染工程等项目，并实行目标责任制管理，使这些项目预期投产，早日发挥效益。

（三）进一步加强企业管理，提高企业经济效益。我们坚持以改革为动力，促进企业的发展，加强管理，提高企业经济效益，把增产节约、增收节支的工作作为提高企业经济效益的重要工作来抓，要求企业产品总成本、企管费及车间经费都要减少。具体措施:（1）调整企业产品结构，大力增产适销对路产品，实现多产快销;（2）加强企业管理，挖掘企业潜力，调整定额，向管理要效益。

（四）加强企业职工思想教育、技术培训，努力提高企业职工队伍思想、技术素质。为企业上等级和企业现代化管理打基础。（1）全面进行思想、纪律、法律教育，全面提高职工思想觉悟。（2）搞好技术培训和职工文化、技术学习，努力提高职工队伍技术素质。

2. 请阅读下面的材料，说明在如下经济合同条款中存在的引发纠纷的原因。

甲乙双方协商一致签订了一份购销合同，其中有一个条款规定："甲方（供方）负责安排运输有关事宜，并派员押运到乙方（销方）指定地点交货。运输损耗由甲方负责。运杂费，包括铁路运费、轮船运费、车船装卸费等，由甲方代垫支，乙方凭单支付。"乙方验收后不同意支付铁路、水路运费和车船装卸费。双方为此争执不下。

3. 请指出下文存在的问题，并加以修改。

课程小结

法律课是我本学期选择的选修课。经过一学期的学习，我学到了许多与我们生活密切相关的法律知识。课上的每一个案例都是很好的学习教材。我们课堂上看过的案例有挂靠事件、无言的证据、电热水器漏电致人死亡、银行的不合理收费、拿石头掷死小偷、有关网上购物的价格错误而发生的纠纷、银行职员多拿钱给取钱用户、有关货物转接的纠纷、珠宝不翼而飞等。

法律课是一堂形式多变、活泼的课。我们上次的形式主要以小组为主。有时自由组合、有时抽签、有时老师分配，我们还会以辩论赛的形式上课，还有重演案例、模拟法庭等。这些多种形式的授课方式使我们每个同学都有高度的积极性，都能在愉快的课堂中真正学习到相关的法律知识，并且能有较深的印象。

我认为法律课是我最喜欢上的课，因为每一堂课老师都能用不同的形式授课，而且能把我们的主动性和积极性调动得很高，课堂气氛非常活跃。我认为××老师的课堂是快乐的课堂，有学生最喜欢的快乐教学的方式，是一个集学习与娱乐于一体的课堂。

我真的好希望所有的课都能像××老师的法律课一样，有愉快的课堂，而且所讲到的知识都能被学生牢牢地记住。那我们就不再会认为学习是枯燥无味的，成绩也会有提高。

谢谢××老师让我有这么愉快的课堂！

李××
2020 年 4 月 10 日

4. 请按照招标书的写作要求，指出下文缺少的内容。

××集团公司修建计算中心大楼招标公告

本集团公司将修建一栋计算中心大楼，由××市城市建设委员会批准，建筑工程实行公开招标，现将招标有关事项公告如下。

一、工程名称：××集团公司计算中心大楼。

二、建筑面积：××××平方米。

三、设计及要求：见附件。

四、承包方式：实行全部包工包料。

五、索取标书时间：投标人请于 2023 年 6 月 5 日前来人索取招标文书，逾期不予办理。

投标人请将投标文书及上级主管部门的有关签证等，密封投寄或派员直接送至本集团公司基建处。收件至 2023 年 7 月 5 日截止。开标日期定于 2023 年××月××日，在××市公证处公证下启封开标，地点在本集团公司望湖楼第一会议室。

联系电话：×××××××××××

联系人：×××

二、写作实训题

1. 请根据自己的家庭状况（人口、结构、收入等）、个人性格特点、社会经历、未来构想、综合素质、专业爱好、价值取向等做一个适当的大学三年规划。要求目标明确、思路清晰、步骤严谨、操作可行。

2. 读者协会拟于4月23日"世界读书日"举办一次读书会，请你给这次读书会活动做一个策划方案。

3. 学校大学生中心拟于2023年5月4日晚上7点在学校操场举行"五四"文艺晚会，请你设计一份海报进行宣传。

4. 请你结合自己所学的一门课程，列一份课程学习小结的提纲。

5. 请你画出简报的基本格式图。

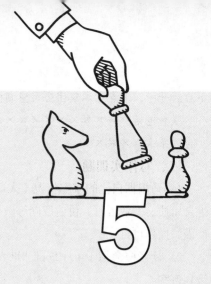

下编 沟通

模块五
沟通概述

沟通是人类组织的基本特征和活动之一，是传递信息、交流思想的活动，在人类的集体生活中发挥着重要的作用。人们通过沟通，交换各种有意义、有价值的信息，生活中的大小事务才得以开展。人们通过有效的沟通，建立和谐的人际关系，而和谐的人际关系又可使沟通更加顺畅。因此，我们每个人都应认识到沟通的重要性，学会如何有效地与人沟通。

学习目标

1. 通过理论学习，了解沟通的概念、层次、实质、作用与意义、类型和基本要素。
2. 通过理论和案例学习，理解有效沟通必备的基本素养和沟通的基本原则。
3. 通过实践训练，培养良好的沟通素养，能在不同场合，礼貌、得体、有效地进行沟通。
4. 养成自信大方、积极主动、善于合作的工作和生活态度，遵守礼仪规范，具备良好的心理品质。

情景故事

王教授精心准备着一个重要会议上的演讲，会议的规格、规模都是他平生第一次遇到的。教授全家都为他的这一次演讲而激动，教授妻子专门为他选购了一身西装。晚饭时，妻子问他西装合身吗，教授说上衣很好，裤腿长了两厘米，倒是能穿，影响不大。

晚上，教授早早就睡了。他的母亲却睡不着，琢磨着儿子这么隆重的演讲，西裤长了怎么能行，反正人老了也没瞌睡，就起床把西装的裤腿剪掉两厘米，缝好烫平，然后安心入睡了。

早上五点半，教授妻子睡醒了。因为家有大事，所以起来比往常早些，想起教授西裤的事，看到时间还来得及，便拿来西裤又剪掉两厘米，缝好烫平，惬意地去做早餐了。

一会儿，教授女儿也起床了，见早餐还没有做好，就想起爸爸西裤的事情，寻思自己也能为爸爸做点事情，便拿来西裤，再剪短两厘米，缝好烫平……

经过三个人的修剪，这条满载爱心的裤子已经不能穿了。

在这个故事中，教授的母亲、妻子、女儿都非常重视他的这条裤子是否合身，但是为什么却造成了这样的后果呢？

项目一 沟通的基本常识

很多人把沟通理解成说话，或者人与人之间的交流。实际上，沟通所包括的范围十分广泛：从说到听，从写到读，从有声到无声，从个人到组织……可以说，沟通是一个复杂的社会现象，是一种重要的管理工具，是组织生活的润滑剂。那么，究竟什么是沟通呢？

一、沟通的概念

沟通是指信息发送者凭借一定的媒介将信息发送给既定的对象即信息接收者，并寻求反馈以达到相互理解的过程。

（一）沟通的含义

沟通具有两个方面的含义：第一，沟通是指人与人之间的信息交换和意义传达；第二，沟通也是人与人之间情感表达和交流的过程。这两层含义构成了沟通的本质特征。

因此，有效沟通可以理解为：在恰当的时机及适宜的场合，用得体的方式表达思想和感情，并能被沟通对象正确理解和执行的过程。这个定义包含了五个要点：时机、场合、方式、内容和结果。

（二）沟通的层次

沟通可以表现为三个不同层次：第一个层次，沟通是一个过程；第二个层次，沟通是一种心理活动；第三个层次，沟通是一种管理工具。

从技术层次来讲，所谓的沟通，就是信息的发送方通过某种方式或渠道，把某个信息发送到接收者的感觉器官，接收者只要感觉到信号（信号是信息的载体）的存在，沟通过程也就完成了。例如，我们平时打电话，只要说话的人通过话筒把信号传达到听电话的人的耳朵里，听电话的人听到了，沟通过程就完成了。这样的沟通是最初级的沟通。

从心理层面来说，所谓的沟通，是沟通双方的思维参照系共同作用的结果。沟通的接收者只是接收物理信号是不够的，还需要对信号进行理解。接收者只有理解了信号的含义，才能明白传达信息的人要表达的意思。而这里的"理解"，需要个人知识经验和思维活动的参与。从这个方面讲，沟通的真正意义存在于心理层面。

从管理角度看，沟通是对信息的理解和执行的过程，有效的沟通，关键在于执行的结果。管理沟通与一般人际沟通的区别在于：沟通是一种工具，通过这种工具达到某种管理目的。

（三）沟通的实质

作为人类生活的一种重要现象，沟通的原理和技巧与沟通的实质密切相关。沟通的实质是什么呢？

首先，沟通是符号象征的过程。任何沟通，无论其形式如何，都要借助某种符号。信息是借助于符号传递的，感情也是借助于符号传递的。什么是符号呢？我们所用的文字是符号，表情是符号，动作是符号，甚至语气、语调等，都是符号。凡是可以表达一定意义的事物，都属于符号的范畴。在实际的沟通中，人们所要表达的是思想和感情。而思想和感情是人类高级的精神活动，本身是看不见摸不着的，要表达它们，就需要借助某种可见的载体，于是，人类发明了文字。文字的出现，使得人们之间的沟通更加便捷、高效。用某种符号来代表某个事物，就是一个象征的过程。

其次，任何符号都是用来代表或指称某种事物的，其本身没有特定的意义。有的符号代表具体事物，例如计算机、汽车等；有些符号代表的是抽象事物，例如企业、诚实等。以某个符号代表某种事物，是人类社会约定俗成的规则。符号所代表的东西，也就是符号的意义，是人们赋予它的，而不是法定的。同样一个事物，我们可以用"计算机"来表示它，也可以用"电脑"来指称它。同样的事物可以用不同的符号来代表，而同样的符号也可能代表不同的意思。

再次，有效的沟通必须是沟通双方使用同一种符号系统。由于人类用于表达思想和感情的符号很多，除了文字以外，还有表情、手势、肢体动作、衣着等。所以，即使我们不懂某种文字，仍然可以在一定程度上与使用这种文字的人进行沟通，因为人类拥有共同的符号系统，那就是面部表情。但是，简单的沟通可以通过简单的符号，对于复杂的内容，沟通符号也就变得复杂了。我们通常所说的"没有共同语言"说明的就是这个道理。没有共同语言，不是未使用共同的文字，而是对于文字背后的意义的理解不同。

最后，人们对同样的符号为什么会有不同的理解呢？符号的意义来自哪里呢？本来，任何符号都是有特定含义的，但随着人们社会生活的不断丰富，符号的意义也在发生变化。例如，在年轻人中流行的"粉丝""东东"等词汇，还有很多网络用语，其意义都与文字本身的意思没有任何关系。如果一个人不了解这些词汇的背景，仅凭文字本身，肯定是无法理解的。所以，符号的意义来自个人的知识和经验。正是由于人们的知识和经验不可能完全一样，所以，对于某个符号的意义的理解也会出现分歧。最终，真正的"理解"只能是理想状态。所以，保证沟通有效性的一个重要前提是创造共同的知识经验，用通俗的话来讲，就是创造共同语言。

二、沟通的作用

在沟通的定义中，我们强调了沟通是信息交流和感情表达的过程，也可以说交流信息和表达感情是沟通的两个功能。这两个功能是相互作用、相辅相成的。信息的交流离不开感情的表达；同样，感情的表达也离不开信息的交流。

（一）沟通是个体生存的基本条件

人在出生后发出的第一声啼哭，就是在向这个世界宣布自己的存在。一旦人们之间产生联系，沟通活动就发生了，且这一活动一直持续到人们停止呼吸那一刻。纵使有些信息没有表达出来，人们也时时刻刻都在有意无意地向外界传递信息。

 小贴士

"感觉剥夺"实验

心理学家赫伦（Heron）曾经做过"感觉剥夺"实验，他将自愿参加实验的人关在一个与外界隔绝的实验室里，在里面看不到任何光线、听不到任何声音。参加实验的人身体的各个部位被包裹起来，以尽可能减少触觉体验。实验期间，除提供参加实验的人必要的食物以外，不允许其获得任何其他刺激。结果仅仅三天，参加实验的人的整个身心就出现严重障碍，甚至不能准确地做某些大动作。

人类的祖先能够克服恶劣的自然灾害和战胜凶猛动物的袭击而生存下来，一个重要的原因就是群体成员之间的协作。沟通也因此作为人类生存的基本技能之一，成为人类文化基因中的一个重要表现。人类作为信息加工和能量转化系统的生命有机体，必须与外部环境保持相互作用，接收外界的各种刺激，并对各种刺激做出适当反应，才能够维持正常的生命活动。

（二）沟通是个体成长的需要

人类的一切行为动力都来自人的需要。个体要想健康地成长和发展，真正成为一个社会人，就必须不断满足自己的各种需要，包括社会需要、尊重需要和自我实现的需要。所有需要的满足都离不开与外界的沟通和交流。从孩提时代开始，渴了要喝水，饿了要吃饭，这些低层次需要的满足，都要通过沟通来实现。一个人必须通过某些方式，发出某种信号，让别人知道自己渴了或者饿了，才能获得自己需要的东西。对于高层次的社会需要，更需要通过与人沟通来获得满足。任何一个人，无论他的精力多么充沛，其自身经验都是有限的。人要想适应不断变化的外部世界，就必须凭借沟通，获得别人的宝贵经验。

（三）沟通是组织系统健康运行的润滑剂

组织健康的发展，往往取决于正确的战略方向、合理的管理制度与运行制度，以及优秀的员工等，但是，即使这些条件都具备了，很多组织的运营还是遇到了巨大障碍，因此，这些都只能说是成功的必要条件，或者说是成功的基础。真正的成功，还需要通过人与人之间的相互作用才有可能实现。而人与人之间相互作用的一个重要方式就是沟通。组织的目的、任务、活动等都是通过沟通实现的，没有沟通，组织目标可能就无法达成。因此，如果把组织看作一台复杂的机器，战略、管理制度和人才是这台机器的关键部件，而沟通则是保持这台机器正常运行的润滑剂。组织内信息的正式传递，人员、群体间的情感互动、事务决策等，都离不开有效的沟通。

三、沟通的类型

由于沟通的普遍性和复杂性，可以根据不同的标准对沟通进行分类。一般常用的分类有以下几种。

（一）语言沟通与非语言沟通

按照信息载体划分，沟通可以分为语言沟通与非语言沟通。

1. 语言沟通

语言沟通是指以语词符号实现的沟通，可以分为口头语言沟通与书面语言沟通。口头语言沟通是指借助于口头语言实现的沟通，是日常生活中常见的沟通方式，同时也是保持整体信息较好的沟通方式。平时的交谈、讨论、开会等都离不开口头语言的沟通。书面语言沟通是指借助于书面文字材料实现的信息交流。书面语言沟通可以修正内容，因而是一种准确性较高、持久性较强的沟通方式，它使沟通过程超越了时间和空间的限制。人们不仅可以通过文字记载来研究古人的思想，也可以将当代人的成就传给后代。

2. 非语言沟通

美国学者雷蒙德·罗斯认为，在人际沟通中，人们所得到的信息总量，只有35%是语言符号传播的，其余的65%的信息是非语言符号传播的，其中仅面部表情可传播65%中的55%的信息。因此，在沟通过程中，重视非语言沟通非常必要。

非语言沟通的实现一般有三种方式。

第一种方式为身体语言沟通，包括动态的身体语言和静态的身体语言两种。动态的身体语言通过无声的目光、表情动作、手势语言和身体运动等实现沟通；静态的身体语言通过无声的身体姿势、空间距离及衣着打扮等实现沟通。

第二种方式为副语言沟通，它是通过非语词的声音，如重音、声调的变化、哭、笑、停顿等来实现的。一句话的含义常常不是决定于其字面的意义，而是决定于它的弦外之音，俗话说的"听话听声，锣鼓听音"就是这个意思。语言表达方式的变化，尤其是语调的变化，可以使字面意思相同的一句话具有完全不同的含义。比如一句简单的口头语，"真棒"，当音调较低、语气肯定时，表示由衷的赞赏；而当音调升高，语气抑扬时，则有可能变成了刻薄的讥讽和幸灾乐祸。

第三种方式为环境语言沟通，包括时间的选择、环境的布置等。例如，在组织环境中，不同职业的人，其办公室布置的风格是不同的，专业人士和管理人员的办公室一般是庄重和严肃的，而秘书的办公桌则可能布置得比较活泼。另外，办公室的位置和地点是表明一个人地位和身份的重要信息源。

（二）正式沟通与非正式沟通

按照沟通的途径和渠道，沟通可以分为正式沟通和非正式沟通。

1. 正式沟通

正式沟通是在组织系统内部，根据组织原则与组织管理制度进行的信息传递与交流，包括组织对内对外的公文来往、会议、命令等。正式沟通一般以书面沟通为主，是受到管理人员重视的传统方式，组织中的正式沟通一般体现的是信息交流的功能。

正式沟通对内建立在组织内部管理制度之上，对外则依据社会主流的交往规则（如道德、法律），其优点是沟通效果比较好，比较严肃，约束力强，易于保密，可以使公共关系保持权威性。重要的信息和文件的传达、组织的决策一般都采用正式沟通的渠道。正式沟通的缺点是层层传递，显得呆板且缺乏灵活性，沟通的速度比较缓慢。另外，正式沟通很难做到双向沟通，因此沟通效果也比较差。

2. 非正式沟通

所谓非正式沟通，是指组织成员私下的交谈、传闻和"小道消息"等。非正式沟通一般体现的是感情交流的功能。非正式沟通的特点有三个：首先，非正式沟通不受社会层级的控制；其次，大多数人相信通过非正式沟通获得的信息更可靠；最后，非正式沟通在很大程度上与人们的切身利益息息相关。

非正式沟通的优点在于沟通形式灵活多样、直接明了，可以让人们容易、及时地了解到正式沟通难以提供的"内幕新闻"。但是非正式沟通难以控制，传递的信息不确切，容易失真，而且，它可能导致组织内形成小集团、小圈子，影响组织的凝聚力和人心稳定。

小贴士

如何减小"小道消息"的消极影响

1．公布进行重大决策的时间安排。

2．公开解释那些看起来不一致或者隐秘的决策和行为。

3．对目前的决策和未来的计划，强调其积极的一面，同时也要指出其不利的一面。

4．公开讨论事情可能最差的结局，减少无端的猜测造成的焦虑情绪。

非正式沟通对管理者非常重要，它可以使管理者认识到哪些事情对员工来讲非常重要，从而改进管理。一般认为，管理者不能够彻底消除"小道消息"的影响，但是有经验的管理者可以对"小道消息"进行有效管理，使"小道消息"的消极影响降到最低。上述的方法值得借鉴。

即时训练

有人向你了解同事小郑的情况，你由于种种原因不喜欢小郑这个人，你实在不想回答，这时你该怎么说"不"？

（三）书面沟通与口头沟通

按照沟通的载体不同，沟通可以分为书面沟通和口头沟通。

书面沟通的优点是传播内容不易被歪曲，而且可以永久保留；其缺点是反馈的速度较慢，容易降低问题的重要性。

口头沟通的优点是具有亲切感，反馈及时且作用明显；其缺点是口说无凭，沟通的内容有时会走样。

在实践中，有效的组织沟通最好同时使用书面沟通和口头沟通两种方式。

（四）单向沟通与双向沟通

按照信息接收者和发送者之间的信息反馈程度，沟通可以分为单向沟通与双向沟通。

所谓单向沟通，指的是沟通双方，一方只发送信息，另一方只接收信息，双方无论是在语言上还是情感上都不需要进行信息反馈。如发指示、下命令、做报告等都属于单向沟通。

所谓双向沟通，指的是信息发送者以协调和讨论的姿态面对信息接收者，信息发出以后还需及时听取反馈意见，必要时发送者与接收者还要进行多次商议交流，直到双方共同明确和基本满意为止。比如与职工谈心、召开座谈会、听取情况汇报、协议双方谈判等均属于双向沟通。

在组织内部，采用何种沟通方式，应当因人因事而异。为使工作快速完成和维护组织正常的秩序，宜用单向沟通；例行公事的指示、命令的传达，可用单向沟通。如果要求工作踏实有效，重视组织成员的人际关系，宜用双向沟通。总的来说，内部公共关系工作要十分重视双向的信息传递和沟通。

情景还原

情景故事中，教授的母亲、妻子和女儿都很关心他，也用心付出了劳动，结果却因为大家沟通不到位，剪坏了一条裤子，耽误了事情。究其原因，首先是教授没有明确目标和分工——

裤子要不要剪短，由谁来剪短，其次是母亲、妻子、女儿在行动之前没有征询家庭其他成员的意见。之所以造成吃力不讨好的结果，是因为没有做好沟通，导致费时误工。

（五）自我沟通、人际沟通与群体沟通

根据沟通者的数目，可以将沟通分为自我沟通、人际沟通与群体沟通。在自我沟通中，信息的发送者和接收者为同一人；人际沟通是指两个个体之间的信息交流过程；群体沟通是指三个及三个以上的个体之间进行的沟通。

1. 自我沟通

沟通不仅可以在个人与他人之间发生，也可以在个人自身内部发生。这种在个人自身内部发生的沟通过程，就是自我沟通。个人内部神经系统，就是由信息传入和传出两个系统构成的。自言自语是最明显的个人内部沟通过程。一个人在做事时常常自己对自己不断发出命令，自己再接受或拒绝命令。例如，小孩搭积木时，口中常念念有词："这一块应该放这儿。不对，应该放这儿。对，就是放这儿。"这是典型的自我沟通过程。当成年人完成比较困难的任务，比如开发出新的产品或编写完新的软件时，也会出现自言自语式的自我沟通。

自我沟通是人际沟通与群体沟通的基础。当人们在对别人说出一句话或做出一个举动前，就已经经历了复杂的自我沟通过程。不过，只有在必须对一句话进行反复斟酌，或对一个举动反复考虑时，人们才能清楚地意识到自我沟通过程的存在。自我沟通过程是其他形式的人与人之间成功沟通的基础。

2. 人际沟通

广义的人际沟通包括一切人与人之间发生的各种形式的沟通。而狭义的人际沟通则特指两个人之间的信息交流过程，这是一种与人们的日常生活关系较为密切的沟通。每个人与家人、朋友、上级、下属和同事之间关系的建立和持续，都必须通过这种沟通来实现。

3. 群体沟通

群体沟通可以分为四种不同情况。

（1）小群体沟通

小群体通常指具有某种特殊职能，3人以上、13人以下的群体，如班组、家庭、最高决策集团等。以小群体为背景的沟通就是小群体沟通。小群体沟通解决问题的效率往往比较高。

（2）公众沟通

公众沟通是指一个演讲者与许多听众的沟通。在公众沟通过程中，听众并不是简单地、被动地充当信息接收者，而是积极参与沟通过程，产生反馈。不过，演讲者对沟通过程具有更大的控制力量。典型的公众沟通包括记者招待会、公开演说、培训等。

（3）大众沟通

大众沟通也称大众传播，即通过广播、互联网、电视、报纸、杂志等大众媒介实现的信息交流。大众沟通的一个特点，是沟通以信息的传播为主导，对于信息接收者的反馈，则是通过预测将其考虑到信息传播的过程之中。另外一个显著特点是其影响广泛而深远。生活于当代社会的每一个人，几乎都要受到大众沟通的影响。人们的政治态度、商品选择、文化娱乐，都会受大众沟通的影响。心理学家发现，电视、互联网的兴起，已经在世界范围内深刻地改变了人们的生活

方式。

（4）组织沟通

组织沟通是在社会组织内发生的沟通。发生在公司、学校、政府机构及自发组织内的沟通，都属于组织沟通。典型的组织沟通包括集体谈判、商务谈判、团建等。

一般情况下，组织沟通是多层次的。组织的最高领导者之间，如公司总裁和副总裁之间常常保持密切的正式和非正式的人际沟通；而组织的各级决策群体之间，则常常保持着小群体沟通性质的联系；在领导者与组织的普通成员之间，则往往以公众沟通的形式保持联系。较大的组织机构，以大众沟通的形式，通过各种本组织的大众媒介保持自身机构的一体化。

四、沟通的要素

整个沟通过程由七个要素组成，包括信息源、信息、通道、信息接收者、障碍、背景、反馈等。

（一）信息源

信息源是具有信息并试图进行沟通的人。他们引发沟通过程，决定以谁为沟通对象，并决定沟通的目的。沟通的目的可以是提供信息，也可以是影响别人，使别人改变态度，还可以是与人建立某种联系或纯粹娱乐。作为信息源，在实施沟通前，必须首先在自己丰富的记忆里，选择出试图沟通的信息，并进行恰当的组织。

另外，信息源的态度、技能、情绪状态等都可能影响沟通的效果。

（二）信息

从沟通意向的角度说，信息是沟通者试图传达给别人的观念和情感。但个人的感受不能直接为信息接收者所接受，所以它们必须转化为各种不同的、可为别人所觉察的信号，也就是把意义转化为信息接收者可以接受的形式，如文字、口头语言或表情等，这个过程叫作编码。

所谓编码，是指选择某种符号来代表信息表达者试图表达的内容，而这种符号是能被信息接收者理解的。比如，人们与计算机对话时，必须采用计算机能接收信息的符号系统，人们所有的思想和感情只能通过键盘输入信息来告诉计算机。成年人跟孩子说话，就必须选择孩子能够接受的语言来表达，而不是根据成年人自己的语言来表达。这个编码的过程，在很大程度上会决定沟通的有效性。

（三）通道

通道指的是信息所传达的方式。人们的感觉器官都可以接收信息，但大量的信息是通过视听途径获得的。日常生活中所发生的沟通也主要是视听沟通。

通常的沟通方式不仅有面对面的沟通，还有以不同媒体为中介的沟通。电视、广播、报纸、电话、网络等，都可被用作沟通的媒体。但是，在各种方式的沟通中，影响力最大的，仍是面对面的沟通。面对面沟通时，除了语词本身的信息外，还有沟通者整体心理状态的信息，这些信息使得沟通者与信息接收者可以发生情绪的相互感染。此外，在面对面沟通的过程中，沟通者还可以根据信息接收者的反馈，及时调整自己的沟通过程，使其变得更加适合信息接收者。正是由于面对面的沟通能够更有效地对信息接收者产生影响，因此，即使是在信息技术高度发达的今天，网上交流仍然无法取代线下面对面的沟通。

（四）信息接收者

信息接收者指信息源发出的信息的接收人。信息接收者在接收携带信息的各种特定符号之

沟通概述

后，必须根据自己的已有经验，将其转译成信息源试图传达的知觉、观念或情感。这是一个复杂的过程，包括一系列注意、知觉、转译和储存心理动作，这个过程叫解码。所谓解码，就是给符号赋予某种意义。由于信息源和信息接收者是两个不同但又具有相当共同经验的心理世界，因此，信息接收者转译后的沟通内容，与信息源原有内容之间的对应性是有限的。不过，在通常情况下，这种有限的对应性足以使沟通的目的得以实现。

信息接收者个人的知识、经验、心态、倾听技巧、身份等，对于所接收的信息具有筛选、过滤和加工的作用。

在面对面的沟通过程中，信息源与信息接收者的角色是不断转换的。前一个时限的信息接收者，可能成为下一个时限的信息源。在日常生活中，每一个人都必须很好地了解如何才能有效地理解别人和让别人理解，了解沟通过程中信息的转译和传递机制，只有这样，才能提高沟通的有效性和准确性。

（五）障碍

人类的沟通经常发生障碍，因此，分析沟通过程不能不分析障碍问题。人类的沟通系统好比电话回路，任何一个环节出现问题，都可能对沟通形成障碍，从而影响沟通的效果。信息源的信息不充分或不明确，信息没有被有效或正确地转换成可以沟通的信号，误用沟通方式，信息接收者误解信息等，都会对沟通造成障碍。

（六）背景

背景是指沟通发生的情境。它影响沟通的每一个因素，同时也是影响整个沟通过程的关键因素。在沟通过程中，许多意义是由背景提供的，甚至语词的意义也会随背景而改变。同样一句"你真够坏的！"如果是亲密朋友在亲切交谈的背景下说出，那么这句话并不是谴责的意思；如果将这句话用于其他情境，其意义可能就大不一样。

（七）反馈

反馈的作用是使沟通成为一个交互过程。在沟通过程中，沟通的每一方都在不断地将信息回馈另一方，这种回馈过程就称作反馈。反馈可以告诉信息发送者，信息接收者接收和理解每一信息的状态。如果反馈显示，信息接收者接收并理解了信息，这种反馈称为正反馈。如果反馈显示，信息源的信息没有被接收和理解，则称为负反馈。若显示信息接收者对信息源的信息反应为不确定状态的信息，则叫作模糊反馈。模糊反馈往往意味着来自信息源的信息尚不够充分。成功的沟通者对反馈都十分敏感，并会根据反馈不断调整自己的信息发送方式、状态等。

 小贴士

沟通的三种行为

一个有效的沟通是由说、听、问三种行为组成的。换句话说，考核一个人是否具备沟通技巧的时候，要看他沟通时这三种行为是否都出现。

一家知名公司在面试员工的过程中，经常会让10个应聘者在一个空的会议室里一起做小游戏，很多应聘者在这个时候都感到不知所措。在一起做游戏的时候，主考官就在旁边观察说、听、问这三种行为是否都出现，以及这三种行为的出现比例。如果一个人想要表现自已，他的话会非常多，始终喋喋不休，可想而知，这个人将是第一个被请出考场或者淘汰的人；如果一个人坐在那里只是听，不说也不问，那么，也将很快被淘汰；一个人只有在游戏的过程中既说又听，同时还问，这样才意味其具备良好的沟通技巧。

项目二　提升沟通能力的方法

沟通能力是一个人生存与发展的必备能力，也是决定一个人成功的必要条件。沟通能力不是某些人所独有的，也不是可望而不可即的。只要勇于实践、积极沟通，沟通能力就能得到提高。沟通能力的提高没有捷径，只有平时注重培养沟通的基本素养，在交流过程中遵守沟通的基本原则，才有可能切实提高沟通能力，达到沟通的目的。

一、提升沟通的基本素养

沟通能力是重要的生存技能，因此，学习基本的沟通知识，在日常的工作和交往中不断加以练习和精进，提升自身的沟通素养，有重要的现实意义。沟通的基本素养可以从以下几个方面进行培养。

（一）表达能力

沟通既是一项艺术，也是一项技术。沟通简单模型中至少要有沟通的甲乙两方，沟通的甲方编码通过沟通渠道将信息传递给沟通乙方；沟通乙方通过解码，接收信息，并再次编码反馈给沟通甲方；而后沟通甲方就接收到的沟通乙方的信息，再次解码，从而形成循环。因此编码和解码在沟通中具有重要的地位。简单地看，编码和解码对应的就是表达能力和接收能力。我们这里所说的表达能力，就是指通过语言媒介进行人际沟通的能力。

语言是人与人之间沟通重要的媒介。第一，语言在沟通中塑造别人对我们的印象，包括对个人性格、品质、能力的印象。比如，一个人在交谈过程中总是口带脏话，对方会认为他是一个粗鲁的人；如果他总是夸夸其谈、空话连篇，那么对方多半会认为他是一个不切实际、爱慕虚荣的人；而如果他出口成章、妙语连珠，对方则会认为他是一个文化素养很高的人。第二，语言反映出我们对别人的态度。这指的是使用不同的语言会给别人带来不同的感受。在与别人的沟通过程中，如果使用更多肯定的和积极的语言，比如说对方很出色、很聪明，会使对方感觉到被重视和被认可；如果使用更多中性的语言，可能会使对方感觉我们很客观；而如果使用更多否定的语言，会让对方觉得我们对这次谈话不感兴趣、不耐烦。第三，语言还可以表明和增进与他人的一致性，打造人与人之间的联盟关系。沟通过程中，人们会被与他们说话方式相似的人所吸引，进而形成相似群体的聚集。而为了增进群体认同，同一群体中的成员往往又会发展出共同的语言体系和对话模式。

在沟通过程中，良好的语言表达能力，需要我们做到"三言两语"。所谓"三言"，指的是言之有理、言之有物、言之有序；"两语"指的是出语情真、出语精练。

1. 言之有理

说话要有道理。我们用语言去说一件事情，要明确表达是为什么样的目的服务的。如果我们在讲述一件事情的时候，只说概念而没有数据、实例的支撑，往往就会干涩而没有吸引力。如果我们在表达时，话语中存在大量漏洞，或者说话内容不切实际，都会显得言之无理，很容易被人反驳，且不易得到他人的信任。

2. 言之有物

言之有物，就是要给听众传递丰富的知识和内容，让听众有收获。这与知识的积累关系密切。一个有着丰富知识储备的人在沟通过程中，能够信手拈来、出口成章，说话有知识、有思想、有内容，很容易说服沟通对象，利于实现沟通目的。

3. 言之有序

言之有序，就是说话要有逻辑性，不能颠三倒四、前后矛盾、主次不分、没有重点、没有条理。

4. 出语情真

"感人心者，莫先乎情。"讲话过程中，让沟通对象感受到我们的真诚，让其对我们的语言和感情产生共鸣，这是非常重要的。

5. 出语精练

表达能力好，并非要多说话，而是语言简洁凝练，能够把握重点，否则，话多而无益，往往会给人留下啰唆、逻辑不清的印象。

除了沟通中的语言表达之外，非语言也在交流过程中发挥着重要作用。非语言和语言互相结合，构建了更为完整的表达体系，使我们能够用更多样的方式向别人传递信息。

具体来讲，非语言在沟通中主要发挥五个作用。第一，重复语言信息，比如路人问我们最近的银行在哪里，我们用手指着北方回答道，从这里往北走，经过两个路口就到了。这里面手势的作用就是重复了一遍方向。第二，补充非语言行为。非语言同沟通者用语言表述出来的想法和感受相配合，从而去强化信息的表达。比如，面带微笑说"谢谢"，要比面无表情说"谢谢"效果更好，那就是因为微笑发挥了补充作用。第三，替代，就是不想说话时用非语言行为替代，比如用摇头、摆手来代替说不。第四，强调，就是用非语言信息加强语言信息，比如在介绍某人时，同时用手指向他。第五，表达真实信息，人们有时会在语言与非语言上表现出不同甚至矛盾的信息。比如，一个满脸通红的人大声吼叫说自己根本就没生气。这时候的非语言发挥的主要就是表达真实信息的作用。

语言表达能力的提升不是朝夕即成的，需要大量的阅读、写作、思维训练和沟通实践的积累。

（二）接收能力

当信息发送者发出符号后，解释和行动的负担就落在了信息接收者的身上。信息接收者接收信息并试图通过考虑信息发送者的地位、知识、经验以及权威来分析信息发送者以及他的目的。信息接收者也会考虑从信息中所能获得的东西以及信息的重要性。信息接收者赋予被传递的符号以意义并根据其做出行动，这个过程被称为解码。接着，信息接收者就会以另一种信息、行动、肢体语言或者通过其他的沟通方法反馈给信息发送者。接收能力是沟通中重要的能力之一。

大部分时间，我们倾向于将沟通看作一件简单的事情。但在实际环境中的沟通远比大多数人所想的更复杂，只有正确地理解信息才是有帮助的，错误地理解信息通常会产生更多的误会。如何才能具备良好的接收能力呢？

首先，学会认真倾听。

在倾听时，要集中注意力，尽量不去打断对方；如果有询问和互动，要尽量挖掘充足的信息；察觉非语言的信息，学会听弦外之音。

其次，学会换位思考。

在沟通中，很多人常戴着有色眼镜，或有选择地接收信息，不能够客观、就事论事、实事求是地去分析沟通信息，往往很难达到良好的沟通效果。因此，我们要培养同理心，学会换位思考，才能更客观地接收信息。

最后，学会主动提问。

在交流中，积极主动地提问，有助于进一步深入地了解信息的细节和背景信息，促进自己对信息的理解，更准确地把握对方的意图和需求，从而实现有效沟通。

案例

方丈妙答，化险为夷

明朝开国皇帝朱元璋幼时曾在皇觉寺为僧，当时在寺内墙上涂抹过一些打油诗以消遣时日。后来朱元璋做了皇帝，怀旧之心顿生，他想起在皇觉寺为僧的那些日子，想看看那些打油诗还在不在，于是驾幸皇觉寺。

朱元璋进入寺内后，一言不发，四处寻找。方丈摸不着头脑，急忙启奏道："圣上，您在找什么？"

朱元璋气呼呼地说："找什么？找诗呀，朕当年题的那些诗呢？"

方丈方知大祸临头，扑通一声跪下道："老僧该死！老僧该死！诗没了，我有罪！"

虽然诗没了，但好在昔日这位方丈待朱元璋不错，朱元璋念及这一点，说："朕念你当年对朕不错，免了你的死罪。"

"不过"，朱元璋厉声问道："朕的那些诗你为什么不保护好？"

这时方丈稍稍安下心，答道："圣上题诗不敢留。"

朱元璋好奇："为什么？"

方丈不慌不忙答道："诗题壁上鬼神愁。"

朱元璋又问："那你把它擦了？"

方丈奏道："谨将法水轻轻洗。"

朱元璋追问："一点痕迹也没留下？"

方丈又奏道："犹有龙光射斗牛。"

"好！好！不敢留就不留吧。"朱元璋终于转怒为喜，笑逐颜开，厚赐寺僧而返。

案例分析

方丈妙言巧答，化险为夷。在这里，方丈使用了两个方面的技巧：一是他看准了朱元璋千里为诗来的这种对诗的偏爱心理，故投其所好以诗答问，使朱元璋高兴；二是方丈非常讲究对答时的语言技巧。当朱元璋问为什么不保护好那些诗时，方丈回答"圣上题诗不敢留""诗题壁上鬼神愁"。这样既恭维了皇帝，交代了不敢留的原因，又避免直接激起皇帝的不满。当朱元璋问"一点痕迹也没留下？"方丈答道"犹有龙光射斗牛"。借用"张毕掘得龙泉、太阿二剑"的典故，称赞皇帝的诗非同一般，即使擦去了，"龙光犹存"，使得朱元璋在不知不觉中转怒为喜。

在沟通中，不要简单地认为所有人都和自己的认识、看法、高度是一致的。对待不同的人，要采取不同的模式，用别人能听得懂的语言与之沟通。

即时训练

在下面的对话中，乙用心体会甲的感受和需要并给予反馈了吗？

甲："想到我先生，我就有些气恼。我需要他的时候，他总是不在我身边。"

乙："你是希望他多陪陪你？"

（三）心理素质

在实际沟通中，我们会自己碰到或者常常看到这种现象：有些人，尤其是那些初次在公众面前说话的人，会出现迟疑、胆怯、自卑、恐惧等状况，哪怕事先已背熟了讲稿，也仍难免出现结巴、颠三倒四的情况。而这些，往往是表达者心理素质不好造成的，口语表达者的心理素质，将直接影响口语交际的效果。那么，在沟通实践中，应具备什么样的心理素质呢？

1. 自信自尊

自信是意志和力量的体现，是人们对自我认识感到满意的心理倾向，它是口语交际必备的心理素质之一。自尊是在自信基础上产生的一种自我态度，它能满足肯定自我形象与维护自我威信的心理需求，是对自己的能力和潜能的充分估计。自信一般表现为勇于发表自己的看法，敢于负责，同时也希望得到别人的尊重。在沟通过程中，只有自信的人，说话才有说服力，才能影响别人的心理和行为。

2. 真心诚恳

真诚是高尚人格的体现，也是人际交往中必备的个性心理品质。沟通双方非常看重对方的真诚度。沟通对象若发现我们表露了某些不利于沟通推进的表情，比如心不在焉、不真诚、不尊重、左顾右盼等表情时，他会在潜意识中排斥、不认可我们，从而阻碍沟通的顺利进行。因此，沟通要想达到效果和目的，要让对方感受到我们的真心实意和真情实感。只有真诚，才能使沟通双方从心理上确立安全感和信任感，从而促使沟通的深入，所以，真诚是成功沟通的前提和基础。

3. 宽容果敢

宽容是做人的美德，果敢是强者的表现。在社会交往中，面对一些矛盾尖锐、复杂难解的问题时，应该具有一种既宽容又果敢的心态。宽容可以化解矛盾，赢得信任；果敢可以争取时间，创造机遇。

（四）交往礼仪

礼仪是沟通的纽带。中国自古以来素为"礼仪之邦"。《礼记·曲礼上》说："太上贵德，其次务施报。礼尚往来，往而不来，非礼也；来而不往，亦非礼也。人有礼则安，无礼则危。故曰：礼者，不可不学也。"意思是说人与人之间的关系，因为有了礼的作用所以能和谐，如果没有了礼，就会产生危机。由此可知礼的重要性，所以礼是必须要学习的。

礼仪是人类在社会交往中约定俗成的表示尊敬的行为规范与准则。礼仪的特点跟做人做事密切相关。所谓"礼"，是教人尊敬与关心他人，使之合乎情理。在日常生活中，礼仪能够调节人际关系，人们在人际交往时遵守礼仪规范，有助于彼此间相互尊重，建立友好的相互关系，同时又可以避免不必要的冲突和矛盾。

交往礼仪泛指人们在社会交往活动过程中形成的应共同遵守的行为规范和准则。具体表现为礼节、礼貌、仪式、仪表等。从某种意义上来说，人们在交际中运用礼仪，是为了更好地进行彼此之间的有效沟通。在人际交往中，我们需要注意以下基本礼仪。

1. 尊重他人，做人谦虚。尊重他人是我们在沟通中构筑和谐的基本原则。无论是领导、长者、知识渊博的人，还是下属、晚辈、知识水平一般的人，在交往中，我们都不能强迫他人。我们在说话办事时要谦虚谨慎、得体高雅、把握分寸，既遵守秩序、严于律己，又能包容对方、宽以待人。

2. 将心比心，换位思考。在交往中，我们通常用自己的标准去衡量别人的行为，过于自信使我们的思考忽略了周围事物的独特个性，结果造成了很多误会。我们应该学会设身处地从对方角度出发，将心比心，换位思考，确立信任感，促进深入沟通。

3. 淡化成就，虚心学习。在必要的时候，要藏起锋芒，收起锐气，不可将自己的才能让人一览无余。同时，也不能想当然地处理自己还不怎么清楚的问题，要多向有经验或内行的领导以及同事请教，这样，就可以降低工作中出现差错的概率，还可以加强与团队的密切沟通，快速融入团队。

4. 合情合境，因人而异。在沟通中要学会察言观色，懂得在合适的场合、用适当的方式来表达个人的观点，或与他人商讨如何解决各种工作中的有关问题。善于自我表现的人常常既表现了自己，又不露声色，他们与同事交谈时多用"我们"而少用"我"，因为后者让人感觉一种距离感，前者较为亲切。面对不同的沟通对象，要注意照顾他们的感受：与领导沟通，维护其尊严；与下属沟通，照顾其自尊；与年轻人沟通，接受其直接；与儿童沟通，保护其天真。

二、遵循沟通的基本原则

沟通是一个复杂的过程，为了提高沟通效率，取得良好的沟通效果，我们需要遵循一些基本原则。

（一）开放性原则

获得新的信息是沟通的重要目的，而开放性可以扩大共识、消除盲区，从而有助于获得更多信息。

自测练习

沟
通
概
述

小贴士

乔哈里窗

美国心理学家乔瑟夫（Joseph）和哈里（Harry）在20世纪50年代提出乔哈里窗理论，他们将人际沟通的信息比作一个窗子，它被分为4个区域：开放区、盲目区、隐藏区、未知区，人的有效沟通就是这4个区域的有机融合。

开放区是自己知道、别人也知道的信息。例如我们的家庭情况、姓名、部分经历和爱好等。开放区具有相对性，有些事情对某些人来说是公开的信息，而对另一些人可能是隐秘的信息。在实际工作中的人际交往中，共同的开放区越多，沟通起来也就越便利，越不易产生误会。

盲目区是自己不知道、别人却可能知道的盲点。例如我们性格上的弱点、坏习惯、某些处世方式、别人对我们的一些感受等。在现实中，有些地位和权势很高的人，往往很难听到关于自己的真话，就是因为围绕在这些人周围的一些人是阿谀奉承的人，沟通单向而闭塞。作为领导，如果没有博大、开放的胸怀容纳一些善于直言的下属，他的盲目区就有可能越来越大。

隐藏区是自己知道、别人却可能不知道的秘密。例如我们的某些经历、希望、心愿、好恶等。一个真诚的人也需要隐藏区。但在有效沟通中，适度地打开隐藏区，是提高沟通成功率的一条捷径。

未知区是自己和别人都不知道的信息。例如自己身上隐藏的疾病。未知区是尚待挖掘的，也许通过某些偶然或必然的机会，得到了别人较为深入的了解，自己对自我的认识也不断深入，人的某些潜能就会得到较好的发挥。

当沟通处于"我"知道"你"不知道的时候，"我"会处于信息上游而变得傲慢，从而让沟通无法进行下去。反过来，当沟通处于"我"不知道而"你"知道的情况下，"我"会没有安全感，从而抵触沟通。

借助乔哈里窗理论，我们也可以构建沟通的开放性。比如，刚进入一家公司，对环境不熟，如何快速融入呢？找直属领导或者同事沟通：第一步先盘点一下自己已经知道的信息；第二步，梳理一下自己不知道的信息；第三步，使用开放性的问题，引导其说出自己不知道、其知道的信息；最后一步，共同探索，扩大共识。那么，如何开启沟通的开放性呢？

第一，建立责任共同体。少用"你"和"我"，多用"我们"。使用"你"或者"我"的时候，会把沟通变成一种责任的划分。比如，工作中出现问题，而且是合作对象的原因造成的，如果我们让合作对象寻找是什么问题，这会让他觉得这是在指责他。如果换成我们一起去寻找是什么问题，他就不会觉得这是在指责他，而是在请求他，这样沟通就会很顺畅。

第二，给对方表达机会。开会发言的时候，如果我们希望获得大家的意见，那么最好每一段说完都停下来，让对方说说自己的想法。一次性说完，大家会不知道如何提问，而且一次性说完后，大家其实很难找出具体的问题。这时候分段说其实是故意留出一些破绽，降低大家发表意见的难度，因为大家的提问正是我们接下来要说的，此时共识在不断扩大。

第三，进行肯定性评价。沟通过程中，有时候哪怕对方说的我们完全不认同，或者对方其实是在拒绝沟通，我们也可以用一些肯定的评价，让沟通保持开放性。

第四，安排好发言顺序。我们要意识到，"谁先说"这件事在不同场合是有区别的。在一个等级相对严格或者相对正式的职场环境里，征求意见要"从小往大"，一般是按照职位从低到高的顺序，职位高的领导放到最后做总结性的发言。另外，事先确定发言人，这样可以说出一些观点，开一个好头。

（二）目标性原则

在现实中，我们经常会遇到讲了一大堆话，却没有达到沟通目的，造成无效沟通的情况。造成这种情况的原因往往是沟通者没有明确沟通目标。如果明确了沟通目标，根据目标采取相应的方式，沟通效率会大大提高。

一般来说，沟通的目标大致可以概括为四个方面。

第一，交流信息。沟通的主要目标是交流信息，人与人之间、人与群体之间通过思想的传递和反馈，以求思想达成一致。

第二，联络感情。所谓感情，既是指我们生活中的亲情、爱情，也是指工作中的满足感或者挫败感。我们在沟通中可以表达各种不同的情感，喜、怒、哀、乐都可以通过沟通来进行传递。有时候，我们不说具体的事情，纯粹在表达双方的一种感情，因为我们要建立比较好的关系，为将来的交往奠定感情基础。

第三，控制行为。在交往过程中，如果没有沟通，对方是无法知道我们的想法的，也就无法按照我们的意思去做。因此，在组织中，沟通的一个重要目标是控制成员的行为。

案例1

爱走动的经理

××酒店是长江三角洲地区做得最好的酒店之一，酒店的总经理是荷兰人，他平时很少讲话，但是，每天无论是早上还是中午，也不管是下午还是晚上，他都会到酒店各处去看看。当一个大堂经理站的位置不对时，他的手马上就指过去；餐桌上一个餐具没有摆好，他的手马上指一下；当一个员工的声音太大、动作太慢的时候，他同样用手指一下。他就这样上上下下地走动，连游泳池他都站在一旁看并用手指。

他每天上下电梯大概30次，所以他每天都很忙碌。他说："管理酒店，如果要让它能够真正像五星级的酒店，就得和员工们不断交流沟通，让员工们知道应该怎样去做。"

案例分析

简单来说，沟通就是人与人的交流，案例中的外籍经理每天不厌其烦到处走动关注员工的工作，并且直接给予指导让员工知道如何规范工作，可以有效控制员工的行为往正确的方向发展。

第四，激发动力。通过沟通，可以增进双方之间的了解，激发对方的热情，将其转化为前进的动力，从而提高学习、工作的效率。

沟通概述

案例2

艾森豪威尔和士兵

艾森豪威尔是一名盟军统帅。有一次，他看见一个士兵从早到晚一直挖壕沟，就走过去跟他说："大兵，现在日子过得还好吧？"士兵一看是将军，敬了个礼后说："这哪是人过的日子呀！我在这边没日没夜地挖。"艾森豪威尔说："我想也是，你上来，我们走一走"艾森豪威尔就带士兵在那个营区里面绕了一圈，告诉他当一个将军的痛苦，给他讲述肩膀上挂了几颗星以后还被上司骂的难受，打仗前一天晚上睡不着觉的压力，以及对未来前途的迷惘。

最后，艾森豪威尔对士兵说："我们两个一样，不要看你在壕沟坑里面，我在帐篷里面，其实谁的痛苦大还不知道呢，也许你还没死的时候，我就活活地被压力给压死了。"绕了一圈以后，又绕到那个壕沟坑附近的时候，士兵说："将军，我看我还是挖我的壕沟吧！"

案例分析

在公司里，下属一般不知道管理者在忙什么，也不知道他在想什么，下属的痛苦，管理者也未必了解，下属在做什么管理者也不见得知道，这就失去了激励。因此，管理者应该常在公司走动，哪怕只有10分钟，对公司和下属都会有非常大的影响。这个案例说明沟通往往就是一种激励。

明确沟通的目标，在交流过程中至关重要，因此，在交流之前，要做好充分的准备，知道为何目的而交流，从而采取恰当的方式进行交流，这样才能实现有效沟通。

（三）建设性原则

所谓建设性沟通，是指在不损害，甚至在改善和巩固人际关系的前提下，以导向积极结果为目的的沟通，这种沟通既能达成目标又能提升关系。建设性沟通具有三个方面的特征：第一，实现信息的准确传递；第二，沟通双方的关系能因为交流而得到巩固与加强，从而形成积极的人际关系；第三，建设性沟通的目标不仅仅在于为他人所喜爱，或被社会承认，也在于解决现实的问题。简单地说，建设性沟通就是在解决目标问题的前提下，强化积极的人际关系的一种实用管理工具。那么，怎样实现建设性沟通呢？

1. 转换视角

在沟通过程中，沟通主体要转换视角。当沟通双方的意见出现分歧时，沟通者要能转换自己传统的思维方式，跳出习惯思维的约束，以退一步海阔天空的视角来分析问题，要以向对方学习的勇气去与其沟通。转换视角，要求沟通者在沟通过程中能调整自己的心态，善于积极倾听，尊重对方的合理化建议并承认自己的不足，把沟通的理念从"己所欲，施于人"转变为"人所欲，施于人"。

2. 自我沟通

自我分析的过程是沟通者自我认知、自我定位并确定沟通目标的过程，在这个过程中最根本的问题就是自我沟通。一个成功的沟通者，前提必须是一个优秀的自我沟通者。"要说服别人，首先要说服自己"就是对自我沟通的重要性和必要性的现实概括。一个不能与自己成功沟通的人是不可能与他的同事、朋友和顾客实现建设性沟通的。因此可以说学会自我沟通是实现建设性沟通的关键。

3. 提升自我

提升自我就是要提升自己的价值观和对人际需要的洞察力。自我价值的定位直接影响着沟通的效果。比如，自我至上主义者会认为自己与别人的沟通是一个发表自己见解和发布命令的手段，沟通的目的在于输出信息。这样的价值定位不但很难收到良好的沟通效果，而且还会使人际关系变得糟糕。沟通者要提升自己的价值观，就要冲破狭隘的自我观念，从对方的角度出发，分析自己能给对方怎样的帮助，在达到沟通目的的同时改善彼此的人际关系。从沟通者自身来看，常常由于缺乏人际洞察力，过分强调自己的观点，而在沟通的过程中忽视对方的心理需要，导致阻碍沟通的顺利进行，最后使沟通变得无效。

案例3

沟通概述

不会沟通，从同事到冤家

小贾是公司销售部一名员工，为人比较随和，不喜争执，和同事的关系处得都比较好。但是，前一段时间，不知道为什么，同一部门的小李老是处处和小贾过不去，有时候还故意在别人面前指桑骂槐，对跟他合作的工作任务也都有意让小贾做得多，甚至还抢了小贾的好几个老客户。

起初，小贾觉得都是同事，没什么大不了的，忍一忍就算了。但是，看到小李如此嚣张，小贾一赌气，告到了经理那儿。经理把小李批评了一通，从此，小贾和小李成了冤家。

案例分析

小贾遇到的情况是在工作中常常会出现的，同事小李对他的态度在一段时间内突然改变，这应该使其有所警觉，考虑是否存在误会。小贾应该及时主动和小李进行真诚的沟通，比如问问小李是不是自己什么地方做得不对，让他难堪了。这样，他们之间的误会和矛盾在比较浅的时候就会通过及时沟通而化解。

但是，小贾只是一味地忍让，最后到了忍不下去的时候，选择了找经理告状。其实，对领导说明一些事情并非不可行，关键是怎么处理。在这里，小贾、部门经理、小李三人犯了一个共同的错误，那就是没有坚持"对事不对人"，经理有些草率，没有起到应有的调节作用，反而加剧了小贾、小李二人之间的矛盾。

我们每一个人都应该学会主动地沟通、真诚地沟通、有策略地沟通、建设性地沟通，这样可以化解很多工作与生活中完全能避免产生的误会和矛盾。

| 相关拓展 |

倾听能力训练

倾听是沟通技巧中非常重要的一部分。富兰克林说，与人交谈取得成功的重要秘诀，就是多听，力戒不懂装懂。有资料表明：在人们日常的言语活动中，"听"占45%，"说"占30%，"读"占16%，"写"占9%。可见，倾听能力在日常交往中多么重要。

我们平时可以进行一些倾听能力的训练。

一、倾听能力的训练内容

倾听能力的训练内容包括注意、理解、记忆和辨析力等。

（一）注意训练。注意训练就是培养耐心、专注地听取别人讲话的良好习惯。只有集中注意力，聚精会神去听，才能听得清，记得牢，掌握听的内容，思维也就清晰、连贯。倾听的注意力包括两方面内容：一是集中注意，二是分配注意。

（二）理解训练。理解是听的目的。理解力的强弱反映倾听能力的高低。听别人说话，主要是理解说话的内容与含义，包括语词的意义、句子和篇章的意义。同时，要能够抓住说话的焦点，迅速归纳出各方的意见。

（三）记忆训练。记忆训练要注意以下三点：一是要有明确的记忆目的和任务，知道该记住什么；二是注意力要高度集中，专心致志地听、想，在理解的基础上，记住关键性的语句和大致内容；三是要运用良好的记忆方法，遵循记忆规律，在倾听过程中能结合自己原有经验，抓住倾听材料的熟悉部分或重点，有选择地进行记忆。

（四）辨析力训练。倾听的辨析力就是对听到的话进行品味和鉴赏的一种能力。辨析别人讲话，就是要在听的过程中不仅要听懂讲话的内容，而且能品味出讲话人在话语中所流露出来的思想情感；分辨出字、词、语句和观点、材料的正误；鉴别出思想内容、条理逻辑方面的优劣。

二、倾听能力的训练方法

（一）注意训练

注意训练可以采取以下方法。

1. 听一篇短文，然后回答问题。

2. 用录音机播放一篇小说或一篇散文的朗读录音，听完后复述，看看记住了多少。

3. 一边听歌曲，一边记歌词，力求记得准确、完整。

4. 听一段市场信息资料，然后复述其中提到的各组数据。

（二）理解训练

选择一个千字左右的寓言故事，读给大家听，每读完一段，请一个同学说说段落大意。全文读完后再请一个或两个同学用精练的语言概述故事情节。最后请一个同学用一两句话说出寓言的寓意。

（三）记忆训练

记忆训练的方法，第一要阅读，既要用眼睛看文字材料，又要用嘴巴发出声音。研究表明，80%以上的信息，是通过视觉记住的；10%以上的信息，是通过听觉记住的。经常反复不断地阅读一些优秀的诗文以及其他重要的文字材料可以使记忆得到很好的锻炼，很容易记住所阅读的内容。第二要复习，要及时复习、连续复习、间隔复习、默想复习，还要加以运用。在识记了某种知识后，我们不能将其尘封在记忆的仓库里，而要随时启动记忆的闸门，让识记的知识流泻出来，运用于社会生活之中。这样，记忆才会更加牢固，记忆的效果才会更加突出。可以采取如下方法。

1. 读一篇2 000字的小说，然后写出故事梗概。

2. 听别人陈述一件事情，把握住谈话中心。

3. 收听广播电台的新闻节目，有意识地记忆，看能记住几条，记得准不准。

（四）辨析力训练

特别注意声调和语调、方音和方言、说话的目的和意图的辨析。

自测练习

沟通概述

技能训练

一、思考分析题

1. 生活中，人与人之间需要沟通，不仅要沟通，还要有好的沟通方式。请根据下面的故事谈谈你对二人沟通方式的看法。

一对老夫妻，准备在他们结婚50周年时举行金婚庆典纪念。就在这天吃早饭的时候，老太太想："50年来，每天我都为丈夫着想，早餐吃面包圈时，我都把面包圈最好吃的部分让给他吃。今天，我该自己好好享受这个美味了。"于是，她切下了带奶油的面包圈的顶部给自己，把剩下的给丈夫。不料，她丈夫很高兴，吻了吻她的手，说："亲爱的，你今天给了我最大的享受。50年来，我从没有吃过面包圈的底部，那是我爱吃的。"

2. 请根据下面的故事谈谈马克思是如何改善沟通方式，化解与恩格斯的嫌隙，从而巩固二人之间友谊的。

恩格斯的妻子去世后，恩格斯写信告诉马克思。马克思回信写得比较简单，也没有什么安慰的话，恩格斯在极度悲痛下回了一封信，心想"这哪里像多年的老朋友"，他发了一通火并指出20年的友谊将产生裂痕。看了恩格斯的信，马克思觉察到自己的错误，就回信认错，解释了情况，表达了自己的心情。恩格斯接到信，心情一下欢快起来。他在回信中说"你最近的这封信，已经把前一封信留下的印象消除了。而且我感到高兴的是，我没有在失去妻子的同时再失去自己最好的朋友。"

二、技能实训题

在下列对话中，哪些是乙用心体会甲的感受和需要并给予积极反馈的表现?

1. 甲："你以为你什么都知道！"

  乙："听起来，你有些不耐烦，因为你希望每个人的意见都能得到倾听。"

2. 甲："你从不把我当回事。要不是我帮你，你自己一个人能处理这么多事情吗？"

乙："你怎么能这样想！我一直都很尊重你。"

3. 甲："你怎么可以那样和我说话？"

   乙："我那样说话，你是不是很伤心？"

4. 甲："想到我先生，我就有些气恼。我需要他的时候，他总是不在我身边。"

   乙："你是希望他多陪陪你？"

5. 甲："我真受不了我自己，我现在变得这么胖！"

   乙："慢跑也许会有帮助。"

6. 甲："你的表现让我很失望。我本来指望你们部门上个月的产出能够翻番。"

   乙："我知道你很失望。但上个月我们部门请病假的人很多。"

沟通概述

模块六
沟通的语言类型

沟通渗透于人们的一切活动之中，人们之间的交流沟通，不仅会借助语言符号，也会借助体态语言和与声音相关的辅助语言。因此，了解语言沟通和非语言沟通的基本知识，有助于更准确地传递信息、解读信息，从而实现顺利交流沟通。

学习目标

1. 通过理论学习，掌握沟通的语言类型及不同语言类型的表现形式、特点和功能。
2. 通过案例学习，了解在不同情境下运用不同类型沟通语言的意义和作用。
3. 通过实践训练，能够得体使用语言和非语言进行沟通，实现沟通目的。
4. 养成准确清晰、自然流畅、大方得体的表达习惯，培养礼貌、真诚、友善待人的交往态度。

情景故事

发送配件引起的处罚

某天，恒远公司外派维修的售后服务工程师小陈电话要求工厂售后服务部的小张为其在安徽芜湖的维修现场发送一个配件。按公司的规定，小陈应当书面告知小张配件具体的规格型号，以保证准确性。

小陈认为自己干了五年多，业务都很熟，所以直接用电话口头报告型号。售后服务部小张按小陈说的型号发去了配件，结果发到现场的配件型号错误，只好重发，而且还造成了出差、运输等费用增加，更重要的是影响客户生产和公司的声誉。

事后，公司处理此事时，小陈一口咬定自己当初报告的就是第二次发的正确型号；而售后服务部小张则坚持小陈当初报告的是第一次错误的型号。由于没有书面函件，该相信谁？最后因为双方都在明知公司规定的情况下，违反了书面沟通程序的规定，给公司造成了损失，所以，二人都有责任，公司对二人分别进行了处罚。

造成小陈和小张争执的主要原因是什么？怎样才能避免类似矛盾和争执的发生？

项目一 语言沟通

从沟通是否借助语言符号的角度来看，沟通可以分为语言沟通和非语言沟通。语言沟通包括口头沟通、书面沟通以及兼具口头沟通与书面沟通特点和自身特色的网络沟通。

一、口头沟通

（一）口头沟通的概念

口头沟通是指运用口头表达的方式来进行信息的传递和交流。口头沟通包括说和听两个方面。口头沟通是日常生活中常采用的沟通形式，主要包括口头汇报、会谈、讨论、演讲、电话联系等。

根据沟通过程中沟通各方是否参与发言，可以将口头沟通分为互动性口头沟通和非互动性口头沟通。互动性口头沟通指沟通各方采取轮流发言的形式进行沟通，也就是一般所说的"你一言我一语"的形式。非互动性口头沟通指沟通中的一方以声音语言形式向其他各方传递信息。

（二）口头沟通的基本要求

1. 准确流畅

准确流畅是指吐字清晰，语句符合规范，避免似是而非，避免过多口头禅，停顿准确，思路清晰，缓急有度，根据情况适量使用书面语或专业术语。

口头沟通中，如果词不达意、前言不搭后语，很容易被人误解，无法达到交际的目的。

2. 词汇丰富

掌握丰富的词汇以及成语、格言、歇后语、惯用语、谚语等，根据不同场合的需要，精心加以选用，可以增加说话的艺术效果。

如果一说起话来就没词，颠来倒去就是那几句话，没有一点生动活泼的语言，难免让人觉得枯燥无味，如同嚼蜡。词汇丰富需要以大量的阅读积累为基础，因此需要"读书破万卷"。

3. 热情自然

沟通过程中，通过改变音高、音量、语速等，使声音与语言内容、思想情感相吻合，能有效体现表达者语意上的细微差别，从而提高听众对沟通内容的理解程度。

需要注意的是，过于热情，会让人觉得夸张；缺乏热情，则会造成声音单调，使交流沟通的气氛沉闷压抑，很难实现有效沟通。

（三）口头沟通的基本原则

1. 礼貌待人

（1）语言表达体现尊重

使用得体的敬辞和谦辞可以体现出对他人的尊重，也是一个人有教养的重要表现。比如，与客人初次见面时说"您好"，求人解答问题时说"请教"，请人协助时说"劳驾"，有事找人商量时说"打扰"。

小贴士

常用的礼貌用语

与人相见说：您好　　　　　　问人姓氏说：贵姓

问人住址说：府上　　　　　　向人询问说：请问

请人协助说：费心　　　　　　请人解答说：请教

初次见面说：久仰　　　　　　久别重逢说：久违

征求意见说：指教　　　　　　求人原谅说：包涵

求人帮忙说：劳驾　　　　　　求人方便说：借光

麻烦别人说：打扰　　　　　　向人祝贺说：恭喜

与人分别说：告辞　　　　　　请人指点用：赐教

托人办事用：拜托　　　　　　赞人见解用：高见

送客出门用：慢走　　　　　　看望别人用：拜访

宾客来临用：光临　　　　　　陪伴朋友说：奉陪

中途离开说：失陪　　　　　　欢迎购买叫：光顾

归还物件用：奉还　　　　　　等候客人用：恭候

请人勿送用：留步　　　　　　老人年龄叫：高寿

（2）欣赏赞美因人而异

希望得到别人的注意和肯定，这是人所共有的心理需求，而欣赏和赞美正是满足这种需求的一种交际方式。在表达赞美时，要注意几个问题。

第一，边际效用递减。同样的一句美言，听第一遍可能很开心，听第二遍就没有那么强烈的感觉了，听十遍可能就腻了。

第二，采取不同战略。赞美不能泛泛而谈，而是要针对不同对象的特点，把每个字都说出一种以前从未有过、以后也绝不会再有的意义。

第三，区分文化背景。赞美应该直接热情还是间接收敛，很多时候和文化背景有关。高语境国家的人说话比较委婉，而低语境国家的人往往比较直接。比如，夸奖一个中国人的时候，如果有些夸张，对方可能会觉得那不是赞美而是奉承；但是夸一个美国人的时候，可以用夸张一些的词。

2. 坦诚真挚

任何讲话、谈话、演讲、推销，本质上都是人与人之间的沟通。很多时候，只需要感情真挚、态度诚恳地将自己的想法和意愿直截了当地告诉对方，让对方感觉到我们讲话的诚意，就能产生很好的沟通效果。

3. 平等友善

沟通过程中，要有人人平等、一视同仁的谈话态度，切忌给人留下居高临下、自以为是的印象。

沟通的语言类型

案例1

大文豪和小朋友

著名的爱尔兰剧作家萧伯纳有一次到苏联访问，在街头遇见一位聪明伶俐的小姑娘，就和她一起玩耍。离别时，他对小姑娘说："回去告诉你妈妈，今天和你玩的是世界著名的萧伯纳。"

不料，那位小姑娘竟学着萧伯纳的语气说："你回去告诉你妈妈，今天和你玩的是苏联小姑娘卡嘉。"

这件事给萧伯纳很大的触动，他感慨地说："一个人无论有多大成就，他在人格上和任何人都是平等的。"

案例分析

在沟通中，人与人的地位是平等的，因此，沟通态度应该保持平和友善。即使是举世闻名的文豪，在生活中，也要及时切换角色，保持平等相待的心态，才会为别人所接纳。

沟通的语言类型

4. 区分对象

在人际交往中，对于交际主体来说，最重要的莫过于研究交际对象，根据交际对象的性别、年龄、生活背景、心理特征等因素来选择恰当的语言，也就是通常所说的"见什么人说什么话"，以求恰当地表达自己的思想，达到沟通的目的。

案例2

"非常"诚实

一位长得略胖的妇人一进服装店，售货员就对她说："大娘，我们店没有您可以穿的衣服。"这位妇人正想反驳，售货员又加了一句："其实老了还是胖一点好。"

这位妇人气得不知如何是好，此时老板娘从后面走出来，这位妇人马上告状："我今天是招惹谁了，怎么才进店，就被你们店员说我又胖又老。"

老板娘很不好意思，赶紧赔不是："我们这店员特别不会说话，但人实在，倒不会说假话。"老板娘的初衷是赔不是，结果却给妇人造成了二次伤害。

案例分析

交往过程中，说话的内容要根据交际对象进行调整。在这个案例中，售货员和老板娘都没有恶意，但是却因为没有根据顾客的特点，照顾顾客的心理感受，说话没有选择恰当的语言，而造成了对顾客的心理伤害。

为什么我们要根据交际对象的不同来调整自己的谈话风格和内容？这是由人自身的心理特点决定的，人们大多只关心与自己有关的事情或正发生在自己身边的事情。如果谈的事情和自己没多大关系，甚至相距甚远，那就很容易失去听下去的兴趣。

案例3

康威尔的成功秘诀

演讲家罗索·康威尔有一个著名的演讲题目叫"如何寻找自己"，据说，他先后就这个题目讲过近6 000次。按理说，同一个题目，又演讲了这么多次，听众应该早就对演讲内容厌烦了。

但事实却恰恰相反……

康威尔的秘诀是："当我去某一城或某一镇访问时，总是设法尽早抵达，以便去看看邮政局长、旅馆经理、学校校长、牧师们等，然后找时间同人们交谈，了解他们的历史与他们拥有的发展机会，然后我才发表演说，对谁发表演说，就得使用他们当地的题材。"

案例分析

成功的沟通有赖于演讲者使其演讲成为听众生活的一部分，并使听众成为其演讲内容的一部分。

5. 换位思考

在交往中，了解对方，尊重对方，能够换位思考，替对方着想，让对方感受到尊重和信任，才能达到良好的沟通效果。

案例4

田鸡惹了祸

某局新任局长宴请退居二线的老局长。席间端上一盘油炸田鸡，老局长用筷子点点说："喂，老弟，青蛙是益虫，不能吃。"

新局长不假思索，脱口而出："不要紧，都是些老田鸡，已退居二线，不当事了。"

老局长闻听此言顿时脸色大变，连问："你说什么，你刚才说什么？"

新局长本想开个玩笑，不料触犯了老局长的自尊，席上的友好气氛顿时被破坏。幸亏秘书反应快，连忙接着说："老局长，他说你已退居二线，吃田鸡不当什么事。"气氛才有点缓和。

案例分析

从谈话的礼仪要求来说，应注意换位思考，考虑交往对象的心理感受，"己所不欲，勿施于人"，尤其要注意对方的心理忌讳，莫对失意人谈得意事。这个案例，表面来看，是这位新局长没有考虑到老局长的心境而想显示点幽默，结果因用词不当而弄巧成拙，实际上是新局长内心深处隐藏的过于得意的心情不由自主地流露出来。所以，无论从实际的语言运用，还是从个人的思想品质上看，这位新局长的修养都有欠缺。

6. 切合情境

说话时，无论是话题的选择、内容的安排，还是语言形式的采用，都应该根据特定场合的表

沟通的语言类型

达需要来取舍，做到灵活自如。要注意场合庄重与否、正式与否、喜庆与否。

案例5

许攸之死

《三国演义》中，许攸投奔曹操，献了一系列妙计，为曹操打败袁绍立下了汗马功劳。但是在曹军占领冀州城后的一次聚会中，许攸却当着曹操众多部下的面，直呼曹操的小名："阿瞒，不是我献计，你能得到这座城池吗？"曹操部将许诸大怒，拔刀杀了许攸。

案例分析

在非正式的场合，说话可以随意一点，说一些小笑话也无伤大雅。但是如果是在正式的场合，说话就要注意，切忌不分对象乱说话。在这个案例中，许攸在正式场合说话还是口无遮拦，一点没顾及领导的面子，惹来了杀身之祸。

7. 明确目的

与人沟通，一定要有一个清晰明确的目的，并且有效表达出来，这样才能取得良好的沟通效果。在有限的沟通时间中，应当尽量包含所有想说的内容，如果说了很多却没有重点，会让对方感到一头雾水。比如：

"您好，这场以展示新产品为主题的会议将于5月3日下午一点半在我公司317会议室召开，欢迎您的光临！"

"您好，5月3日下午一点半，将在我公司的317会议室召开一场会议。这场会议将以展示新产品为主题，欢迎您的光临！"

前一种表述条理清晰、主次分明，让人容易记住对方想要表达的主要信息；后一种表述虽与前一种的内容相同，但条理紊乱，不便于记忆。

我们在沟通过程中，需要事先厘清思路、分清主次，把重要的信息挑出来，让对方了解重点。

即时训练

一位正在你所工作的酒店参加会议的客人，听闻近几日某著名球星将下榻该酒店，于是向你询问具体细节，但出于工作纪律，你明明知道，却不能告诉他。此时你打算怎么跟客人交流呢？

（四）口头沟通的技巧

在沟通中，我们经常会遇到一些情况。比如，不想说违心的话，但也不想顶撞对方；想拒绝对方的某一要求，又不想损伤其自尊心；想吐露心事，又不好意思表述得太直截了当；想和陌生人搭话，又不想让对方觉得自己太轻浮和鲁莽……遇到这些情况时，我们可以借助以下技巧进行沟通。

1. 积极表达期望

当一个人获得另一个人的信任、赞美时，他便感觉获得了社会支持，变得

寒暄技巧

自信、自尊，获得积极向上的动力，并尽力达到对方的期待，以避免对方失望，从而维持这种社会支持的连续性，这就是心理学中的皮格马利翁效应。我们在沟通中可以利用这种效应，积极表达期望。

① 避免使用否定字眼或带有否定口吻的语气。

因为人的潜意识不区分"不""无""没"等否定词句，所以我们尽量避免使用这些词语或带有否定口吻的语气，以免带来负面影响。

② 用积极表达取代消极表达。

可以强调对方可以做的而不是我们不愿或不让对方做的事情。

消极表达：我们不允许刚刚参加工作上班就迟到。

积极表达：刚刚参加工作的人保证按时上班很重要。

可以把负面信息与对方某个收益方面结合起来叙述。

消极表达：免费早餐仅限20元以内，超出部分请自付。

积极表达：你可以免费享用20元以内的早餐。

还可以省去不重要的消极部分，或者低调处置消极面，压缩相关篇幅。

2. 注意推论与事实

人们通常在获得所必要事实之前就开始进行推论，推论的形成相当快，以致很少有人仔细考虑它们是否真的代表事实。如："他未完成工作，因为偷懒。"这句话并非描述事实，而是推论。

3. 委婉进行表达

在沟通中，很多时候，我们需要注意用委婉的表达方式，做到直意曲达，以达到让对方易于接受的目的。

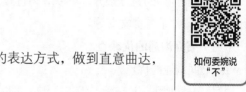

沟通的语言类型

重新定义的技巧

如何委婉说"不"

案例6

不好用的房卡

一位客人跑到宾馆前台说他的房卡不好用，试了半天还是打不开门。

一位员工看了客人一眼，拿过房卡在机器上检查了一下，发现房卡是好的，便说："房卡是好的呀，是你不会用吧。"

另一位员工在房间检查了一下，说："您好，先生！我刚刚帮您检查了一下房卡，您是否插反了？应该将箭头对着门插进去。"

客人面露不快。这时，值班经理走过来，主动和客人打招呼。他先向客人了解了一下情况，然后以真诚的口吻说："非常抱歉给您带来了不便，您请稍等，我查看一下。"他同样发现了卡是好的，但是他仍然给客人换了一张新卡，并说："不好意思让您久等了，我这里给您换了一张新卡。请您按照箭头的方向插入房卡再试一下。先前的这张房卡我帮您放在了这张新卡的后面，我测试了一下是好的。您也可以将其作为取电卡来使用。"客人对此很满意。

案例分析

在这个案例中，很显然，客人所说的房卡问题可能是他不会使用造成的。两个员工都直接否定了卡不能用的问题，而值班经理先道歉，之后自己也试了一下房卡，他非常清楚房卡没有问题，但是，他没有直接说，而是礼貌道歉，并提供新房卡。他的处理方式委婉周到，很容易得到客人的信任，从而化解了一次危机。

在沟通中，恰当运用沟通技巧，既能有效实现沟通目的，又能维护良好的人际关系，是智慧和修养的表现。

二、书面沟通

（一）书面沟通的概念

书面沟通就是利用书面文字作为主要的表达方式，在人们之间进行信息传递和思想交流的沟通形式。

对组织内部而言，成立时需要拟定章程，制定规章制度，编制职务说明书等。日常管理中需要制订年度、月度计划，还有许多商务交流。

对组织外部而言，财务报告、市场调研报告、对外的商务交往信件与函件等书面沟通形式已成为连接组织与其外部环境的纽带。

（二）书面沟通的主要形式

书面沟通的形式，按照书面沟通的主体和客体来分，可以分为写作和阅读。

按照书面沟通的文体来分，可以分为行政公文、计划类文书、报告类文书、法律类文书、新闻性文书和日常事务类文书等。

（三）书面沟通的优缺点

1. 书面沟通的优点

书面沟通使用范围广泛，优点突出：可以是正式的或非正式的，可长可短；往往逻辑严密，说理性强，传达信息的准确性高；可以仔细推敲，反复修改，直到满意为止；书面文本便于复制，有利于大范围传播；便于放开思想束缚进行交流，可以避开言辞冲突，从容表达自己的意思；便于存档、查阅和引用，并可作为法律依据。

案例1

丰田的跨部门沟通

大多数公司决定新车型的变动方案都是通过开会，丰田的做法是：当新车型的变动需要跨部门合作时，主张谁发现问题，谁撰写报告，分析问题并提出解决办法。这些报告简明扼要，原则上在一两页的篇幅内。收到报告的部门阅读后用另一个报告回复。几个报告的回合，大部分问题已解决。假如问题依然存在，涉及各方会面，此时，大家都已经认真思考过同样的问题了，这样，即使开会时间不长，往往也可以取得显著成效。

案例分析

丰田公司采取书面沟通的方式，把需要沟通的问题通过报告在不同部门之间交流，既提高了员工的参与意识，也减少了不必要的会议，这种具有针对性的书面沟通可以大大提高工作效率。

2. 书面沟通的缺点

书面沟通也存在一些缺点：费时较长，容易产生沟通障碍，信息反馈速度较慢，无法利用情景和非语言因素。

书面沟通与口头沟通优缺点比较

沟通的语言类型

情景还原

在这个情景故事中，工程师小陈电话要求工厂售后服务部的小张配送机器配件，导致发错货，不仅造成损失，而且耽误了工作。在企业经营管理实践中，书面沟通函件不但重要，而且必要，对企业来说，应当采纳执行并监督执行到位。

工作人员在传达文件的时候，一定要严格按照文件管理标准的要求，该签字的要求签字，该署名的要求署名。否则，出现上述情况，既耽误工作，又难以分清责任，同时还会影响公司的形象。

（四）书面沟通的技巧

1. 写作时认真按照程序

（1）写作准备

首先，思考写给谁？写什么？为什么写？然后，列出提纲，把要表达的主要观点罗列出来。最后，进行整理，按逻辑排列各要点的位置，去掉无关信息。

（2）写作过程

先确定写作目标、分析读者、收集信息、列出大纲，然后进行写作，写完后进行编辑修改。

（3）检查核对

主要看是否表述准确，是否有不适当的描述，是否有语法、文字等错误，是否有无关的和重复的内容。

经过充分准备、精心写作和细致的检查核对，才能写出清晰、完整、准确和简洁的文章。

案例2

一封来自微软的信

×××先生：

您好！

这是来自微软的信，继我们上周的电话谈话后，我很高兴再邮寄给您一本我公司的最新宣传册。

您曾表示过贵公司对安装新型计算机软件感兴趣，我相信我们的服务符合您的要求，会让您满意。

期待您的回音，并期望很快能和您会面。

此致

敬礼

×　×　×　×

×××× 年 ×× 月 ×× 日

> **案例分析**
>
> 这封工作信件内容清晰，态度乐观，简明扼要，切中要害，有助于实现有效的沟通。

2. 写作中注意换位思考

（1）不要强调为读者做了什么，而要突出读者能获得什么或能做什么，以正面或中立的立场，强调读者想要知道的内容。比如：

今天下午我们会把你们8月1日的订货装船发运。

贵公司订购的两集装箱服装将于今天下午装船，预计8月8日抵达贵处。

第二种写作方式更能让读者感受到尊重，看到实实在在的利益。

（2）尽量少谈与业务无关的个人感受，除非在慰问信和贺信等文书中。比如：

我们很高兴授予您5 000元信用额度。

您的牡丹卡有5 000元的信用额度。

第二种写作方式更简洁，表述更客观，客户能得到尊重。

（3）避免就读者的感受或反应做出判断。比如：

您会很高兴听到您被公司录用的消息。

很高兴通知您，您已通过了公司的全部考核，被正式录用。

第二种写作方式更客观，对方也能感受到尊重。

（4）涉及褒奖内容时，多用"您"而少用"我"，褒奖内容与作者、读者都有关时用"我们"。比如：

我们为所有的员工提供健康保险，包括您。

作为公司的一员，您会享受到公司提供的健康保险。

叙述重点放在读者方面，而不是我们或公司方面，会起到更好的沟通效果。

（5）涉及贬义的内容时，避免使用"你"为主语，以保护读者的自尊。

你发表任何以该工作机构为背景的文章时，都要得到主任的同意。

本机构工作人员在发表以本机构工作经历为背景的文章时，都要得到主任的同意。

第二种写作方式用指代读者群体的名词替代"你们"和"你"，以减弱抵制心理，可以很好地保护读者的自尊。

3. 处理好不同类型沟通

书面沟通有三种主要类型。

（1）肯定型

肯定型即直接给出好消息，解释好消息，用好的祝愿结尾。

（2）否定型

否定型即用缓冲式的自然叙述开头，在给出坏消息之前加以解释；再告诉坏消息；如果可能，建议用好的祝愿结尾。

（3）指示型

指示型即以一种具有吸引收文者注意力的叙述开始表述建议或要求，清楚地指示收文者应如

沟通的语言类型

何去做，鼓励其克服困难，尽早完成工作。

案例 3

一封善意的拒绝信

尊敬的李波先生：

您好！

我对贵公司在今年 5 月即将举办的公司交流研讨会的计划非常感兴趣，同时我相信这一倡议一定会得到各公司的广泛支持和欢迎。

也非常感谢您邀请我进行大会演讲。不过十分遗憾的是，今年 5 月我将出访欧洲考察，因此届时我不能出席研讨会。

我可否推荐我的同事张帆，他将是另一个理想的发言者。他在人力资源部已任职 8 年，在此期间，他组织了数次颇为成功的活动。我相信，如果时间允许，他会很乐意参加此次研讨会，并进行大会发言。是否采纳我的建议，请您告知。如果可以，我会请他和您联系。

预祝研讨会圆满成功！

王军

2023 年 3 月 27 日

案例分析

在实践中，我们经常会遇到不得不在信函中拒绝某人或某事，或者提出批评，或告知坏消息的情况，也就是上文提到的否定型书面沟通，我们要让读者阅读、理解并接受该消息，同时还要尽量保持组织或撰写者已有的良好形象和信誉。本文首先以肯定、赞扬和感谢等缓冲语开头，表达对对方的尊重；接着既明确又婉转地陈述拒绝的理由，令人信服；最后提出其他解决方案，表达善意和友好，做积极的结尾。

三、网络沟通

随着科技的发展，信息技术的普及极大地丰富了人们的沟通方式，网络沟通已经深入人们的生活和学习。

（一）网络沟通的概念

网络沟通是指凭借信息技术，特别是计算机网络，进行思想、感情、观念、信息、知识与情报等交流的过程。网络沟通与传统的沟通模式最根本的区别在于沟通媒介不同。

（二）网络沟通的主要形式

网络沟通的主要形式包括电子邮件、即时通信、网络电话、网络传真、论坛，以及博客、微博和微信等。

1. 电子邮件

电子邮件简称 E-mail，又称电子信箱。它是一种用电子手段进行信息交换的通信方式。由于电子邮件使用简易、投递迅速、收费低廉、易于保存、全球畅通无阻，因而被广泛应用。

2. 即时通信

即时通信（Instant Messaging，IM）是指能够即时发送和接收互联网消息的业务。现在国内的即时通信工具按照使用对象分为两类。一类是个人IM，如：QQ、百度Hi、网易泡泡、盛大圈圈、淘宝旺旺等。另一类是企业IM，如：E话通、UC（新浪网推出的一种网络即时聊天工具）、EC客户通、UcSTAR等。

3. 网络电话

网络电话（Voice over Internet Protocol，VoIP），通过互联网直接拨打对方的固定电话和手机，包括国内长途和国际长途，而且资费是传统电话费用的10%到20%。网络电话通过把语音信号经过数字化处理、压缩编码打包、网络传输、解压、把数字信号还原成声音，让通话对方听到。

4. 网络传真

网络传真（Network Fax）基于PSTN（公用电话交换网）和互联网的传真存储转发，也称电子传真。它整合了电话网、智能网和互联网技术。其原理是通过互联网将文件传送到传真服务器上，由服务器转换成传真机接收的通用图形格式后，再通过PSTN发送到全球各地的普通传真机上。

5. 论坛

论坛又名网络论坛（BBS），是互联网上的一种电子信息服务系统。它提供一块公共电子白板，每个用户都可以在上面书写，可发布信息或提出看法，是一种交互性强、内容丰富而及时的互联网电子信息服务系统。用户在BBS站点上可以获得各种信息服务，如发布信息，进行讨论、聊天等。

6. 博客、微博和微信

博客，又译为网络日志、部落格或部落阁等，是一种通常由个人管理、不定期张贴新的文章的网站。

微博即微型博客，是目前全球较受欢迎的博客形式。

微信是腾讯公司于2011年1月21日推出的一款通过网络快速发送语音短信、视频、图片和文字，支持多人群聊的手机聊天软件。

除了以上网络沟通形式外，哔哩哔哩视频网站、小红书生活消费平台以及一些能够实现消息通知、线下扫码和公众号关联等功能的小程序，都在沟通过程中发挥越来越多的作用。

（三）网络沟通的原则

网络沟通通过网络媒介进行信息交流，需要遵循一些基本的沟通原则。

1. 重视个人修养

网络沟通也是和人交流，我们在网络沟通中的表现，同样也是在展示个人形象，因此要保持良好的个人修养。即便网络沟通面对的是陌生人，也不能因为是在网络上交流，就降低对自己言行的要求。

2. 尊重沟通对象

网络沟通中，我们要尊重他人的劳动，不要剽窃、随意修改或张贴别人的劳动成果。我们要懂得尊重他人的时间，在沟通提问以前，先确定对方是能解答问题的人，以免浪费别人的时间和精力。在消息发送前，要仔细检查语法和用词，避免产生不必要的误会。

3. 遵守礼仪规范

网络沟通和传统沟通一样，都需要遵守礼仪规范。和对方沟通前，要礼貌打招呼。交流过程中，提供对别人有帮助的信息，不随意敷衍对方；尊重对方隐私，不随意传播信息；维护单位形象，不以单位或个人名义发表个人对时事的看法；不泄露国家和单位机密。沟通结束，礼貌道别。

（四）常用网络沟通方式的注意事项

1. 使用电子邮件的注意事项

（1）电子邮件主题应当简明扼要，不发送无主题和无意义主题的电子邮件。

（2）注意称呼，避免冒昧。在给不认识的人发送邮件时先介绍自己的详细信息；与不熟悉的人通信时，使用恰当的语气、适当的称呼和敬语。

（3）邮件要使用纯文本或易于阅读的字体，注意邮件正文拼写和语法，避免使用不规范的语言文字和不礼貌的表情符号。

（4）不要随意转发电子邮件，尤其不要随意转发带附件的电子邮件。

（5）如果不是工作需要，应尽量避免群发邮件。群发邮件容易使收件人的地址泄露，因此最好使用邮件组或者暗送。两方商量事情牵涉第三方时，应该将邮件抄送给第三方。

（6）如果沟通对象公布了自己的工作邮箱，那么工作上的联系不要发送到对方的私人邮箱里。

（7）为了提高接收效率，可以设置邮件自动回复，加强发件人对邮件发送情况的了解，或将电子邮件与手机短信等其他通信方式相关联，用短信或者电话的方式提示对方收取邮件。

（8）机密的重要邮件可以采用信息技术加密的方法来保证沟通信息的安全性。

2. 使用即时通信软件的注意事项

（1）不随便要求别人和自己互加好友。

（2）在别人状态为"忙"时，不要打扰。

（3）如果谈工作，尽量把要说的话压缩在10句以内。

（4）不随意给别人发送链接。随意发送链接是一种很粗鲁的行为，属于强制推送内容给对方，而且容易让别人的通信设备感染上病毒。

3. 使用论坛的注意事项

（1）尊重别人的劳动成果，不随意转载。

（2）懂得包容，不指摘别人的文字问题，或者否定别人。

（3）谨慎发言，不随意判断；不断章取义，认真阅读后再发言。

（五）网络沟通的利与弊

1. 网络沟通的优势

（1）沟通迅速，提高工作效率

网络沟通及时、直观，可进行视频聊天，并且能够传输多媒体资料，使得组织之间的信息能及时传递，提高工作效率。

（2）沟通便利，降低沟通成本

网络使"地球村"的概念变得真实，网络信息以图、文、声、像的形式免费供人们使用，使人们足不出户就了解全世界的动态等，还可以与远距离的亲朋好友聊天，企业也可以通过网络和异地的企业进行沟通和合作，大大降低了沟通成本。

（3）超越时空，方便互动

网络沟通不受天气、地域等自然因素的影响，可以让需要沟通的主体实现无障碍沟通，还可以对信息进行深度加工，搭建合作平台，建立合作关系。

2. 网络沟通存在的问题

网络沟通作为交往沟通的一种方式，有一般沟通的问题，也有其自身的特殊问题。

（1）沟通信息呈超负荷状态。网络信息的容量大、成本低，导致了信息的超负荷，难以辨别和筛选。

（2）口头沟通受到限制。网络沟通的便捷性，使得人们习惯了面对计算机敲键盘或面对手机滑屏幕沟通，口头沟通也因而减少。

（3）纵向沟通弱化，横向沟通扩张。网络可以扩大人际关系交往面，使横向沟通扩张，但是大大弱化了人与人之间的纵向沟通。

（4）传统价值观和道德观受到挑战。网络在给人们的工作、生活和社会交往带来极大便利的同时，也产生了许多新的社会问题。

（5）个人隐私权受到巨大挑战。在网络时代，人们的生活、娱乐、工作都会留下数字化的痕迹，个人详细信息要求在论坛注册或聊天记录里反映，甚至公开，个人隐私暴露问题严重。

网络沟通因其迅速、便捷、高效的特点，给人们的交往带来很多积极的影响，但是，它仍然无法取代传统沟通方式。

项目二 非语言沟通

非语言沟通指人们运用表情、手势、眼神、触摸等方式，以与他人的空间距离为载体进行的信息传递，是人际沟通的重要方式之一，也是无声语言沟通的一种形式。

非语言沟通具有辅助、替代、强调、否定和调节等交际功能。

人们在说话的同时往往伴有手势动作和各种表情。这些体语信息符号进入交际过程中，就会辅助有声语言表达思想、传递信息。比如，人们在互致问候的时候，经常伴随一定的非语言表达。当我们和熟人打招呼时，我们总是把目光聚焦在对方脸上以示真诚，往往还面带微笑，倾听对方讲话时伴随着点头等。这些动作信息都是在辅助有声语言增加其表达的真实性。

在某些特定的交际情境中，许多通过语言传达的信息可以用非语言取代，从而达到更有效的交际效果。例如用"点头"动作替代"是""行""可以"等词语，同样能够完成肯定意义的表达。人们也用"点头"取代一些招呼语，并非没有礼貌，相反却表示尊重。

人们运用非语言手段可以使语言的内容更加鲜明突出。例如，购物时，我们晃晃头或摆摆手，对殷勤的售货员说："对不起，不用费心了，我只是随便看看而已。"说话人在强调自己观点的同时也尝试用目光、手势、停顿等手段来提醒听众注意。

有时候，非语言手段所传达出的信息会与语言内容相矛盾，即非语言行为与说话的内容不一致，甚至相反。这时候，语言手段传递的是字面意思，并不是真正要传递的信息，而非语言手段传递的否定信息才是真正要传递的信息。这种非语言手段表现出"口是心非"，甚至"言行不一"的深层含义。比如，我们送给朋友的孩子一份食物，孩子嘴上说"我不要"，实际上眼睛紧紧盯着食物。此时，孩子的非语言已完全表达了他对食物的渴望。在交际中，语言信息与非语言信息不一致时，我们更倾向于相信对方的非语言信息。

语言交际是说话人和听话人之间的双向活动。交际中的听说反馈、话语插入、轮流发言以及交际双方的情绪反应、态度变化等，往往是借助非语言交际来完成的。如降低语调暗示话语完结，目光鼓励表示对对方谈话有兴趣。用非语言交际来协调人际对话结构，有利于信息传达准确、顺畅。

非语言沟通包括副语言沟通、身体语言沟通和环境语言沟通三种类型。

一、副语言沟通

（一）副语言的概念

副语言是指伴随有声语言出现的特殊语音现象。副语言常用形式有重音、语调、语顿、语速及笑声。人们在交际时，同样的话会因为使用不同的副语言而让人理解到不同的意义。

（二）副语言的种类及运用

1. 重音

重音一般指词、词组、句子里重读的音。重音的特点是发音用力较大、音量较大、时间较长。

（1）语法重音

根据语法结构特点而重读的音叫作语法重音。汉语句子中的谓语、表性状和程度的状语、表结果的补语、疑问词和指示代词等经常要读重音。如：

① 春天到了。（谓语）

② 不要急，慢慢说。（表程度）

③ 他的话讲得十分深刻。（补语）

④ 这件事是谁干的？（表疑问）

（2）逻辑重音

根据表达的需要，需突出或强调的词语要重读，这类词语叫作逻辑重音（强调重音），重音的位置不同会表现出不同的意思。如：

① 我知道你会唱歌。（别人不一定知道你会唱歌）

② 我知道你会唱歌。（你不要瞒着我了）

③ 我知道你会唱歌。（别人会不会唱我不知道）

④ 我知道你会唱歌。（你怎么说不会呢）

⑤ 我知道你会唱歌。（会不会跳舞我不知道）

在沟通中，我们要根据自己的表达目的，正确使用重音。根据表达的需要，通过重音有意加重某些词语，以达到表达目的。

2. 语调

语调是指说话时声音的高低曲折变化，分为四种类型：平调、曲调、降调、升调。每一种语调都有自己的基本职能。

（1）平调：表达严肃、冷淡、叙述等语气。

（2）曲调：表达含蓄、讽刺、言外之意等语气。

（3）降调：表达肯定、感叹、请求等语气，可以营造严肃、哀伤的气氛。

（4）升调：表达反问、疑问、惊异、号召等语气，以引起人们的注意，表达说话者的强烈感情，可以调动和激发人的参与热情。

语调的运用可以强调或传达某种语气和语意，营造一定的现场气氛，也可以辅助或代替有声语言独立传递各种情感。

3. 语顿

语顿即语音停顿，是话语的间断顿歇。语顿分为常规语顿和超常语顿两种。超常语顿的恰当运用能够起到非同寻常的艺术效果。

第一，可以集中听众的注意力，有效控制现场。

第二，可以造成某种悬念，幽默风趣，增添话语的波澜。

第三，可以使话语富有新意，表达超常的语意。

同样一句话停顿的地方不同，表达的意义也不同。比如，"下雨天留客，天留我不留。"一句话，在不同的地方停顿，表达的意思截然不同。

4. 语速

语速就是语流的速度，即单位时间里说多少个字词。语速分为快速、中速、慢速三种。根据表达的需要，对语速快慢、语调抑扬、语音轻重、音节的停顿进行有效和巧妙的调节、控制安排，就会形成口语节奏的主旋律。

一般情况下，在平静的语境中，常常使用中速说话；在处理紧急公务或表达激烈的感情时，常常使用快速说话；而在庄重严肃、哀悼等场合，则应该使用慢速表达。

5. 笑声

笑声，即出声的笑，是伴随有声语言而发出的表情声音。出声的笑，其语意具有多义性。

在沟通活动中，恰当运用笑声，传达出友好亲切的感觉，可以消除紧张、缓和气氛，使人感觉轻松欢乐，辅助有声语言顺利地达到沟通目的。笑声有时还可以表示委婉的拒绝，比直接用话语拒绝效果更好。

二、身体语言沟通

（一）身体语言沟通的概念

身体语言，指非词语性的身体符号，包括目光与面部表情、身体运动与触摸、姿势与外貌等。通过身体语言实现的沟通叫身体语言沟通。

我们在与人交流沟通时，即使不说话，也可以凭借对方的身体语言来探索其内心的想法，对方也同样可以通过身体语言了解我们的真实想法。人们可以在语言上伪装自己，但身体语言却经常会出卖自己。因此，解译人们的体语密码，可以更准确地认识自己和他人，从而实现有效沟通。

（二）身体语言的作用

1. 代替语言

目前使用的大多数身体语言经过人类社会历史文化的积淀而不断地传递、演化，已经自成体系，形成无声的语言。许多用有声语言不能传递的信息，身体语言却可以有效地传递。身体语言作为一种特定的形象语言，它可以达到有声语言所不能达到的交际效果。

在沟通中运用身体语言，要尽量生活化、自然化，与当时的环境、气氛相协调，如果运用身体语言时过分夸张或带有表演色彩，就会使人感到矫揉造作，给别人造成虚情假意的印象。

2. 强化效果

身体语言不仅可以在特定情况下替代有声语言，发挥信息载体的作用，而且在许多场合，还能强化有声语言信息的传递效果。

例如，当列宁率领起义的工人、士兵攻占冬宫后，列宁快步登上讲台，面向台下群众发表演讲。在演讲结束时，他的身体动作表现就像一个庞大乐队的指挥，身体稍向前倾，双目眺望远方，右手掌向前果断有力地推出。这时，沸腾的冬宫立刻鸦雀无声。列宁的这个姿态，充分表现了一位伟大的无产阶级革命家一往无前的坚强意志和宏伟气势。

3. 体现真情

身体语言大多是人们的自然行为。身体语言所传递的信息往往都是交际主体在不知不觉中表现出来的。身体语言信息一般是交际主体内心情感的自然流露，与经过人们的思维进行精心组织的语言相比，身体语言更具真实性。

身体语言在交际过程中可控性较小，它所传递的信息更具真实性。正因为身体语言具有这个特点，所以身体语言所传递的信息常常可以印证有声语言所传递信息的真实性。在现实交际中，正确判断一个人的真实思想和心理活动，要通过观察其身体语言，而非有声语言，因为有声语言往往会掩饰真实情况。

（三）身体语言的种类及运用

身体语言包括动作语言、面部表情、服饰仪态三个部分。

1. 动作语言

动作语言包括身体姿势、身体动作、身体触摸。

（1）身体姿势

身体姿势能够表达出人是否有信心、是否精力充沛。通常人们想象中精力充沛的姿态是：收腹、肩膀平直、下巴上提、面带微笑、眼睛充满善意。基本的身体姿势包括：走路的姿势、站立的姿势、坐姿。

① 走路的姿势

走路的姿势最能体现人是否有信心。走路时，身体应当保持正直，不要过分摇摆，也不要左顾右盼，两眼平视前方，两腿有节奏地交替向前，步履轻捷不要拖拉，两臂在身体两侧自然摆动。正确的走路姿势要做到轻、灵、巧。男士要稳健、庄重；女士要轻盈、优雅。

如果工作需要我们经常出入别人的办公室，可以养成随手带些材料或者文件夹的习惯，这不仅会让我们的姿态表现文雅，而且能表现出职业化和讲求效率的形象，会得到同事和领导的认同。

② 站立的姿势

站立的姿势体现个人的道德修养、文化水平，以及与他人交往是否有诚意。站立时，身躯要正直，头、颈、腿与地面垂直；双眼平视前方，挺胸收腹，整个体态显得庄重平稳。良好的站姿应该给人以挺、直、高的感觉，尽可能达到站如松。切忌东倒西歪，耸肩驼背。

站立交谈时，双手可随说话内容做一些手势，但动作不要过大，以免显得粗鲁。在正式场合，站立时不要将空手插入裤袋里或交叉在胸前，更要避免一些下意识的小动作。

③ 坐姿

尽可能舒服地坐着，但不能有碍形象、影响正常的交流。如果笔直地坐在一张靠背椅子上，人的坐姿会显得僵便。最好的方式是将身体的某一部位靠在靠背上，使身体稍微有些倾斜。

当听对面或旁边的人讲话时，可以摆出一种轻松的坐姿。在听别人讲话时，可以微笑、点头或者轻轻移动位置，以便清楚地注意到对方的言辞方式，来表明自己的兴趣与欣赏。当轮到自己说话时，可以先通过手势来吸引对方的注意力，强调谈话内容的重要性。然后，身体前倾，变化语调，配合适当的手势来强调讲话内容。

④ 身体语言标准

良好的身体语言标准是：讲话时姿态端正，稳重而又自然，让人看着顺眼、舒服；避免紧张、慌乱，要给人以认真而又轻松的感觉。

站着讲话时，身体要站正站直，但不要僵硬，要略向前倾，抬头，目光平视前方；坐着讲话时，两腿自然平放，切不可抖腿顿脚，以免给人不稳重的感觉。大会讲话时，不能只顾自己，举止高傲、目中无人，更不能怕面对听众，讲话声音低，语调平直，显得拘谨、胆小；在公共场所，不能有无所顾忌打哈欠、伸懒腰等不文明行为，这些都会阻碍正常的交流和沟通。

一些常见的身体姿态表达的含义

（2）身体动作

① 手势语言

基本的手势语言主要包括指示手势、模仿手势和抒情手势。

指示手势用来指示具体对象，指示出视觉可及范围内的事物和方向，便于通过视觉形象感受具体事物。比如，营业员要通过指示手势来详细介绍产品的性能、特点，以便顾客对产品的功能、形象有所了解。

模仿手势用模拟的方式，给对方一种形象可见的感觉。模仿手势具有具体性和象征性。具体性的手势指用手比画事物的大小、形状等；象征性的手势指根据说话内容，做出相应的动作，以启迪听众的思维，触发听众心理上的联想。

抒情手势用来表达说话者喜、怒、哀、乐的强烈情感，使之形象化、典型化。

 小贴士

一些典型手势的一般含义

谈话时掌心向上，表示谦虚、诚实、鼓励，不带有任何威胁性。

掌心向下的手势，表示控制、压制，带有强制性，易让人产生抵触情绪。

食指伸出，其余手指紧握，呈指点状，这种手势表示教训、镇压，带有很大的威胁性。

双手相握或不断玩弄手指，会使对方感到你缺乏信心或拘谨。

十指交叉表示控制沮丧心情的外露，有时也表示敌对和紧张情绪。

塔尖式手势，即把十指端相触，撑起呈塔尖式，这种手势表示自信。若再伴以身体后仰，则显得高傲。

背手常显示一种权威，但在一个人极度紧张、不安时，常常背手，以缓和这种紧张情绪。另外，如果背手伴以俯视踱步，则表示沉思。

　　搓手常表示人们对某事结局的急切期待心理。

　　双臂交叉于胸前，这种姿态暗示一种敌意和防御的态度。

　　手指不停地抓耳朵、揉眼睛、碰鼻子，表示局促不安，心里紧张。

　　② 头部表情

　　头部表情包括点头、摇头、低头和仰首。

　　点头这一动作可以表示多种含义，有表示赞成、肯定的意思；有表示理解的意思；有表示承认的意思；还表示事先约定好的特定暗号等。在某些场合，点头还表示礼貌、问候，是一种优雅的社交身体语言。

　　摇头一般表示拒绝、否定的意思。特定背景下，轻微的摇头还有沉思的含义和不可以、不行的暗示。

　　低头一般表示臣服、认错、心理愧疚等。

　　仰首一般表示自信、不服气、无所谓、对抗等。

　　③ 耸肩膀

　　耸肩膀这一动作外国人使用较普遍。由于受到惊吓，一个人会紧张得耸肩膀，这是一种生理上的反应。另外，耸肩膀还有随你便、无可奈何、放弃、不理解等含义。

　　④ 脚势

　　脚的动作虽然不易观察，但却可更直观地揭示一个人的心理。抖脚表明轻松、愉快，跺脚表明兴奋或愤怒；脚步轻快表明心情舒畅，脚步沉重表明疲乏、心中有压力等。

　　（3）身体接触

　　① 握手

　　握手是典型的身体触摸。握手的力量、姿势和时间长短均能传递不同的信息。

　　握手时对方掌心向下，表明对方处于高人一等的地位，并且希望掌握控制权，能够支配我们；当握手时对方掌心向上，并且握力较弱时表明对方缺乏个性，对我们谦恭，处于顺从的地位；当对方双手紧握住我们的手，表明对方的诚恳、热情和真挚；当对方只握住我们的指尖，表明其缺乏自信、冷淡，想与我们保持一定的距离。

　　另外，握手时间长，表示情深意长、依依不舍；握手时手出汗，表明紧张；握手时力量太大，表明对方个性较强；握手时力量太小，则会令人感觉应付。

　　② 拍肩膀、拍胸脯、拍脑袋

　　领导对下属、长辈对晚辈拍肩膀表示关心、鼓励和信任，是关系融洽的一种体现。

　　熟人、老朋友见面拍胸脯则表示一种亲切、热情和关心。在承诺某一件事时拍胸脯，则表示自信、有把握。

　　拍脑袋应该小心处理。当长辈摸小孩子的头，拍脑袋，一般表示喜欢，但晚辈摸长辈的头则是不敬；好朋友间拍脑袋表示亲切，陌生人间拍脑袋就是冒犯。有些人十分忌讳别人摸自己的头，我们平时应该谨慎对待，不要轻易触摸别人的头。

③ 身体与物体间的接触

交谈时，手中玩笔表示漫不经心，对所谈的问题无兴趣或显示出不在乎的态度；慢慢打开记录本表示关注对方讲话，快速打开记录本说明发现了重要问题；摘下眼镜，轻轻揉眼或擦镜片，反映精神疲劳，或对争论不休的问题厌倦，或是喘口气准备再战；轻轻拿起桌上的帽子，表示将结束这轮谈判或暗示要告辞。

2. 面部表情

面部表情主要包括眼睛、眉头、鼻子、嘴部和脸部表情。

（1）眼睛表情

眼睛是心灵的窗户，在面部的各器官中，眼睛最富表现力。眼神是内心世界修养、情感的自然流露，是外部世界与个人内心世界的交会点。

一般来讲，说话时目光要朝向对方，适度地注视对方的脸和眼，不要仰视，也不要俯视，也不要不停地眨眼或者用眼角斜视对方。

面向许多听众时的目光交流，应该使每个人都感到自己受到了重视。也就是在说话期间要与听众保持目光的接触。当讲完之后，把目光移向下一位，并再次保持目光的接触。通过这种方式顾及全体听众，使每一个人都有一次机会获得说话人的注意，这样就保证了与全体人员的目光交流。

（2）眉头表情

眉毛与眼睛总联系在一起，如果眯起双眼，眉毛稍稍向下，可能表示已陷入沉思；当眉头扬起时，可能是一种怀疑的表情，也可能是心情兴奋；如果横眉冷对，则表示已经十分愤怒了。

（3）鼻子表情

一般鼻子的表现，大多用来表现厌恶、戏弄之情，我们常常用嗤之以鼻表示不屑理会。人在愤怒时，鼻孔会张大、鼻翼翕动；在紧张时鼻子会流汗；激动时鼻尖会发红。

我们在交往沟通过程中，如果内心对某事不满，应理智地处理，或委婉地说出来，不要向对方哼鼻子。

（4）嘴部表情

嘴部表情是通过口型变化来体现的：鄙视、生气时嘴巴一撇；惊恐时张口结舌；忍耐时紧咬下唇；微笑时嘴角上翘；气急时嘴唇发抖等。

（5）脸部表情

脸部是人们情绪的晴雨表，人们的喜、怒、哀、乐，都会通过脸部暴露出来。如果脸部肌肉放松，表明遇到令人高兴的事情；如果脸部阴沉，表明遇到了烦心事。

在交往中，微笑是最有价值的面部表情。善于交际的人在人际交往中的第一个行动就是面带微笑。友好、真诚的微笑能够使沟通在一个轻松的氛围中展开，可以消除由于陌生、紧张带来的障碍，同时，微笑也显示自信。

即时训练

游戏"你来比画我来猜"

这个游戏需要两个人合作，一个看着大屏幕上的词语比划、提示，另一个同学来猜词语。

沟通的语言类型

游戏规则：

（1）提示时不能透露词语中的任何一个字。

（2）比画的同学可以用动作、表情提示。

（3）每次游戏的时间为一分钟。

3. 服饰仪态

在交往过程中，服饰和仪态都会传递出一些信息，这些信息往往会直接影响沟通的效果。

（1）服装与饰物

服装与饰物要和年龄、职业、身份、个性相符。

① 服装与饰物要和年龄相符

除在正式工作场所或正式社交场合，对服装有特殊要求外，年轻人应穿得随意、活泼，充分体现朝气蓬勃的青春之美；而中老年人则要注意庄重、雅致，体现出成熟和稳重，透出成熟美。

② 着装要表现出职业身份

着装表明身份，不仅限于生活服装，职业服装更能显示一个人的工作性质以及单位的形象。

③ 着装要符合个人特点

一般来说，身材较高的人，上衣应适当加长，配以低领或宽大而蓬松的袖子，穿宽大的裙子、衬衣，衣服颜色最好选择深色或柔和的颜色。身材较矮的人，不宜穿大花图案或宽格条纹的服装，最好选择浅色的套装，上衣应稍短一些。服装款式以简单为宜，上下颜色应保持一致。

体型较胖的人应选择小花纹、直条纹的衣料，最好是冷色调，在款式上，要力求简洁，中腰略收，以 "V" 形领为佳。体型较瘦的人应选择色彩鲜明、大花图案以及方格、横格的衣料，给人以宽阔、健壮的视觉效果，在款式上应选择尺寸宽大、有分割花纹、有变化的、较复杂的、质地不太软的衣服，切忌穿紧身衣裤，也不要穿深色的衣服。

④ 着装要整洁

着装整洁至关重要。着装要求清洁、整齐、挺直，显得容光焕发。衣服应烫平整，裤子烫出裤线，衣服袖口应干净，皮鞋要上油擦亮，穿长袖衬衣要将前后摆塞进裤内，长裤不要卷裤脚。

服装颜色密码

（2）仪态与风度

在交往过程中，仪态与风度既是良好个人修养的表现，也是交往礼仪的基本要求。

① 在办公室待客

在办公室待客时应随时保持优雅、警觉以及有条不紊的态度。在接待访客时，如果有时间，主人应自己迎接、问候来客，并且带客人到办公室；如果客人已经来到办公室，主人应马上站起来，从桌后快步走出，热情握手寒暄问候，表达出高兴的情绪，并且视对方为重要访客。如果由于一些突如其来的紧急事件打乱了接待时间，则应抽出一两分钟，到办公室外面跟客人问候，表明歉意，安抚访客的情绪；约定的人到达时，如果主人正在打电话，应马上结束，并告诉通话的对方，事情结束后会回电。等客人落座后，主人再坐下，请客人喝茶，然后进入正式谈话。

② 进行商业拜访

商业拜访要按约定时间准时到达，否则拜访的开始就会不太愉快，进而影响整个拜访活动。等待期间，不要向接待人员提任何要求，如果等待时间较长，可向接待人员询问还需要等多久，但不要不停地问、抱怨，要保持安静、有礼貌。离开接待室时，记得说声"谢谢"。如果能叫出接待人员的名字，那么我们的道谢会令对方印象深刻，也不要忘记向对方的老板提起接待人员的良好接待。离开时，无论这次会面是否完成预定的任务，都应该谢谢对方的接见，在离开时与对方握手道别。

③ 宴请

在宴请时，如果我们是客人，应等主人示意坐下时再坐下。如果主人径自坐下而没有示意我们坐在哪里，我们就坐在最靠近他的座位。在主人开始用餐后，我们才可以开始用餐。如果我们是主人，则以缓和的手势，示意客人落座。如果参加自助餐的餐会，最好等到有两三位就餐者入席，再开始用餐。

自测练习

三、环境语言沟通

（一）环境语言沟通的概念

环境语言沟通是指利用人们自身因素之外的环境因素传递沟通信息的过程。环境是沟通必备的要素，所有的沟通必然都发生在特定的环境中，通过时间环境和空间环境进行信息和情感的交流。

（二）环境语言沟通的意义

1. 时间环境

沟通时间的确定，反映出沟通主体对沟通事项及对象的态度。是迫不及待、越早越好，还是无所谓？是对方黄金工作时间段，还是无关紧要的时间段？是预留了非常充足的时间，还是只是两个重要安排中间的一小段空余时间？是只能公事公办的上班时间，还是可以进行更深入交流的临近下班时间？这些安排都流露出对沟通的重视程度及对达到结果的预期和希望。

2. 空间环境

（1）物理环境

物理环境主要指沟通场所的设计、布局、布置、光线、噪声、隐蔽性等因素。安静的环境会使沟通更有效，所以以交流沟通前要尽量排除噪声源，关上广播、电视，避免分散注意力，为交流双方创造一个安静的环境。

（2）空间距离

"距离"有两层含义：心理距离和空间距离。心理距离越近，交际时的空间距离也就越近。反之，心理距离越远，交际时的空间距离也就越远。在现实生活中：社会地位悬殊的人之间的交际距离一般都较远；两个陌生人的交际距离比两个熟人之间的交际距离远；一般关系的人之间比朋友之间的交际距离远。如果两个人谈话融洽，往往会站在一起；如果双方兴趣不同，则会相对站立。

人们在交际中有四种空间距离——亲密距离、私人距离、社交距离、公众距离。

① 亲密距离——0～0.45米

这是恋人、夫妻、父母子女、至爱亲朋之间的交往距离。

0～0.15米的近位距离，是一个亲密无间的距离，可彼此肌肤相触，能够直接感受到对方的体温和气息。

0.15～0.45米的远位距离，是一个可以肩并肩、手挽手的距离，可说悄悄话。

② 私人距离——0.45～1.2米

这是一个更有分寸感的交往距离，也可分为近位距离和远位距离。

0.45～0.75米称为近位距离，稍一伸手就可触及对方，双方可以亲切握手。此距离在酒会的交际中比较常见，可使谈话双方有一种亲切感。

0.75 ~ 1.2米称为远位距离，双方都把手伸直，才有可能相互触及。由于这一距离有较大的开放性，亲密朋友、熟人可随意进入这一区域。

③ 社交距离——1.2 ~ 3.6米

这是超越朋友、熟人关系的社交距离，体现了交谈者之间社交性的、较正式的人际关系。

1.2 ~ 2.2米的近位距离，在工作环境中，领导与部属谈话、对部属布置任务、听取部属汇报等一般保持这个距离。在一般的社交聚会上，陌生人之间、客户之间商谈事务时也采取这一距离。

2.2 ~ 3.6米的远位距离，是正式社交场合、商业活动等所采用的距离。采用这一距离主要在于体现交往的正式性和庄重性。

④ 公众距离——3.6米以上

这是人际交往领域最大距离，是一切人都可以自由进入的空间。

3.6 ~ 7.6米为近位距离，通常是小型活动的讲话人与听众之间的距离，比如教师讲课与学生听课之间的距离。

7.6米之外的远位距离，是大型报告会、听证会、文艺演出时报告人、演讲者、演员与听众、观众之间应当保持的距离。大人物在演讲时需要与听众保持这一距离，以便在增强权威感的同时，增强安全感。

| 相关拓展 |

书面表达能力测评

　　你是否善于运用书面形式表达自己的观点？请根据自己的实际情况如实回答以下问题。计分标准为：（1）1分、（2）2分、（3）3分、（4）4分、（5）5分。

1. 在与他人沟通时，你经常采用书面表达形式吗？

（1）从来没有（2）很少（3）有时（4）大多是（5）经常是

2. 你是否认为书面表达形式比其他形式更容易？

（1）从来没有（2）很少（3）有时（4）大多是（5）经常是

3. 当你与你的高中同学联系时，经常采用书面表达形式吗？

（1）从来没有（2）很少（3）有时（4）大多是（5）经常是

4. 你是否因为麻烦，拒绝使用书面表达形式与人沟通？

（1）经常是（2）大多是（3）有时（4）很少（5）从来没有

5. 在使用书面形式表达你的观点时，你是否非常注意措辞？

（1）从来没有（2）很少（3）有时（4）大多是（5）经常是

6. 你在使用书面表达形式时，是否注意表达的格式与规范？

（1）经常是（2）大多是（3）有时（4）很少（5）从来没有

7. 你是否能够熟练地运用各种书面表达形式进行沟通？

（1）从来没有（2）很少（3）有时（4）大多是（5）经常是

沟通的语言类型

8. 你是否能够准确地使用书面表达形式达到沟通目的？

（1）从来没有（2）很少（3）有时（4）大多是（5）经常是

分数统计解析如下。

8~16分：你的自我表达欲望和能力都还不够，需要加强。

17~32分：你具有一定的自我表达欲望和表达能力，同时又能自我控制。

33~40分：你的自我表达欲望和能力都很强，甚至有时过于表现自己，这既是你的优点，又可能成为你不受人欢迎的原因。

技能训练

一、思考分析题

1. 请你结合口头沟通的基本原则分析下面这位营业员沟通中的不当之处，并帮他找到合适的语言进行沟通。

一位顾客买东西时，因商场没有现货，商家提出先付一半订金即可帮他预订。顾客说："先把一半的订金付给你们，我不放心啊！"商场的营业员说："放心吧，我们是大公司，不会为这点小钱损害信誉的。"

2. 请看下面的小片段（一对小情侣吵架），你觉得这是一次成功的语言沟通吗？为什么？

男生回家后脱了鞋没放好，到沙发上直接躺下。女生看到后，抱怨道："我都说了无数次让你把鞋放整齐，你都不听，快回来放好。"

男生回了一句："你看到了顺手放好不就完了吗？怎么这么啰唆，很烦。"

女生一听，火冒三丈："以前刚谈恋爱的时候说得多好，现在就说这一句你就嫌我烦。"

男生："我今天上班已经够累了，你能不能别斤斤计较、无理取闹？"

女生："我无理取闹？你说说看，把鞋放好这个我说多少次了？我上班不累？收拾不累？就你累？"

男生："行行行，你对你对，我不跟你说了，说不过你。"然后他起身到玄关，把鞋子放好。

3. 请指出下面信函中存在的问题，并进行修改。

亲爱的先生/女士：

我已经间接获悉您在寻找一家公司为贵公司所有部门安装新计算机。我确信作为一个完全能令人放心的公司，我公司定能被指派。尽管我们在贵公司业务方面经验有限，曾经为您服务过的人说我们能胜任此项工作。我是个非常热情的人，对于与您相会的可能性，除非另行通知，我在周一、周二和周五下午不能拜访贵处，这是因为……

×××
××××年××月××日

4. 请指出下面案例中小王在沟通中存在的问题，并思考应如何改进其非语言沟通的技巧。

小王是新上任的经理助理，平时工作主动积极，且效率高，很受上司的器重。某天早晨小王刚上班，电话铃就响了。为了抓紧时间，她边接电话，边整理有关文件。这时，有位姓李的员工来找小王，他看见小王正忙着，就站在桌前等着。只见小王一个电话接着一个电话，最后，这位姓李的员工终于等到可以与她说话的机会了。小王头也不抬地问他有什么事，并且一脸严肃。然而，当这位姓李的员工正要回答时，小王又突然想到什么事，与同室的小张交代起来……这时这位姓李的员工已是忍无可忍，他发怒道："难道你们这些领导就是这样对待下属的吗？"说完，他愤然离去……

二、技能实训题

1. 面试情景训练

请两位同学扮演不同角色，一位扮演招聘人员，一位扮演求职人员。注意求职人员的走姿、坐下的动作、坐姿，招聘人员的坐姿和神态等。

2. 职业情景训练

试以导游的身份向游客介绍某景点，注意身姿端正，动作恰当、自然、协调。

3. 书面沟通训练

××保险公司金牌培训师王晨，因为工作繁忙，无法接受××公司的邀请开展讲座，请你替王晨给××公司写一封拒绝信。

模块七
沟通的常用技巧

沟通无处不在，沟通能力是每个人在日常工作和生活中都需要具备的重要能力。要想运用恰当的沟通技巧进行有效沟通，达到沟通的目的，提高沟通的水平和能力尤为重要。

学习目标

1. 能识记沟通常用技巧的基本常识。
2. 能运用有关正向引导、反向表达以及个人展示的方法进行交流沟通。
3. 能养成主动交流沟通的良好意识和习惯，提高沟通的水平和能力。
4. 养成积极乐观的学习、工作和生活态度，以及团结互助、奋发进取的良好品质。

情景故事

李红是富达公司的办公室主任，她看到同事王秘书刚烫了头发，便夸赞道："王秘书，你的发型很时尚、很漂亮，是在哪个理发店做的啊？花了多少钱？"王秘书听了非常开心，高兴地跟李红交流起来。

过了一会儿，李红对助手小于说："下午2点，刘总要来检查新产品发布会的准备工作。发布会的场地都落实和布置好了吗？有关的宣传资料都准备好了吗？"小于说："场地已经落实并布置好了，但是宣传材料还在印刷中。"李红很吃惊："这个会议很重要，怎么到现在材料还没有准备好？"小于红着脸说："对不起！昨天董事会开了一天，我一直在会议现场做记录，把印刷材料的事给忘了，昨天下班才想起来，然后就赶紧联系印刷厂。印刷厂的工作人员说，中午12点可以送到。"李红耐心地说："小于，你做事一直很认真的，这些我都看到了。但是，记在工作日志上的事一定要注意，不能忘了。"小于连连点头，说："李主任说得很对，我以后一定注意。"

故事中，李红的做法妥当吗？在工作中，应该怎样运用沟通的艺术跟同事交流呢？

项目一　正向引导

在日常工作和生活中，少不了与人沟通，其中，正面的、积极的引导较为普遍。正向引导是指在沟通中，通过正面、积极的语言对对方的心理产生影响，使沟通向着所期待的方向发展的沟通类型。正向引导对人的心理影响非常大，可以改变人的态度和行动方向，在人际交往和沟通中发挥着越来越重要的作用。

沟通中，正向引导的种类很多，其中赞美、激励、说服和安慰是较为常见的沟通类型。这类沟通方式都注重照顾对方的情绪，用语言温暖对方的心灵，激励对方保持积极向上的状态，并向着对方所期许的方向发生改变。

一、赞美

"良言一句三冬暖，恶语伤人六月寒"，可见沟通中语言表达是多么重要。心理学研究发现，每一个人都喜欢得到别人的赞美。

（一）赞美的概念

赞美是发自内心地对自身所支持的人或事物表示肯定的一种表达。恰如其分的赞美能使人们更好地与他人交往，从而增进人与人之间的情谊。

（二）赞美的技巧

在人际交往和职场中，要懂得赞美，善于赞美，不要吝啬赞美。赞美的技巧有以下几点。

1. 话题恰当，创造机会

赞美本身往往并不是交际的目的，而是为双方进一步交流营造一种融洽的气氛。比如：上门拜访时，看到家用电器，可以先问其性能如何，看到墙上的字画，可以先谈字画的欣赏知识，然后再借机赞美主人的工作能力和知识阅历，从而找到双方的共同语言。千万不要用挑剔的口吻跟主人交流，即使看到某些不足，也不必过于认真，以免使对方不快。

案例

> **小吴的推销秘诀**
>
> 家具公司的推销员小吴得知一家文化公司刚装修完办公室，于是上门向项目负责人董经理推销办公家具。
>
> 一进门，小吴便赞叹道："哟，您这办公室真漂亮，我大大小小的公司跑了不少，还从没见过您这么有品位、懂情趣的老板。"
>
> 董经理顿时喜上眉梢，嘱咐助理沏了一杯茶，请小吴坐下细谈。小吴用手摸了摸椅子的扶手，说："这可是上等红木，这在我们家具界也不多见，看来，我今天真是来对了，能遇到您这样识货、懂货的人！"
>
> "我也是一直都比较喜欢这些玩意儿。"董经理的自豪感油然而生。
>
> 之后，董经理带小吴参观了整个办公室，并兴致勃勃地拿出了几件心爱的木质藏品让小吴赏鉴，还细致地介绍了自己公司此次装修和配备家具的规划。结果可想而知，小吴很顺利地拿到了订购合同。

沟通的常用技巧

案例分析

　　希望受到重视、得到肯定和认可，是人之常情。如果我们得到了别人的赞美，很自然会对其产生好感。本案例中，推销员小吴通过对董经理办公室装修和办公家具的赞美，使董经理感受到了被认可的自豪感，为进一步交流奠定了良好的基础，进而促成实现推销成功的目的。

2. 态度诚恳，真实可信

在赞美的同时，明确地说出自己的愿望，或者有意识地说出一些具体细节，都能让人感到真诚，而不致让人以为是溢美之词。比如：赞美别人的发式时可问及是哪家理发店做的，或者说明自己也很想做这样的发式。

《人性的弱点》中说："谄媚的话可能有一时的成效，但它如同伪钞，一经使用，定会惹祸上身。"每个人想听的都不是虚伪的赞美，而是发自肺腑的真诚认可。

3. 注意场合，以免尴尬

在多人在场的情况下，赞美其中的某一人必然会引起其他人的心理反应。比如：赞美某次考试成绩好的人，那么在场的其他参加了同次考试而成绩较差的人就会感到受奚落、被挖苦，这时就应寻找某些因素，如复习时间太短、出差回来仓促上阵等客观原因来照顾他们的面子。

4. 措辞精当，避免误解

赞美时，只有措辞准确，才能打动对方，使对方心情愉悦，从而产生良好的人际交往效果。如果措辞不当，往往会适得其反。在现实生活中经常会出现这样的情况：说者明明是好心，但是由于措辞不当，致使听者当成是恶意，结果闹得双方不欢而散。因此，赞美的语意要明确，避免听话者多心。

5. 把握分寸，适度得体

不合乎实际的评价往往会给人带来一种被讽刺的感觉。违心地迎合、奉承和讨好，有损自己的人格。适度得体的赞美应建立在理解他人、鼓励他人、满足他人的正常心理需求，以及营造和谐友好交往气氛的基础上。

在人际交往中，适当、适度地赞美对方，可以营造出一种热情友好、积极融洽的交往氛围。赞美还具有引人向善的作用，有助于对方形成良好的行为规范。

即时训练

请你用小纸条写一句赞美同班一位同学的话，并将小纸条交给他（她）。

二、激励

生活中需要赞美，更需要激励。赞美只能赢得人们一时的开心，很难对人们的行为产生长期的影响。

（一）激励的概念

激励是指通过鼓励、奖励、赞美等方式，使人们感到自信、自豪，从而激发其内在动力和积极性，促使其努力奋斗、追求进步的行为。有效的激励会点燃人们的激情，促使其工作和学习动机更加强烈，从而产生超越自我和他人的欲望，并将潜在的巨大的内驱力释放出来。

（二）激励的技巧

要完成对人的激励，就要完成三个步骤：及时赞美、行为建模、反馈提升。

及时赞美、行为建模和反馈提升，用三句话表达分别是："你做得真好""你是怎么做到的""你总结得真好，我跟你说说对我的启发"。

1. 及时赞美

及时赞美是进行激励通常会使用的方法，这里就不赘述了。

2. 行为建模

所谓建模，就是从一堆纷繁复杂的信息中抽象提炼出一个简单的模型，然后用这个模型来解释复杂的情况，方便理解与记忆。如：有人为八大菜系建了一个模型，就是用沿江和沿海这两条线索解释菜系的分布。八大菜系建模的依据为什么是沿江、沿海呢？菜系得名是因为每个季节都能办出不同的、有时令特色的宴席。只有物产富饶的沿江、沿海地区才能满足这一条件。长江由东向西是安徽徽菜、湖南湘菜、四川川菜，沿海岸线从南至北是广东粤菜、福建闽菜、浙江浙菜、江苏苏菜、山东鲁菜。八大菜系借助建模，化繁为简，很容易被快速记忆。

什么是行为建模？行为建模是指一个人从每天偶发的、零散的行为中找出最值得保持的部分，并用简单的逻辑进行整理，最后把这些感性行为总结归纳成理性规律，让这些值得保持的行为能够不断被重复、被优化。

在激励的沟通场景中，常常可以用"你是怎么做到的"让人们用模型化的方式总结日常行为。

3. 反馈提升

反馈提升是指总结提升对方的行为建模，使对方的认识得到提高和强化，并进行推广。反馈提升可以激发对方的潜能，产生长期的正面效应。反馈提升有一个前提，即对方的行为建模经过考查确实是有价值的。

在面对不同的对象时，激励的语言技巧应该有所变化。

自测练习

案例 1

对下级的激励

平安保险公司的业务主管杨洋，发现一位新员工刘丽签单速度非常快。杨主管笑着对刘丽说："刘丽，你刚来就把业务搞熟了，很棒哟！"

杨洋接着说："和其他人相比，你的签单速度特别快。你一定有自己独到的方法。你能不能总结一下，给大家讲讲呢？"

过了几天，刘丽把总结交给了杨洋。杨洋看后，笑眯眯对她说："我看了你关于签单的总结，觉得你特别擅长优化流程，流程优化得很巧妙。以后你开展其他工作的时候，这种优势也值得保持。"

刘丽开心地连连说："谢谢杨主管！"

沟通的常用技巧

案例分析

　　杨洋发现刘丽的优异表现后，首先及时赞美："刘丽，你刚来就把业务搞熟了，很棒哟！"

　　其次，行为建模阶段。"你一定有自己独到的方法。你能不能总结一下，给大家讲讲呢？"这是杨主管把对方正确的行为放大，让她进行建模。

　　最后，反馈提升阶段。在对方建模后，把对方的总结进行提升、推广并发扬光大。告诉对方自己怎么看待这个行为建模，用实际行动把对方的建模夯实。杨主管在收到刘丽的总结后，对她说："我看了你关于签单的总结，觉得你特别擅长优化流程，流程优化得很巧妙。以后你开展其他工作的时候，这种优势也值得保持。"通过反馈，用领导的方式或视野把对方的行为建模上升到一个新高度。

案例2

对平级的激励

　　一天早上，天涯医药公司人力资源部主任王娜看到销售部刘红部长打扮得大方又得体，便笑眯眯地对她说："刘部长，您今天真好看，这个形象特别符合我们公司对女员工形象的标准要求。下周例会，我能不能邀请您给大家讲一讲个人形象管理的问题？"刘部长是个性格直爽的人，她开心地说："好的，没问题。"

　　第二周的例会上，在刘部长宣讲结束后，王娜站起来说："刘部长刚才讲得特别好，我收获很大。按理说，我们可以找专业的形象讲师来讲。邀请刘部长来讲解，是想让大家见识一下，如何在业绩领先的情况下，形象还保持得这么好。刘部长是我们学习的榜样。"

案例分析

　　王娜看到刘红后，第一反应就是赞美。她说："您今天真好看。"接着她说："这个形象特别符合我们公司对女员工形象的标准要求。下周例会，我能不能邀请您给大家讲一讲个人形象管理的问题？"这是对刘红的行为建模。要注意一点：王娜在邀请刘红之前，对她是了解的，知道她沟通能力强，擅长表达，是愿意当众分享的；如果对方内向，就可以让其用文字的方式展示给大家。没有人不愿意其长处被看见，只要发掘对方擅长的方式，对方就会备受激励。

　　在宣讲会上，王娜做了精彩的总结，这个总结就是反馈提升环节。反馈提升不仅激励了刘红，也激励了现场的听众，把激励推向了一个高潮，既提升了刘红的人气，也影响了公司的精神面貌。

案例3

对上级的激励

　　星期一，天涯医药公司销售部部长刘红很早就来到公司。刚坐下一会儿，李进总经理便带着几个董事来检查工作。李总一边视察一边评价，显得对销售部的工作细节非常了解。刘红立即赞美道："李总，您平时这么忙，为什么还能了解到这么多一线的细节呢？您有什么特别的工作方式吗？"

李总微笑着说："其实很简单，你每天看100条客服记录，就知道用户最关心什么、什么问题最重要了。久而久之，也就万事通了。"

两周后，刘红拿着自己看过的客服记录去找李总："自从上次您教了我这一招后，我发现客服记录确实值得挖掘。我之前学过一点数据统计，做了一个分析，总结了一些共性问题。您要是有空，再给我指点指点。"

李总爽快地说："指点谈不上，可以看看。"

案例分析

刘红对李总说："您平时这么忙，为什么还能了解到这么多一线的细节呢？您有什么特别的工作方式吗？"言语中既有赞美又给对方的行为建模。李总回答："你每天看100条客服记录，就知道用户最关心什么、什么问题最重要了。久而久之，也就万事通了。"这是李总的行为建模。两周后，刘红拿着客服记录分析材料对李总说："您要是有空，再给我指点指点。"在反馈提升的同时，帮领导又升级了一次建模，引导李总习惯于向她传授经验，使李总无形中就成了刘红的职场导师。

当然，向上激励有个前提：自己得是一个真的值得别人尊重的下属。在职场上，每个人都要靠业绩说话；如果业绩落后，协调能力也不强，那么还是应该先做好本职工作。

在日常工作和生活中，向身边的人持续地发出正反馈，去激励他，给他建模，往往会发生一些积极的变化。

三、说服

说服普遍存在于人们的工作和生活中，思想教育、知识传播、疾病治疗、推销谈判等，都离不开说服。同学、朋友之间，邻里、亲戚之间，上级与下级之间，观点不一致时，也离不开说服。

（一）说服的概念

说服，是指语言交际中以一定方式向对方说理、劝诫，试图使对方的态度、行为朝特定方向改变的一种影响意图的沟通。说服需要用理由充分的话使对方心悦诚服。说服他人的能力是一种非常重要的能力。

（二）说服的技巧

掌握说服的技巧，有助于增强说服的效果。说服有很多方法和技巧，采用恰如其分的方法和技巧，能增强说服的效果。说服的主要技巧如下。

1. 调节氛围，以退为进

在说服时，应该想方设法调节谈话的气氛。如果能和颜悦色地用提问的方式代替命令，并给人以维护自尊和荣誉的机会，气氛就是友好而和谐的，说服也就容易成功；反之，在说服时不尊重他人，摆出一副盛气凌人的架势，那么说服多半是要失败的。毕竟人都是有自尊心的，谁都不希望自己被他人不费吹灰之力地说服而受其支配。

沟通的常用技巧

案例

　　有一位中学老师接管了一个差班班主任的工作，正好赶上学校安排各班级学生参加平整操场的劳动。这个班的学生躲在阴凉处，谁也不肯干活，老师怎么说都不起作用。后来这个老师想到一个以退为进的办法，他问学生们："我知道你们并不是怕干活，而是都很怕热吧？"学生们谁也不愿承认自己懒惰，便七嘴八舌地说，确实是因为天气太热了。老师说："既然这样，我们就等太阳下山了再干活，现在可以痛痛快快地玩一玩。"学生们一听就高兴了。老师为了使气氛更热烈一些，还买了几十个雪糕让大家解暑。在说说笑笑的玩乐中，学生接受了老师的说服，不等太阳落山就开始愉快地劳动了。

案例分析

　　老师用"我知道你们并不是怕干活，而是都很怕热吧？"引出话题，并提议先玩再干活，气氛一下子就活跃了，他还买了几十个雪糕让大家解暑。老师以退为进，既调节了氛围，又成功地说服了同学们，达到了沟通的目的。

　　2. 博取同情，以弱克强

　　渴望同情是人的天性。想说服比较强大的对手，可以尝试采用这种博取同情的技巧，从而以弱克强，达到目的。

　　3. 巧用威胁，以刚克刚

　　用威胁的方法可以增强说服力，当然，这是用善意的威胁制造震慑力，使对方产生畏惧感，从而达到说服目的的技巧。

　　威胁能够增强说服力，但是在具体运用时要注意以下几点。

　　第一，态度要友善。

　　第二，说明道理，讲清后果。

　　第三，威胁程度不能过分，否则会弄巧成拙。

　　4. 消除戒心，以情感化

　　在与要说服的对象较量时，一般来说，彼此都会产生一种防范心理，尤其是在危急关头。这时候，要想使说服成功，就要注意消除对方的防范心理。如何消除防范心理呢？从潜意识来说，防范心理的产生是一种自卫的表现，也就是当人们把对方当作假想敌时产生的自卫心理现象。消除防范心理的有效方法就是反复给予暗示，表示自己是朋友而不是敌人。这种暗示可以采用如下方法来进行：嘘寒问暖、给予关心、表示愿意提供帮助等。

案例

　　5. 设身处地，以心换心

　　站在他人的立场上设身处地地分析问题，能给他人一种为其着想的感觉，这种投其所好的技巧常常具有极强的说服力。要做到这一点，知己知彼十分重要，唯先知彼，而后方能从对方的立场上考虑问题。

　　6. 寻求一致，异中求同

　　习惯于顽固拒绝他人说服的人，经常都处于"不"的心理组织状态之中，自然而然地会呈现僵硬的表情和姿势。对于这种人，如果一开始就提出问题，绝不可能打破其拒绝的心理。因此，要努力寻找与其一致的地方，先让其赞同远离主题的意见，从而使其对谈话内容感兴趣，而后再想办法将意见引入主题，而最终求得其同意。

自测练习

总之，在人际交往中，要想说服别人接受自己的观点，从而改变对方的态度、行为，是比较难的。如果掌握了一些说服的沟通技巧，并灵活运用、真诚待人，就能取得理想的沟通效果。

四、安慰

当朋友伤心难过时，很多人要么好言相劝"别哭了，坚强点儿"；要么帮助对方分析问题，告诉他"你应该怎么做"；还有人会批评对方"我早就给你说过……"然而，这些方式往往并不能起到缓解伤心难过情绪的作用。

安慰需要讲究技巧，我们要学会根据对方的心理状况给予心理抚慰，帮助其走出困境。

（一）安慰的概念

安慰即安顿抚慰，是用欢娱、希望、保证以及同情心来减轻痛苦和忧虑，给予安抚或鼓励，使人安静舒适。安慰可以让人从心理上得到满足，不是自欺欺人，而是对现状的理解。

虽然大部分人都不愿意向外人暴露自己的软弱，但还是在所难免。遇到这种情况时，如果应对不力，就会损害双方的关系。如果一个人善于安慰，就可以在关键时刻展示温柔的魅力，收获人心。

（二）安慰的技巧

那么，在同事或朋友的生活突然发生变故时，如何恰如其分地进行安慰呢?

1. 倾注自己的同理心

同理心泛指心理换位、将心比心，亦即设身处地地对他人的情绪和情感进行认知性的觉知、把握与理解。暂时进入对方的内心世界，不带任何评价地去感受对方的感受和经验，敏锐觉察对方经验意义的改变。由于生活体验、家庭背景、所受的教育等不同，每个人所体验到的痛苦并不一样。安慰的前提是能感受他人之感受，当试图去安慰一个人时，要理解他的内心情感与处境，要能准确地传达"我理解你""我和你感同身受""我接纳你此刻所有的情绪"等信息。

2. 倾听对方的苦恼

安慰人，听比说重要。一颗沮丧的心需要的是温柔聆听的耳朵，而后才是逻辑敏锐、条理分明的脑袋。聆听是用耳朵和心去听当事人的心情，问清事情的前因后果（这一点最为重要，但要当事人自己说出来），但也不要急于做判断，要给当事人空间，让其能够自由地选择自己的处理方法。

聆听时，要感同身受，当事人能察觉到安慰者内心的波动。如果安慰者对当事人的遭遇能够"一起忧伤，一起快乐"，对当事人而言，就是最好的良药。

3. 容纳对方的世界

安慰人最大的障碍，常常在于安慰者无法理解、体会、认同当事人所认为的苦恼。人们容易将苦恼的定义限定在自己所能理解的范围内，对他人所讲的"苦"不以为意。安慰者容易在倾听的过程中产生抗拒，迫不及待地提出自己的见解。为此，安慰者需要放弃自己根深蒂固的观念，承认自己的偏见，真正站在当事人的角度去看他所面临的问题。

最好的安慰者，可以暂时放下自己，走入当事人的内心世界，用当事人的眼光去看其遭遇，而不妄加评断。

4. 介入对方的难关

作为安慰者，要把握好自己与沟通对象之间微妙的边界感，要把握好分寸，切忌过分热情，不要自告奋勇去当调解员，不要用力过猛。只要对方没有表露出他的需求，就不要主动提供安慰。这就是轻度介入。

案例

> 天海集团总经理办公室主任李红被王总批评了，心情不好，跟董秘书发牢骚："我写材料这么多年了，跟随的领导有好几任，从来没人说我写得不好，怎么就他各种不满意？"
>
> 董秘书说："李主任，您看需要我做什么，您随时安排。"
>
> **案例分析**
>
> 在李主任向董秘书倾诉时，董秘书表达了轻度介入的安慰，以及对李主任的支持。"您看需要我做什么，您随时安排。"这句话包括两层含义："我会陪着你""我愿意为你分担"。
>
> 在职场上，遇到任何人需要安慰时，可以按照以下模板给对方发一条短信。
>
> "刚听说，你遇到这个情况，我也不知道该帮你做点什么。我有这样几个便利，只要你需要，随时找我。别跟我客气，我随时都在。"开头为什么用"刚听说"？因为对方遭遇的毕竟是一件不好的事情，要轻度介入，不要第一个往上冲，保持双方应有的边界感。后面的话，表明了愿意帮助他、支持他，能让对方感受到朋友的陪伴与善意的安慰。
>
> 在社交中，常常不经意间就会遇到需要安慰的场景，一定要谨慎地对待需要安慰的朋友或同事，切忌冲动，保持应有的边界感。安慰者要有同理心，要用心地倾听、容纳对方的世界。如果可以，安慰者也可以陪一陪对方，并给对方提供力所能及的帮助。

正向引导有利于发挥人们的主观能动性，激发内在的潜能，引导人们向着既定的目标奋斗。正向引导是工作、生活中经常使用的沟通方法，主要有赞美、激励、说服和安慰等类型，这几种沟通方法有各自的特点。其实，在人际交往中，这几种沟通方法不是割裂的，经常被综合运用。因此，要熟练掌握正向引导的相关沟通技巧，并能灵活运用。

 小贴士

赞美的心理机制

在人际交往中，心理效应制约着人际认知印象的形成。在人际交往过程中，罗森塔尔效应会发挥重要的作用。人们将自己的期待投向对方，从而对对方产生巨大影响，最终使期待变为现实。

　　1968年的一天，美国心理学家罗森塔尔和助手们来到一所小学，他们从一年级至六年级中各选三个班的学生进行所谓"预测未来发展的测验"。之后，罗森塔尔以赞许的口吻将一份"最有发展前途"的名单交给了校长和相关老师，并告知他们这些儿童将来很有发展前途，还叮嘱他们务必要保密，以免影响实验的准确性。

　　实际上名单上的学生是随机抽取的。8个月后，对这些学生进行了智能测验，奇迹出现了：凡是上了名单的学生，个个成绩有了较大的进步，且性格活泼开朗、自信心强、求知欲旺盛，更乐于和别人打交道。

　　实验中，罗森塔尔对老师的暗示，左右了老师对名单上学生的能力评价，而老师又将自己的这一心理活动通过自己的情感、语言和行为传染给学生，使学生变得更加自尊、自爱、自信、自强，从而在各方面获得了异乎寻常的进步。这就是罗森塔尔效应。

沟通的常用技巧

项目二　反向表达

　　在日常沟通中，照顾对方情感、情绪的正向引导较为常见，但是也会出现逆向的反向表达现象。

　　反向表达是指在沟通中，出乎对方意料甚至逆着对方意愿的，可能引起对方不快的交流和谈话。在沟通中，反向表达是难以启齿且需要特别小心谨慎地交流，一不小心就会影响正常的人际关系。

　　在沟通中，反向表达主要有批评、道歉、求助和拒绝等类型。这类沟通类型对谈话者的沟通能力要求较高，如果不注意沟通的表达技巧，轻则引起对方的反感，重则激怒对方而造成激烈的矛盾冲突。

一、批评

在生活或工作中，难免会犯错误，犯了错误就要虚心接受别人的批评和帮助。

（一）批评的概念

批评是指评论是非好坏。批评通常针对缺点、错误提出意见或加以攻击。职场中，管理者遇到下属做错事时，也要适时适当地给予批评。成功的批评能使人进步，且不会影响良好的人际关系。

（二）批评的技巧

必要的批评可以使人认识缺点，改正错误，还能改善彼此的人际关系，是利于进步的良药。那么，在人际交往中，批评要注意哪些技巧呢？

1. 保持谦和诚恳的态度

批评的态度要谦和诚恳，用语不能激烈，也不必过于委婉。批评的目的是帮助对方更快地成长，这是根本出发点。既然如此，就必须谨慎行事，不可疏忽大意、随便草率，否则对方也容易产生反感情绪。

2. 指出实际错误的行为

批评要就事论事，把关注点放在事情上，强调如何改进，可以先肯定其做得好的地方或对他表示理解，再进行批评。注意批评不要情绪化。批评的时候，往往很容易从批评对方的过失，变成批评对方的人格，从而变成人身攻击，伤及被批评者的自尊心和人格尊严。正确的做法是批评其错误行为，而非批评其人格。

3. 选择适当的场合时机

批评要换位思考，顾及对方的面子，选择适当的场合和时机。最好私下里沟通，千万不要当着他人的面向对方提出忠告。时机的把握也非常重要，一般情况下，批评要及时，但有时故意拖延一些时间再处理也有一定好处。如果是领导批评自己的下属和员工，应尽量避免在工作时间，尤其是在被批评者情绪激动时，更要等其"降温"后再批评，以免产生不良的连锁反应。

4. 控制恰当适宜的时长

批评教育的时间不宜过长也不宜过短。有的人在批评他人时漫无目的地乱"侃"，批评得很没力度，致使对方无所适从。俗话说："好话重三遍，猫狗也嫌烦。"批评者喋喋不休、啰唆重复，被批评的人觉得"烦"，往往会产生抵触情绪。即使是善意的批评，对方也会心生恨意。批评的时长不能太短，太短会让对方觉得自己的错误微不足道，不利于其端正态度、改正错误。

5. 运用温和明确的语言

尽量用温和而明确的语言与对方进行沟通，避免使用攻击性的言辞和语气。选择适当的措辞，确保清晰而直接地传达信息。

总之，批评不仅要保持谦和诚恳的态度，也要注意就事论事，只能针对他人错误的行为，不可伤及被批评者的自尊心和人格尊严，还要选择适当的场合和时机，注意恰当适宜的时长，运用温和而明确的语言。这样的批评才是有效的，才能有助于建立健康的人际关系。

二、道歉

与人沟通时，难免会有说错话、做错事的时候，毕竟没有人是完美的。关键是当矛盾发生时，能不能及时地说一声"对不起"。

（一）道歉的概念

道歉是为不适当或有危害的言行承认错误的主要方式，承认使人委屈或对人无礼，同时表示遗憾，给予补偿，以礼节或者行动征得对方的理解和原谅。学会真诚地向对方道歉，往往可以把大事化成小事，一句真诚的"对不起"可以让愤怒的人平息下来。

（二）道歉的技巧

向别人道歉时，要想达到预期的目标并避免争吵和冲突，需要注意以下技巧。

1. 态度诚恳，语气自然

在日常生活中，有很多场合需要道歉，比如不小心损坏了别人的重要物品，误伤了别人的自尊，或者打断了别人的谈话、干扰了别人的工作、约会迟到、踩到别人的脚等，都是需要道歉的。

道歉者说"对不起"时，声音要低。有时候，在"对不起"和"抱歉"之前加上"非常""真的"等，可以更好地体现道歉者的诚意。

道歉者一定要意识到自己的错误，有针对性地道歉。如果做错了什么或说错了什么，就真诚地向对方道歉，说明自己的错误以及缘由，并表示自己的歉意，这种率真坦诚的态度很容易得到对方的谅解。

2. 主动担责，求得谅解

有效的道歉不是为自己辩解，也不是欺骗别人以获得原谅。要有责任心，勇于自责，勇于承认错误，这才是真正的道歉。

道歉者要有承担责任的勇气，不管是什么原因，只要伤害了别人，就应勇于承担责任，选择逃避只会让事情变得更糟糕。在很多情况下，道歉只是态度问题，好的态度可以化解矛盾、改善人际关系。

道歉时，要主动承担责任，解释错误的原因，但决不能找借口，也不能把责任推卸给对方。对自己的行为负责，往往也可以鼓励另一方承担其责任。"对不起"三个字虽然很简单，但在日常交往中很重要。

案例

3. 找准时机，适当道歉

向别人道歉，要找准时机。例如，当伤害到一个人时，在他高兴的时候主动向其道歉，比较容易得到其原谅。在一个人伤心的时候向其道歉，只会让其感到厌烦，甚至更加生气。

案例

道歉要及时。不过，如果对方情绪还没有平息，也不是道歉的好时机。相反，最好预留一些时间让双方冷静下来，再平静地说声"对不起"。

总之，犯了错就该道歉，这样人际关系才能稳定。道歉者要有勇气和诚意向对方道歉，并表明希望弥补这种错误。在道歉时，语气要诚恳，态度要自然。不仅要主动承认自己犯的错误，还要找准合适的时机向对方道歉。

三、求助

求助是极为普遍的现象，个人、集体甚至国家之间都会进行相互的求助。

（一）求助的概念

求助是请求帮助、寻求帮助的沟通行为。当一个人、家庭、群体、地区甚至国家遇到难以解决的问题和困难时，可以通过某一种或者几种方式发出求助信息。有时求助信息发出后，可以得到及时有效的帮助、救助，也有可能得不到任何帮助。

许多沟通高手在自身能力很强的情况下，也会策略性地示弱，向别人请求帮助，并且把这种求助的过程作为一个重要的沟通方法来使用。一个愿意发起求助的人，目标感肯定大过所谓的自尊心，而且其亲和力会比较高，也会有较强的调动和整合资源的能力。因此，每发起一次求助，就是把更多的人拉进自己的协作网络，让自己有机会团结更多的人。

（二）求助的技巧

在求助时，要注意以下几个技巧。

1. 在时间和精力上，对方可协助

求助被拒绝，很多时候是因为强人所难。那怎么判断对方是否能提供帮助呢？发起求助时，必须要明确自己的责任主体定位，尽可能减轻对方的负担，要让对方觉得这件事在自己的能力范围内。如果求助的事项需要对方付出承受范围以外的时间和精力，对方自然会觉得无法提供帮助，也不想提供帮助。

案例1

> 　　海马集团办公室新来的秘书刘畅接到任务，要写公司的年终小结。对此她一筹莫展，她对同事马静说："马秘书，我刚到公司一个月，对公司的情况不了解，总经理让我写年终小结，我不知道从何写起，您能教教我吗？"接着她又补充说："您经验丰富，总经理还夸您去年写的年终小结特别好，要我向您学习呢。"
>
> 　　马秘书谦虚地说："哪里哪里，你也很棒哟！教不敢当，我们互相学习吧。我先把去年的年终小结发给你看看，有什么不明白的地方你尽管问我。"
>
> **案例分析**
>
> 　　刘秘书接到写年终小结的任务后，只是请马秘书教她写年终小结，这个要求并不过分；一般情况下，马秘书是有时间和精力帮她的。刘秘书还巧妙地借用总经理对马秘书的赞扬，让马秘书于情于理都不便拒绝自己的求助。

　　2. 在职责范围内，对方可帮忙

　　求助是一个将对方拉入自己协作网络的过程。每个人在协作网络中都有自己的职责范围。在求助之前，要想好协作网络上有哪些人和节点，这件事在谁的职责范围内。在每个节点找到对应的人求助，才能获得帮助。

　　3. 在关系程度内，对方可救助

　　首先，交浅言深是沟通大忌。求助之前，要确定双方关系已经非常熟络了，再开口求助。

　　其次，为求助而联络感情是可行的。即使对方意识到，有人是为了求助而跟他联络感情，其实也无伤大雅。只要行为得体，对方并不会反感。

　　如果某个业务对求助者非常重要，又确切地知道对方能助一臂之力，要做的不是想方设法地说服对方，而是想办法让双方的关系升温。比如，先进行简单的互动，不定期地问候，或送对方一本最近在看的好书。

　　最后，必要时，通过中间人建立关系网。在求助时，有时需要通过中间人去联系原本不认识的人，这种情况在现实生活中也很常见。在发起此类求助时，要注意以下几个事项。

　　（1）不要同时找几个中间人。如果最终的求助对象同时收到好多人的求助信息，会有被逼迫的感觉。

　　（2）要给中间人足够的信息量。例如：要求助什么事，原因是什么，已经准备好了什么，等等。这些关键信息，中间人都要提前知道。否则，可能需要来回沟通，还有可能闹笑话。

　　（3）别让中间人承担太多责任。这一点至关重要。中间人只负责牵线，但不负责达到目的。如果要中间人承担太多责任，只会适得其反。

　　4. 已竭尽全力，仍需救援

　　要想得到别人的帮助，求助者首先得证明自己在这件事上已经付出了极大的努力。在发起求助时，要说清楚以下三层意思。

　　第一，说明目标。"我遇到了什么问题，想占用您几分钟时间请教一下。"说明珍惜对方的时间成本。

第二，展现已经做的努力。告诉对方"这个问题是什么，我之前已经做了什么，但是我还没有搞定"。要让对方觉得求助者确实是搞不定了才发起求助的，而不是偷懒想找别人做。

第三，提出真实的诉求。"我做了这些努力，都没有搞定，能不能麻烦您做某件事？"

5. 对方援助后，真诚领情

在获得帮助、对方向自己释放善意时，要真诚地领情。表示感谢最好当面沟通，可以结合对方的贡献程度选择感谢的方式。比如，从口头致谢到送一个小礼物，甚至给对方发表扬信，让感谢的场景具备仪式感。

6. 求助被拒后，坦然接受

求助后，万一被拒绝了怎么办？帮忙从来不是一个人的本分，哪怕前期已经做了很多努力。在求助之前就要想好，被对方拒绝之后该如何回应。

案例2

> 海马集团的刘秘书求助马秘书指导她写作年终小结。马秘书正在准备一个时间紧急又非常重要的会议，暂时抽不出时间帮刘秘书。在不得已的情况下，马秘书委婉地拒绝了刘秘书，同时建议刘秘书请办公室主任赵笑帮忙。刘秘书说："理解理解，没关系，我问一下赵主任。"
>
> **案例分析**
>
> 刘秘书在被马秘书拒绝时，心态很好，仍然彬彬有礼地回复了马秘书，没有说任何伤感情的话。马秘书确实是因为实在太忙，分身乏术，才拒绝刘秘书的。这丝毫不影响两人以后的同事关系。
>
> 但是，如果刘秘书在被拒绝后，说："您现在受领导重视，地位高，忙得很，我就不该来麻烦您。"这就会得罪马秘书，从此以后，两人可能就形同陌路了。

求助是一个特别有效的沟通方法。求助者可以通过求助与初识者进行深层次的连接，被求助者可以通过求助重新建立起对求助者的掌控感。在日常闲谈的场景中，也可以通过发起求助开启聊天话题，求助也有助于识别最有价值的人际关系。

四、拒绝

别人要求自己做事，遇到的是自己不愿意或办不到的事，要合理地拒绝对方。

（一）拒绝的概念

简单来讲，拒绝就是回绝别人的要求，这既是一个动作，也是一种态度。拒绝是不答应、不同意，明确地表示不愿意。

（二）拒绝的技巧

拒绝要因时、因地、因人制宜，注意察言观色，讲究方式方法，灵活把握以下技巧。

1. 陈明利害，坦言相告

在遇到亲属朋友托办的是违反原则而无法办到的事时，要讲清道理，陈明利害关系，坦言相告，明确加以拒绝。如果遮遮掩掩、拖拖拉拉，反而会令对方心生反感，产生不满情绪。直言是对人信任的表现，但是，有时直言可能逆耳，不能达到预期的效果。

沟通的常用技巧

要拒绝、制止或反对对方的某些要求、行为时，可以把缘由归结于对方所尊敬的或具有权威的人、组织以及某种制度等，直言非个人的原因而拒绝，即使对方明知是借口，也较容易接受，不至于当众就撕破脸，把关系彻底搞僵。

2. 提出方案，委婉拒绝

对朋友所求之事感到力不从心或主观上不愿意相帮而想要拒绝时，可以不表示自己能否帮忙，而是为其介绍其他几种解决问题的途径，并说明这些是解决问题的较好方案，委婉拒绝对方。如此，对方不仅不会因为遭遇拒绝而失望、生气，反而会对对方的关心、帮助表示感谢。这样既不使对方感到难堪，又可逐步降低对方的心理预期。

并非每个人都会直截了当地提出请求，很多人碍于面子不好意思直接说出要求，被请求者就可以故作不懂对方的暗示，岔开话题；也可以装作不懂对方的潜台词，自述难处，委婉地拒绝对方。

3. 营造声势，先扬后抑

当有人提出要求，自己感到力不从心或不愿办时，可以营造声势，先大加赞扬，然后再说"不"，以此巧妙地拒绝对方。

4. 转移话题，请君入瓮

当无法满足请求者提出的请求事项时，可以有意识地回避，把话题引到其他事情上，也可以先设法引导对方说出"不"，然后再说出自己的"不"，对方往往更容易接受。

案例1

> 有一个地主半夜催长工起床："天亮了，还不起来干活？"长工说："等我抓完虱子就去。"地主说："笑话，天还没亮，你怎么能看见虱子呢？"长工回答："既然天没亮，又怎么能干活呢？"
>
> **案例分析**
>
> 地主半夜催长工起床，长工故意给地主设了一个套，提出要抓完虱子再去。引导地主说出"天没亮"，因而无法干活，拒绝地主的无理要求。长工用的就是"请君入瓮"的技巧。

5. 诙谐幽默，含蓄说"不"

有时候，客观情况要求人们必须说出"不"字，以明确表达否定的态度。我们可以采取诙谐幽默的笑话、调侃等方式作为遮掩，避开实质性问题的回答，从而传递出自己拒绝的态度。

案例2

> 著名作家钱锺书先生非常幽默，常常妙语连珠。有一次，在婉转拒绝一位英国女士慕名求见时，他说："假如吃了鸡蛋已觉得不错，何必还要认识那下蛋的母鸡呢？"又有一次，钱老在谢绝了一笔高额酬金后，莞尔一笑："我都姓了一辈子'钱'了，难道还迷信钱吗？"
>
> **案例分析**
>
> 钱锺书先生拒绝英国女士的求见时，用吃鸡蛋进行比喻，巧妙地拒绝了对方的求见。
>
> 面对高额酬金，钱锺书先生不为所动，用自己的姓氏开玩笑，诙谐幽默地拒绝了那笔高额酬金。由此可见钱锺书先生洁身自好、不慕名利的高洁品质。

　　在反向表达时，要注意态度应真诚，语言真挚，晓之以理，动之以情，还要察言观色，根据对方的反应及时调整表达内容，以免引起对方的反感和不必要的矛盾与冲突。反向表达在实际运用中，要根据沟通情境灵活运用，才能达到有效沟通的目的，最终建立健康良好的人际关系。

 小贴士

拒绝的注意事项

　　拒绝对方时，要谨言慎行。无论求助的人是朋友还是陌生人，如果拒绝的态度简单粗暴，就会给对方造成伤害。面对别人的求助，要拒绝对方时，应注意以下几点。

　　一、要及时补救

　　要学会在说"不"之后附加补救的言辞。拒绝时，单说一个"不"，刺激性太大，很容易引起对方的不快，若加上补救的言辞就可以化解这种不快。有人说，这是"'不'的善后服务"。有时，在仓促之间，"不"脱口而出，这时更需注意补救。

　　二、忌有气无力

　　拒绝别人时，说话要清晰明白，理由要充分。若说话绵软无力甚至哼哼叽叽、半天讲不清楚，会很容易让人产生一种厌恶，认为对方不是帮不了，而是根本不想帮。一般而言，只有心虚的人底气不足时，说话才会吞吞吐吐。

　　三、忌热情过头

　　拒绝别人就认真说出理由，但也不可热情过头。如果为了弥补对方，一个劲地说"可惜可惜""下次下次""一定一定"，则显得有些虚伪。

　　四、忌借口不当

　　拒绝时，如果不想直接说"不"，所找的拒绝理由必须是仔细斟酌过的，不可以随便找些不值一驳的借口来暂时搪塞对方，以求得一时的解脱。

　　沟通的常用技巧

即时训练

　　下午1点，小青刚准备睡午觉，小梅打电话约他马上出去逛街买衣服。小青该如何委婉地拒绝小梅？

项目二　个人展示

　　人际沟通中，要想在公众场合崭露头角，展示个人舌灿莲花的口才，显露较高的沟通水平和较强的沟通能力，彰显个人风采和魅力，必须提高自身的文化修养和沟通水平。良好的文化素养和高超的沟通能力不是一朝一夕可以练就的，要靠顽强的毅力和持久的耐力，依据科学的方法和技巧，日积月累习得。

　　个人展示是任何旨在创造、修改和保持自己在别人心目中的印象的行为。人际沟通中，个人展示主要指通过在公众场合表达自己的观点、意见等，展示个人的知识水平、能力及个人魅力，塑造个人形象。成功的个人展示是把自己最好的、最优秀的一面展现出来，让大家知道自己、了解自己，更好地表现自己。

人际沟通中，个人展示的类型主要有即兴发言、演讲、汇报和辩论。

一、即兴发言

参加活动时，经常会遇到现场被要求谈自己的感受和收获的情况。在毫无准备的情况下，有许多人可以做到坦然自若、谈古论今、旁征博引、语惊四座。

（一）即兴发言的概念

即兴发言指演讲者在某种特定的场景或受到特定的人物、气氛的激发下，兴之所至，在事先没有准备或没有充分准备的情况下有感而发的临时性演讲。即兴发言一般事先没有进行充分的材料和心理准备，现场发挥的成分较多。

即兴发言要根据集体活动的要求，即兴发挥，或阐述问题，或结合活动主题谈感受，或从他人发言得到启发而生发开去。

（二）即兴发言的技巧

在宴会或集会时，可能会被要求即兴发言，为此有哪些应对技巧呢？

1. 提前谋划，功在平时

要想在即兴发言时侃侃而谈、滔滔不绝，甚至脱颖而出、语出惊人，就要在平时多下功夫。要注重文化知识素养的提高，要积累各方面的演讲素材。可以从以下几个方面准备素材。

（1）收集历史资料

不忘历史，从历史中吸取经验教训，传承优良传统。在即兴发言中，恰当地引用历史资料可以彰显深厚的文化底蕴，历史知识和有关资料也有助于在即兴发言中大放异彩、出奇制胜，起到意想不到的效果。

（2）收集现实素材

现实素材具有紧跟时代、契合时宜的特质。每天关注国家大事、社会新闻，在即兴发言时就有可能及时把现实中刚发生的事作为演讲素材，给人新鲜感，往往更能吸引人。

（3）记诵文化经典

中华五千年文明，丰富的哲学、历史、文学和艺术等文化经典承载着中华民族的精神和文化根基，诸子散文、楚辞汉赋、唐诗宋词……无不凝聚着劳动人民的智慧。记诵文化经典，传承民族文化，既是中华儿女的使命，也是提升自身精神境界的重要方式。

要想拥有高超的演讲能力，离不开平时的博闻强记，诗词文赋、名言警句背得多了，演讲时信手拈来，脱口而出，有高度、有深度、有广度，自然能够增加演讲的说服力。

（4）准备万能开头

万能开头可以反复打磨，保证需要的时候有话可讲。这个开头一般是自我介绍，可以根据不同场景而有所变化，但要特别注意以下两点。

① 不贴负面标签。比如，有人这样自我介绍："大家好，我姓生，差生的生。"这会让人一提到他，就联想到负面信息。可以这样说："我姓生，活蹦乱跳、生龙活虎的生。"

② 不增加冗余信息。自我介绍是要简化大家对发言者的记忆，而不是徒增大家记忆的负担。比如，有人这样介绍："大家好，我叫刘明华，刘是刘德华的刘，明是明天的明，华是中华的华。"

介绍名字部分过于冗长，听众会不耐烦。他可以这样介绍自己："大家好，我叫刘明华，和刘德华只差一个字，我父母取这个名字是希望我成为明天的刘德华。"听完这个介绍，大家会很容易记住他的名字。

2．临场发挥，灵活应对

即兴发言往往没有太多准备的时间，比较仓促，不像命题演讲事先可以拟好讲稿，也不像辩论演讲事先进行模拟训练，发言者往往是当场打腹稿，即席讲话。这就需要发言者临场发挥，根据现场的情况灵活应对。那么在时间紧急的情况下，如何克服紧张情绪，沉着冷静地发言呢？

（1）拟定话题，确立观点

即兴发言都是临时通知有关人员的，留给他们准备的时间比较少，要求发言者在有限的时间里快速地思考。首先，要确定讲什么话题，话题一般是对近期或眼前情况有感而发，因此话题内容选取角度较小，对话题的阐述求准、求精、求新。其次，还要确立中心，明确自己的观点和态度。由于构思时间短，必须想定自己要说些什么，并确立发言中心，以及自己的观点和态度。最后，观点确定后，说情况、讲道理、表看法；提意见不要绕弯子，切忌观点模棱两可、晦涩艰深，令人不知所云。

（2）联系实际，寻找切入点

即兴发言要求短小精悍、简明扼要（时间一般控制在1～5分钟，有的甚至只有一句简短的话）、亲切感人。即兴发言要具有思想性、趣味性、知识性，忌讳冗长杂散、啰唆、重复、不着边际。

即兴发言要贴近生活实际，要从实际出发，为发言寻找一个切入点。明确了中心、观点以后，可以举例说明问题，以增强说服力。前面其他人的发言也可以作为切入点，如"我非常赞同某某专家的观点，我的观点是……"也可以把观察到的主办方的细节，诸如活动场地、活动流程或者周到的服务等特殊现象作为话题。如"一般这种活动都是在高大上的大礼堂里举办，没想到主办方把我们带到了工厂里。在实践现场举行这次活动，非常接地气"。

（3）开头结尾，精心设计

开头最好开门见山、干净利落、直接入题，可以借当时的场景、情景、活动的主旨等作为开场白。结尾则要强化发言的主要内容，点明中心。结尾精彩会给人余音绕梁、回味无穷的感觉。

发言者还要善于捕捉时机，乘兴发挥，借以渲染气氛，使讲话妙趣横生，将话题引向纵深。

（4）心理强大，反应灵敏

即兴发言，不仅要迅速构思，还要注意克服紧张心理。一旦上场发言，就应该充满自信，临场不乱，有效控制紧张情绪，从容镇定，侃侃而谈或娓娓道来。

即兴发言最能体现发言者的口语表达水平。要想提高口语表达水平，就必须在平时多积累历史知识、现实材料，多背诵名言警句、经典诗词、寓言故事等，还要在现场多观察，快速思维，确定观点，联系实际，寻找切入点，精心设计开头和结尾，并且克服紧张的心理。

二、演讲

自古以来，有许多伟大的演讲家凭借自己的三寸不烂之舌实现了一个个目标，有的甚至影响了历史的进程，改变了历史前进的方向。

沟通的常用技巧

（一）演讲的概念

演讲即命题演讲，是指根据事先给定的题目或范围而进行的有准备的讲话。演讲有两种，分别为定题演讲和自拟题目演讲，即给定题目的演讲和按给定的范围自拟题目的演讲。

（二）演讲的技巧

演讲首先要写好演讲稿。写作演讲稿，通过对思路的细致梳理，对材料的精心组织，可以使演讲内容更加深刻而富有条理；还可以帮助演讲者消除临场紧张、恐惧的心理，增强演讲者的自信心。

写好演讲稿，仅是演讲的准备阶段。演讲成功更要取决于"演"和"讲"，具体说来，包括这几个方面：正确使用有声语言，适当运用态势语，恰当运用应变技巧，塑造良好的仪表形象。

1. 语音标准，富于变化

演讲要正确使用有声语言，首先读音要正确、清楚，声音表达要科学化。如果字音不对或语音不标准，会使听众难以理解。

其次，声音要清亮圆润。演讲要求声音表达要艺术化，以增强演讲的魅力。

再次，声音要富于变化。人的耳朵如果总是听到同一种持续的音调，会感到呆板、厌烦，影响对所听内容的接受与理解。声音的变化不仅是听众的要求，也是讲话表达思想感情的需要。在声音的变化中有两点要注意：一是思想感情的变化要与声音的变化统一，做到"以情发声"、"以声带情"、声情并茂；二是自然，如果声音有了变化但不自然，就会显得突兀，让人感到莫名其妙。

2. 态势语言，表情达意

演讲者要适当地运用态势语表达感情。做好演讲，主要靠好的语言功底，还要辅以美的演讲态势。态势指仪表、姿态、神情、动作等方面，它包括眼神、手势、身体动作等。演，是无声语言，给人以视觉形象；讲，是有声语言，给人以听觉形象。光演不讲，或光讲不演，都称不上演讲；只有动静相宜，将两者有机地融合起来，才能构成整体的演讲形式。演讲者的风度、仪表、神态，应给观众留下最佳的印象。唯"声、色、姿、情"相得益彰，方能称作上乘的演讲。

3. 临场观察，灵活应对

演讲时，演讲者要随时观察听众的反应，善于运用应变技巧，把控现场的气氛。演讲时，听众会对演讲者或演讲的内容及时做出反应：或表示赞同，或表示疑问，或表示反对，或表示感兴趣，或表示冷淡。对听众的各种反应，演讲者不能置之不理，而应根据听众的反应和现场的效果，随时调整自己的演讲。即使有演讲稿，也要灵活运用，及时、主动地改变演讲的某一部分结构，以适应听众的需要。例如：在出现失误时，要灵活应对；当听众对某个问题没听清楚时，可以进行必要的重复；当听众有反对意见时，演讲者要保持冷静的头脑、豁达的态度，善于转变话题，而不是责备听众；当听众感到疲倦，注意力不集中时，可以适当地插入幽默故事、热点时事等可以调节气氛的内容。

准备演讲稿时，要充分考虑演讲现场的动态，在保持内容完整的前提下，注意内容的灵活性。既要有简单的提纲，又要有详细的内容。在说明主要问题或疑难问题时，要预备几个能说明问题的例子，以供必要时使用。最好准备一些可以控场的幽默故事或时下的热点问题，并计划好放的位置，以应对可能遇到的冷场或其他意外情况。

4. 适应场合，服饰得体

演讲者的形象要与演讲内容及自身职业协调一致。服装、帽子、佩戴的饰物都要慎重考虑，要与身份、职业、演讲内容协调一致。大方、自信、得体的形象也会为演讲增添光彩。

着装方面，并非西装革履、正装出席才叫得体，适合演讲的场合才是真正的得体。比如，到互联网创业公司做产品介绍，在座都是休闲短袖，只有演讲者是黑白正装，就有点像保险推销。既然是创业公司，可以穿得有新意一些。再比如，以"奋进新征程，青春勇担当"为主题的大学生演讲比赛，男生可以穿正式一点的西装或中山装，女生可以穿西装套裙或修身的连衣裙。这种场合不可以穿牛仔裤、夹克衫，否则显得过于随意。

演讲内容思想深刻、材料丰富、思路清晰，演讲者语音清晰标准，恰当使用态势语，并能灵活把控现场，这样演讲才能打动听众，引起共鸣，获得成功；听众才能将演讲者的立场、观点转化为自身的社会实践，从而提高个人修养和素质，促进人类文明与进步。演讲是展示个人才华和能力的机会，作为职场中的人员，一定要好好把握，利用这个机会使自己崭露头角、脱颖而出。

即时训练

王方参加朋友李静的生日派对，李静请她作为嘉宾代表在派对上发言，请你代表王方作即兴发言。

三、汇报

在职场中，汇报是经常使用的沟通形式。领导根据汇报情况可以加强监督管理，改进管理方式，增强信息决策能力。

（一）汇报的概念

汇报是向上级报告工作、反映情况、提出意见或建议、答复上级询问的行为。汇报影响着领导的决策，领导可以从汇报中看出下属的工作态度和工作情况。汇报从本质上来说，其实是下属和上级交流沟通的工具。上级从汇报中了解下属，了解其工作状况；下属也可以通过汇报了解上级，聆听上级的教诲，从而改进工作，提高工作水平。

（二）汇报的技巧

在职场上，下属经常要向领导汇报工作，向领导汇报工作是和领导进行有效沟通的重要方式。汇报的技巧主要有以下几点。

1. 目标统一，凸显重点

汇报工作时，一定要注意将自己的目标与领导的目标融合在一起。汇报的内容若是领导很看重的业绩，那么在汇报时就可以作为重点或亮点凸显出来。比如，在汇报开始时可以说："针对在年初提出的××计划的第3项，这项工作在落实的时候，我们认为可以从××方面去操作，到年底将会产生××结果，这就是今天给您汇报的内容。"

如果负责的项目特别复杂，汇报的内容涉及很多方面，汇报的时间较长，主线容易被淹没，那么可以把这个项目分成两次甚至多次汇报来完成。

汇报时，可以有意识地制造"听觉锤"，即选一个关键词，在汇报过程中反复强调它，把它植入听者的大脑。比如：某学校的博雅学院每年年末都要举办"博雅艺术节"，在跟领导汇报时，强调"艺术节"的概念，"艺术节"第一步、"艺术节"第二步……就是用"听觉锤"来管理听者的注意力，让现场听众的注意力集中在主线上。

2. 主题鲜明，中心突出

给领导汇报工作，一定要充分做好准备。领导的时间有限，能够给下属的时间就更少，要把握住每次汇报的机会，及时有效地推进工作项目，同时以逻辑清晰、主次分明、简练流畅的汇报风格给领导留下好印象。汇报工作的时候，一定要从全局出发，理清中心思想和各大分支思想后再汇总。汇报的主题是什么，一定要表达明晰，切忌不说主题就说具体方案，不能让领导听了半天却不明确汇报的要点。

3. 成果展示，争抢进度

成果展示是工作汇报的重点，领导最想知道的就是员工的工作结果是什么，这一部分越详细越好，最好将工作成果数字化、图表化，让领导更清晰地知道下属做了哪些工作、取得了什么样的成果。

汇报工作推销的不是方案本身，而是汇报者自己———一个负责任的人。因此，要抢进度，提前做一些工作，可以从以下两个方面着手：一是把会影响实质性成果的工作往前做。比如：公司要研发一个新产品，如果汇报者提前把所有竞争对手的类似产品都调研过了，这项工作就很有意义，因为这是以后也要做的工作。二是把能展现汇报者决心的工作往前做。比如：公司要外派一个员工去英国考察，如果想争取这个机会，在向领导汇报时，把雅思成绩单给领导看，就比空谈有说服力。

4. 致谢团队，汇报计划

这一部分不可忽视，既要向自己身边的同事表示衷心的感谢，体现团队合作精神，还要对前一阶段的工作做简单的总结，重点是把下一步的打算向领导汇报，确认跟领导的安排没有冲突。这样更能突出重点，也更能符合领导的意图。

5. 提出诉求，寻求支持

工作中，遇到问题时，有人会直接把问题抛给领导："领导，现在这个项目遇到了××困难。"然后也没有提出任何方案。职场中，学会解决问题是很重要的。要冷静分析问题是如何产生的，现在有哪几种处理方案，要带着方案去汇报，再让领导去决策。

这一部分也是重点。领导或许在专业方面没有汇报者专业，在听完汇报者的方案后，他会针对方案中的问题提出疑惑及疑虑。汇报者要利用自身的知识储备，条理清晰地迅速解答。

需要注意的是，提诉求不是让领导立即全盘接受汇报者的方案或立即解决问题。很多时候，需要通过细化方案，逐步推进工作。比如，听汇报的领导是副总经理，汇报者向他提"有一个500万元的预算请您批一下"的诉求，这个诉求超出了副总经理的权力范围，因而很难得到有实质内容的答复。如果调整思路，提出一个最小化的诉求，比如："我们这个方案只是初步设想，能不能请领导帮我们提一些修改意见？您看，我们是不是要给您准备一个向董事们汇报的方案？"这样的诉求往往比较容易找到解决问题的突破口，从而实质性推进工作开展。

职场中汇报工作是一门艺术，汇报得好会深得上级信任，汇报得差则吃力不讨好。懂得沟通的人，可以把工作汇报得很漂亮；不懂沟通的人，可能让领导听得厌烦。在职场中，要不断提高自身的工作汇报能力，这样更容易得到上级的信任和器重。

四、辩论

大千世界错综复杂，现象纷繁。辩论可以使人们认清事实和真相，权衡各种利弊、得失，重新理性认识世界。

（一）辩论的概念

辩论是参与谈话的双方对同一问题持不同的见解，用阐述作为基本方式，以彰扬真理、明辨是非为基本目的，为批驳对方而展开的针锋相对的语言交锋。辩论虽然有多种类型，但其根本的目的在于明辨是非、真假、善恶、美丑、优劣，达到认识真理的目的。

（二）辩论的技巧

辩论是探求真理的手段和方法，自古以来，有许多的雄辩家就是赫赫有名的思想家，他们在唇枪舌剑中展示了真知灼见和智慧的火花。在舌战中，辩者为增强语言的力量，可以使用一些技巧。那么辩论中主要有哪些技巧呢？

1. 欲抑先扬

先假装赞同对方的观点，接着话锋一转，提出某些符合情理的缘由，使对方观点在所增设的条件下不能成立，或得出与对方观点截然相反的结论。

辩题：愚公应该移山 / 搬家。

反方："我们要请教对方辩友，愚公搬家解决了困难，保护了资源，节省了人力、财力，这究竟有什么不对？"

正方："愚公搬家不失为一种解决问题的好办法，但愚公所处的地方连门都难出，家又怎么搬？可见，搬家虽可以考虑，也得在移完山之后再搬呀！"

从上面的辩词来看，反方有理有据，头头是道。正方先肯定对方的观点——搬家是一个好办法，接着提出一个条件——愚公家连门都难出，自然得出无法搬家的结论，以锐不可当的攻击力击败对方，非常精彩。

2. 穷追不舍

辩论中，提前设定一些让对方很难回答而又有关原则的问题，当对方避而不答、转移话题时，穷追不舍、死磕到底，注意不要让对方轻易脱身。在每一场比赛中都要准备让对方无法回答的"重炮"问题，把对方逼得无路可逃。什么样的问题是"重炮"问题呢？辩论双方都存在既有理又没理的问题，特别是那些具体事理或者哲学原理，对方是不能或无法正面回答的，备战时要把这些问题理出来。

辩题：焚毁走私犀牛角是 / 不是保护自然资源的行为。

反方说不是，正方可以一直追问："焚毁到底保护了哪些自然资源？"

以上的例子，设置了"重炮"问题，且抓住关键问题不轻易放手，或攻或防，使对方要么陷入解释的旋涡，要么同意对手的观点，让对方非常尴尬，这就是"重炮"问题的好处。

3. 正本清源

正本清源比喻从根源上加以整顿清理。通过指出对方论据与论题关联不紧或者背道而驰，从根本上纠正对方论据的立足点，并使其为己方观点服务，给予对方有力的回击。

案例1

在跳槽是否有利于人才发挥作用的辩论中，有这样一个回合。

正方："张勇，全国乒乓球锦标赛冠军，就是从江苏队跳槽到陕西队，对方辩友还说他没有为陕西人民做出贡献，真叫人心寒啊！"（掌声）

> 反方："请问到体工队是跳槽去的吗？这恰恰是我们这里提倡的合理流动啊！（掌声）对方辩友戴着跳槽眼镜看问题，当然天下乌鸦一般黑，认为所有的流动都是跳槽。"（掌声）
>
> **案例分析**
>
> 正方以张勇为例，其跳槽到陕西队后，事业上有了更大的发展，这是事实。反方立即指出对方引用论据的失误：张勇到体工队，不是跳槽，而恰恰是在公平、平等、竞争、择优的原则下合理流动去的。反方指出对方论据中的错误并为己方所用，增强了说服力，达到了较为明显的反客为主的效果。

4. 矛盾相攻

由于辩论双方各由几名队员组成，这些队员在辩论过程中常常会出现矛盾；即使是同一位队员，在自由辩论中由于出语很快，也有可能出现矛盾。一旦出现这种情况，应当马上抓住矛盾，竭力夸大对方的矛盾，使之自顾不暇，无力进攻。比如，在辩论时，某队的三辩认为法律不是道德，二辩则认为法律是基本的道德。这两种观点显然是相互矛盾的，这时可乘机夸大对方两位辩手观点的差异，使对方陷入窘境。又如：正方一辩先把温饱看作人类生存的基本状态，后来在反方的强大攻势下又大谈饥寒状态，这又与先前的见解发生了矛盾；反方以子之矛，攻子之盾，使正方情急之下瞠目结舌、哑口无言。

5. 釜底抽薪

面对对方刁钻的能置人于两难境地的选择性提问，该怎么应对呢？可以从对方的选择性提问中，抽出一个预设选项进行强有力的反诘，从根本上挫败对方的锐气，这种技法就是釜底抽薪。

案例2

> 在思想道德应该适应/超越市场经济的辩论中，有如下一轮交锋。
>
> 反方："请问雷锋精神到底是无私奉献精神，还是等价交换精神？"
>
> 正方："对方辩友在这里错误地理解了等价交换。等价交换就是说，所有的交换都要等价，但并不是说所有的事情都是在交换。雷锋没有想过交换，当然雷锋精神谈不上等价交换精神。"（全场掌声）
>
> **案例分析**
>
> 反方有请君入瓮之意，有备而来。显然，如果被动答问，就难以处理反方预设的两难：选择前者，则刚好证明了反方"思想道德应该超越市场经济"的观点，就掉入反方预设的陷阱里了；选择后者，则与事实不符。但是，正方辩手却跳出了反方非此即彼的框架设定，反过来单刀直入，从两个预设选项中抽出"等价交换"，完全推翻了其作为预设选项的正确性，语气从容、语锋犀利、应变灵活、技法高明。

6. 诱敌深入

在辩论中，常常会出现胶着状态：不管一方如何进攻，对方都死死守住其立论，只用几句话来应付。此时，如果仍采用正面进攻的方法，必然收效甚微。在这种情况下，要尽快调整进攻手段，采取迂回的方法，从看起来并不重要的问题入手，诱使对方离开阵地，从而打击对方，在评委和听众的心中造成轰动效应。

辩论是一个非常灵活的过程，只有灵活地运用所学的知识和辩论技巧，审时度势、把控局面，才能取得较好的成绩。在一定意义上，可以说辩论能力是衡量一个人口才的重要标准。那些真正掌握辩论技巧并灵活有效地加以运用的人，才能在职场上纵横驰骋，成为时代的弄潮儿。

即兴发言、演讲、汇报和辩论是个人展示的主要类型。无论哪种类型的个人展示，要想取得成功，都要夯实基础，做好充分准备。只有懂得表现自己、放飞自己的梦想，展现自己的才华和人格魅力，人生才会更精彩，也更有意义和价值。

 小贴士

汇报的注意事项

汇报是每个职场人都需要具备的一项能力。除了要思路清晰、言简意赅，汇报还要注意以下几点。

一、把握重点，结论先行

领导听汇报，重要的是想知道工作情况，尤其是最近一段时间的工作成果。如果汇报者讲求细节，应先把结果讲出来，再说出工作细节，这就考验汇报者的语言能力了：怎样组织自己的语言，怎样勾勒重点，描绘立体的工作图谱，让领导充分掌握汇报者的工作情况，从而做出正确的决策。

二、选择时机，相时而动

做任何事情都要选择合适的时机，不同的事情要选择不同的时机。

例如：不要在领导拜访重要客户或者开重要会议的时候汇报，否则会打乱别人的节奏，汇报的效果也会很差；可以选择大家时间充裕的时候进行汇报，这样沟通会比较顺畅；可以等待领导见完重要客户，再第一时间向其电话汇报等。

要把握集中重点汇报的时机，比如周会、月会、季度会议等。

三、实事求是，如实汇报

汇报要实事求是，按照事情的本来面目如实汇报，不懂的地方或不知情的事情要提前搞清楚，没有搞清楚的事情不加个人的武断认定，并如实向领导报告暂不能确认的信息；切忌为了表现自己而夸大问题、捏造事实。

汇报工作时，领导一般喜欢听好消息，讨厌负面性的信息，因此要尽量先汇报好的结果和好的过程，让其心情愉快，然后再汇报存在的问题。汇报问题也不要推卸责任，最好带上应对措施和方案供领导选择。

四、就事论事，切忌主观

汇报工作，要注重结果，少说过程，就事论事。汇报工作有两大忌：一是自作主张，替领导做决定；二是强调过程艰辛，喜欢邀功。汇报工作要学会察言观色。工作汇报不是演讲比赛，切忌滔滔不绝。说领导想听的、回答领导询问的，其他不要多言。在领导心情愉悦时，汇报效果更佳。

沟通的常用技巧

┤ 情景还原 ├

　　下午一点李红和小于一起去发布会的现场看了一下，各项工作准备得井井有条。李红笑着对小于说："场地布置得很好，材料也齐全了，干得不错！"小于谦虚地说："哪里呀，是李主任指导有方。我要继续向李主任学习。"

　　李红擅长人际沟通，看到王秘书理了个新发型，立即夸赞她，王秘书心花怒放，李红赢得了王秘书的好感。李红在跟小于沟通时，也表扬其工作认真负责，对同事十分友好。当她发现小于在工作上有疏漏时，先肯定了小于的工作态度，接着委婉地批评了小于。而后又和小于一起检查了会议现场，看到小于准备工作做得很仔细，又及时赞扬了小于。本故事中的李红，沟通能力和工作能力都很强，值得大家学习。

┤ 相关拓展 ├

辩论赛流程

　　执行主席致开场词，简要介绍赛况、赛程和比赛规则，而后进入本场比赛。

1. 执行主席介绍辩题、正反双方代表队和评判团成员情况，并开始比赛。

2. 双方自我介绍（共2分钟）。

先由正方进行自我介绍，再由反方进行自我介绍，时间各1分钟。

3. 开篇立论（陈词阶段，共6分钟）。

先由正方一辩进行立论，再由反方立论，时间各3分钟。

4. 攻辩阶段（共12分钟）。

A. 由正方二辩选择反方二辩或三辩进行攻辩，时间为3分钟。

B. 由反方二辩选择正方二辩或三辩进行攻辩，时间为3分钟。

C. 由正方三辩、反方三辩重复上述步骤。

选择对手完毕后，由正方向反方提问，由反方作答。正方只能提问，反方只能回答，每轮攻辩限时3分钟。

5. 攻辩小结（共4分钟）。

由正方一辩进行攻辩小结，再由反方一辩进行攻辩小结，时间各2分钟。

6. 自由辩论（共8分钟）。

由正方开始自由辩论，双方每次一人轮流发言，不可由同一方连续发言，每方分别计时4分钟。

7. 总结陈词（共8分钟）。

先由反方四辩进行总结陈词，再由正方四辩进行，时间各4分钟。

8. 执行主席请评判团退席评议和裁决。

9. 场外观众与选手交流阶段：时间为4分钟，正反双方的啦啦队队员和场外观众可针对本场比赛的论题，对任意一方的辩手予以提问，相应的辩手是否回答，由执行主席予以裁决。

10. 执行主席邀请本场评判团代表分析赛情，进行评判发言。

11. 执行主席宣布本场比赛的优秀辩手和获胜代表队名单。

12. 执行主席宣告本场比赛结束，大家有序退场。

技能训练

一、思考分析题

1. 小明第一次数学考试考了50分。爸爸开完家长会回来了，小明忐忑不安地问爸爸："老师说什么了？"爸爸微笑着说："老师表扬你的字写得很漂亮。"小明开心地笑了，暗下决心要好好学习。期中考试，小明数学考了70分。爸爸从家长会回来，小明问爸爸："老师说什么了？"爸爸笑着说："老师表扬你进步很大。"小明学习更加努力了。期末考试，小明数学考了95分，全班第一名。请问，什么原因使小明成了数学尖子生？家长该如何面对孩子成绩的暂时落后？

2. 小雅跟男朋友分手了，痛苦万分。好朋友小丽对她说："缘分很重要。你们分手了，说明没有缘分。没有缘分就不要强求，顺其自然吧。"小丽的话说得妥当吗？请用有关安慰的知识来回答。

3. 爸爸正坐在沙发上看球赛，刚上小学一年级的儿子捧着作业本过来了："爸爸，5＋6等于几呀？"爸爸不耐烦地说："11。真笨，这么简单的题目都不会！上课好好听课了吗？"爸爸的批评妥当吗？父母应该怎么对待孩子的求助？

4. 高总对刘秘书说："刘秘书，我有一份文件马上要送到总公司去，你现在有空吗？"刘秘书彬彬有礼地说："对不起，高总，我正在赶一篇董事长的发言稿，董事长说下午就要用。要不，您问问赵秘书，她今天可能不忙。"刘秘书是怎么拒绝高总的？请用沟通的有关知识来回答。

二、技能实训题

1. 围绕班级某同学的一个优点进行赞美，请其他同学猜一猜他是谁。

2. 小海正在操场上跟队友们踢足球，他不小心把足球一脚踢飞，球砸到了正在跑步的小敏，致使小敏摔倒了。小海立即跑过去把小敏扶起来，并向她道歉。请分角色表演小海向小敏道歉的场景。

3. 说出自己心中的愧疚：在过去曾经做错了事，无意间伤害了朋友或家人，却一直没有告诉对方自己的歉意。在这里，请面对同学们讲一讲你的故事，并向被伤害的人道歉。

4. 假设班上的某个同学在中华经典诵读大赛中获得省级一等奖，请代表该生发表获奖感言。

5. 班级将组织一场辩论赛，辩题是：当代年轻人应该活得更现实 / 更理想。请你参加此次辩论赛，并在辩论赛中运用辩论的技巧。

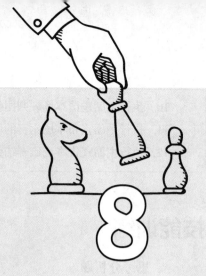

模块八
职场沟通

人在职场，要和形形色色的人打交道。把握职场沟通的语言艺术，掌握与上级、下属、同事沟通的技巧，了解职场接待、谈判时的沟通原则，学会在会议、团建等场合进行职场沟通，可以使人际关系更和谐，助力自己的职业发展。

学习目标

1. 通过理论学习，掌握工作场域对内、对外以及工作场域群体的沟通原则和技巧。
2. 根据具体案例，能够结合实际工作场景，顺利与上级、下级和同事进行沟通；掌握接待、谈判、会议以及团建等职场环境的沟通技巧。
3. 通过学习工作场域对内、对外沟通的基本知识，树立职场沟通的正确态度，使人际关系更加和谐，促进自己的职业发展。
4. 养成主动沟通、坦然真诚、多倾听、多赞美的习惯；注重职业形象与礼仪，提高接待、谈判等专业素养；能与同事融洽和谐相处，团队齐心协力。

情景故事

孙少飞同学是××学院企业管理专业的大三学生。他正在一家互联网公司实习，担任营销部总经理助理。一个月后，一年一度的"双十一"购物节就要到来。本周内，公司要对几个促销提案进行审核、评估，并指定孙少飞负责整个流程。他需要向下属部门的一线销售人员了解具体情况，与负责提案的经理们进行沟通，并把掌握的情况向领导汇报。他应该如何做好相关安排，并与上级、下属和同事沟通呢？后面还有接待、谈判、会议沟通、团建等工作也需要他参与组织，他该如何进行沟通呢？

项目一 工作场域对内沟通

在公司里，每个人都拥有一个特定的岗位，在这个特定的岗位上，每个人都会与上上下下的人发生各种各样的沟通关系。这种沟通活动的顺利开展，也决定了一个人在公司中的工作成效、工作情绪、工作态度甚至工作稳定性，最终也将影响公司的运作效率。

公司中的沟通状况是公司内部与外部良好人文环境打造的核心与关键，是公司公共关系的根本。一个公司要想运转正常并稳定地获得利润，必须建构良好的沟通氛围。一个人要想在公司中有上升发展空间，也必须营造自身最佳的沟通气氛。公司中的工作人员要注意提高自己的公共关系沟通能力，这对每个人和公司的发展都是有益的。

一、与上级沟通

在公司中，作为下属，与上级沟通的方式，是影响工作状况的重要因素。下属在工作中，既要接受上级的指令，向上级请示工作中的问题，又有一些工作要求与想法需要获得上级的同意或批准。因此，下属必须认真处理好与上级沟通的问题，这既是内部公共关系的一个方面，也是下属愉快、顺利地在职场工作的必要条件。

（一）与上级沟通的原则

1. 听指令，积极服从

接受上级的指令，按时完成上级交付的各项任务，这是下属基本的工作内容。但是，面对上级的工作安排，如何接受，最关键的是态度。有的下属面对上级的指示，不是想办法解决问题，及时完成任务，而总是喜欢问"为什么"；有的下属则口是心非，表面答应，内心反对，在工作中偷懒、懈怠，一旦工作没有完成，就将责任推到上级的安排不合理上；还有的下属，明知道上级的指令有误，故意消极服从，导致上级当众出丑等。上面这些做法会使上下级的关系变得对立、僵化，下属的工作处境由此变得恶劣。因此，作为下属，应主动与上级沟通，以积极的态度服从上级的工作指令，以真诚的姿态与上级合作。

2. 有意见，平静提出

当上级在处理问题上有不合适、不公平或有明显问题时，作为下属，应以什么样的方式与上级沟通呢？

有的下属会用当场大闹的方式来理直气壮地与上级理论，其目的，或以此争权益、争公平；或给上级出难题，考验上级的应对能力；或让上级尴尬，借此打击上级的威信，让其当众下不了台，等等。不管怎样，这些沟通方式是不合适的，也是不聪明的，更是低效的，下属不应该选择这种方式来与上级对话。

当对上级有意见而上级也确有处理问题不妥的情况时，作为下属，应本着与人为善的态度平静地提出。如果是下属的个人问题，还可以选择单独与上级沟通。无论是当众还是单独向上级提出不同意见，平静的表述都会让上级感到受到尊重，是一种合作的姿态；上级自然也会平静地思考，充分考虑下属提出的意见，最终有利于上下级通畅地交换意见，把问题顺利解决。

3. 有情况，及时汇报

下属在与上级的合作中，需要具有沟通意识，即要将工作中的各种情况及时报告上级，以备上级决策考虑，这样做既体现了对上级的尊重，也体现了对工作的负责，更易于维系与上级的关系。如果下属对工作中出现的新情况、新问题隐而不报，任其发展，一旦事情严重，下属又无法承担责任时，上下级的关系就容易恶化，也必然会对工作造成不良影响。下属对上级的情况汇报，以工作信息为主，切忌将人事关系掺杂进去。

4. 有建议，主动提出

从下属的角度看，由于处于基层，从事着大量事务性、基础性的工作，所以对公司里的问题容易察觉，也容易从中找出恰当的方法来改善。现实也是如此，真正的智慧来源于基层员工。作为下属，应有这样的觉悟——当发现工作中的不合理、不合适甚至不正确的做法时，要悉心了解情况，努力找出最佳的解决办法，及时向上级反映，供上级决策参考，这对本部门和员工本人都有极大的好处。有的员工早已认为本公司的一些做法或规章不合理，但忍气吞声，得过且过，最多是私下与人抱怨一番，不会采取任何行动；还有的员工，看到不合理或不正确的现象时，会在一些场合大声说出来，引起大家的注意，但仅此而已，没有真正沉下心去寻找解决问题的办法；只有个别员工会认真踏实地研究问题，想出解决问题的办法，然后通过书面或当面陈述的办法向上级提出建议，使公司的局面改变。对这样的下属，任何一家公司都是非常欢迎的。

（二）与上级沟通的技巧

1. 精心做好准备

向上级汇报工作之前，要精心准备。首先，要梳理清楚汇报的内容，考虑每件事情有哪些关键点、上级关心哪些事项、需要上级决定什么内容、上级可能还要询问哪些事项。整理后，把这些要点写在本子上或记在心里，把这些事项处理明白后，再去找上级汇报。谈话要点没有思考清楚时，不能贸然找上级汇报。汇报不清楚不如晚汇报，或者不汇报。准备工作要充分，要熟悉工作情况及前因后果，这样，在上级询问相关事项时才能够从容应答。

2. 把握汇报时机

在把握汇报时机方面，大的原则是汇报工作不要等上级来催，请示工作不要催促上级。

汇报工作时，要主动与上级沟通。但不是随时都可以向上级汇报工作，应选择上级乐意听取汇报的时机再进行汇报，才能取得良好的效果。在工作中，我们要善于把握工作的关键节点进行阶段性汇报，关键节点就是汇报时机。工作完成后，也要及时总结、汇报。

要请示工作时，如果不知道上级何时有空，可以通过电话或邮件等途径，与上级预约一个方便的时间，具体时间由上级决定。当然，我们要分清事情的轻重缓急，选择恰当的沟通时机。

3. 准确读懂上级

与上级沟通时，我们不但要认真聆听、入耳入心，而且要善于察言观色。察言观色主要包括以下内容：注意观察上级对汇报内容的兴趣程度，如果上级不感兴趣，就及时调整汇报重点或表达方式，迅速调整或压缩汇报内容，或者干脆适可而止；注意观察上级对汇报内容的反应，主要争取上级对汇报内容的明确指示或意见；注意观察上级的情绪，如果上级手头事务繁忙、心情不佳、注意力不集中或者即将离开办公室，就要迅速打住，改日再汇报。

4. 及时做好记录

"好记性不如烂笔头"，与上级沟通时，不仅要听懂，还要做好记录。与上级交谈时，难免会紧张，不一定能记全上级的意见，所以在与上级交流工作时，应备好笔和纸，做好记录，特别是重要的工作。上级交办了哪些事项，要逐一记录，以便以后一一落实，同时可防止因疏漏而误事。

（三）与上级沟通的注意事项

1. 设想上级提问，充分做好准备

向上级汇报工作时，要准备充分。设想上级可能问到的问题，提前准备答案。在内容的准备上，要简明扼要、重点突出；在思想准备上，要考虑周全；在支撑材料上，要全面、准确、具有延伸性。

2. 了解上级风格，沟通因人而异

要提前了解上级的办事风格和性格特点，对待不同的上级要用不同的沟通方式。例如，如果是控制型上级，那么他的特点表现为行事果断、讲求实际，关注结果而非过程，对琐事不感兴趣。针对这样的上级，与其沟通时要做到简明扼要、干脆利索，尊重其权威，快速执行命令。如果是互动型上级，那么他的特点表现为善于交际、喜欢互动，愿意倾听下属的困难与诉求，商量的空间较大。针对这样的上级，要开诚布公地发表意见，沟通时要真诚坦率。如果是务实型上级，其特点多表现为做事理性，不感情用事，注重细节，乐于了解事情的来龙去脉，注重干事创业，依据事实说话，不忽略关键细节。针对这样的上级，与其沟通时要做到开门见山，就事论事。

3. 接受上级指导，感谢上级点评

下属向上级汇报完工作后，要虚心接受上级的点评。上级发表的意见不论是赞美还是批评，下属都要端正态度，虚心聆听。上级的评议过程无疑是把他自己的想法无偿地、无私地提供给我们，这是接受上级指导的最佳机会。虚心接受上级点评的下属，才能被上级委以重任，并受到上级的信任与赏识。

（四）与上级沟通的案例分析

案例1

面对上级安排的工作任务

老王：领导，今天我干什么？

段主任：你今天有三件工作。一是把各部门的汇报材料收齐，二是在收上来的这些材料的基础上写一篇总结报告，三是把这个新的通知发给上面所写的部门。

老王：啊，为什么让我干这么多工作啊，那小张干什么呢？

段主任：小张有小张的工作。

老王：那好吧。真是的，每次我都干那么多。

段主任：你在那儿嘟囔什么呢？

老王：啊，没有，我说我每次都能干好。

段主任：不见得吧，但可以朝这个方向努力。

老王（自语）：呀，这个通知有问题，写错字了。哼，不管他，就这样发下去，谁叫他这样对我。

案例分析

这个案例里的情况，在一些公司是时常发生的。有些职员总是抱着怀才不遇的心情与部门的上级相处，面对上级的指令总要追根探底，问个究竟，但真正做工作时效率和质量又不高，

这样就很难赢得上级的称赞。一个好的下属，首先应做到尊重上级；其次对上级的指令积极执行，不去探究"为什么、怎么回事"；最后，应该坦诚地与上级相处，对于上级工作中的疏忽之处及时指出，以推动工作取得更好的效果。

案例2

向上级反映工作情况

小朱：邓经理，我向你反映个情况。

邓经理：什么情况？

小朱：最近关于产品质量问题，我接到多个商家反映，退货已有几个了。

邓经理：是吗？这个情况很重要。

小朱：我个人认为是生产环节检验把关的问题。

邓经理：为什么？

小朱：我看到检验科的人每天上班总在一起聊天，好像很轻松。有次我碰到检验科的王晓丽提前下班，她说要去接孩子。看起来，检验科像没人管似的。

邓经理：你与检验科又没有联系，不要胡乱推测。不过，你反映的情况很重要，我们会彻底查清产品质量问题的。谢谢你向我们反映情况。

案例分析

从这个案例可以看出，及时向上级反映问题很好，但切记不要臆断问题的根源，左右领导判断问题的思路，从而妨碍问题的快速解决。

案例3

向上级提出工作建议

小秦：张总，我有个事情要跟你反映。我们公司目前纸张浪费情况严重，我统计过，每天我们办公用品中有1/3的纸是完全可以再使用的，却被当成废纸处理掉了。这个浪费是惊人的，我们用纸平均10包有3包浪费，则一个月用纸100包就有30包浪费。一包纸20元，一个月就相当于浪费600元，一年下来就是7 200元。长期下来，这个数字可不小啊。

张总：是啊，这一直是让我们头疼的事情，你有什么好办法吗？

小秦：我的办法是，第一，公司开展反浪费宣传活动，鼓励大家二次使用纸张；第二，规定纸张限量使用，不得任意乱用，每个部门设立纸张使用登记簿，评出纸张使用最少的部门，予以奖励，纸张使用最浪费的部门，予以通报批评；第三，公司发文规定，除了正式文件外，一般性的会议通知等均可使用已用过的纸张。

张总：很好！小秦，你的建议非常好，我会将这个建议在会上讨论，通过后会很快付诸实施。谢谢你！

小秦：没关系，我是公司员工，这是我应该做的。

案例分析

　　从这个对话中我们可以看出，提出一个合理化的建议其实并不难，只要有心，就有可能发现，使公司的工作变得更合理、更完善。作为下属，只要敬业，珍惜工作机会，真诚待人，就会成为受上级欢迎的人。

二、与下属沟通

　　公司中的上司，主要指上到董事长、董事、总经理、经理，下到车间主任、班组长等。他们在公司中拥有一定的权力，掌控着一定的人力调配权、物资和资金的调遣权等，因而也容易居于一定的高位对下属发号施令。下属则指的是被拥有更大权力的上司所掌控和安排的各级、各部门人员。那么，作为上司，应该怎样和下属沟通呢？

（一）与下属沟通的原则

　　1. 发指令，和风细雨

　　作为上司，常会发出各种具体的指令，要求下属执行。从沟通的方式上说，最令人厌恶的沟通语言往往是命令式的，因为它冷冰冰、干巴巴。成功的沟通语言应该是温和的、平等的，让对方感到和风细雨式的，这样，对于传递的指令内容对方才会感到清晰、明白，传达指令的方式才会让下属感到亲切、受尊重，这样下属执行指令时也会迅速、到位、不折不扣。

　　2. 做安排，商量口气

　　上司给下属安排工作，这是非常平常的情况，但上司如何将工作安排得周到、妥当，使下属心悦诚服，则要看上司怎样与下属沟通。

　　如果上司仅仅是板起脸发话，把下属当成单纯的接受者，则下属会在内心产生一定的对立心态，执行的效果不一定好；如果上司将下属看成平等的合作伙伴，以协商的姿态与下属对话，则下属会积极响应，对上司的安排会全力以赴地贯彻执行，还可能创造超值效果。

　　3. 出问题，勿要责备

　　下属犯错误，特别是当众犯错误，上司千万不要去批评斥责，否则，下属会感到难堪，也会因此产生反抗和过激情绪。

　　人非圣贤，孰能无过？不论是上司还是下属，都有可能犯错误。问题的关键是，作为上司需要明白这一点，需要以将心比心的态度来体谅下属；当下属犯了错误时，最好不要用激烈的话语去批评下属，逞口舌之快。

　　4. 有表现，不吝赞扬

　　在工作中，下属希望得到的不仅是每月都涨工资，还有上司不断发现自己的进步和积极的表现，及时给予肯定和赞美。这种赏识是一种极大的支持和鼓励，会让下属更加努力工作，极大地提高工作热情和效率。因此，任何一个公司的上司都应该大方地将赞美之辞给予下属，只要发现下属身上的优点或新的变化，就要及时地当众表扬，绝对不要把对下属的欣赏和感激放在心里或准备留在以后一起说，否则很难达到理想的效果。因为上司的感觉下属是难以体会的，凡事说在明处、做在当前，下属则会忠实地把工作完成好。

職場溝通

（二）与下属沟通的技巧

对管理者来说，与下属进行沟通是至关重要的。管理者要做出决策，就必须从下属那里得到相关的信息，而信息需要从与下属的沟通中获得；同时，决策要得到实施，又要与下属进行沟通。再好的想法，再有创见的建议，再完善的计划，离开了与下属的沟通，都是无法实现的空中楼阁。

沟通的目的在于传递信息。如果信息没有传递给下属，或者下属没有正确地理解管理者的意图，沟通就会出现障碍。那么，管理者与下属沟通部有哪些技巧呢？

1. 让下属对沟通行为及时做出反馈

沟通的最大障碍在于下属对管理者的意图理解得不准确或者有误解。为了减少这种情况的发生，管理者可以让下属对其意图做出反馈。比如，当管理者布置了一项任务之后，可以接着询问下属："你明白我的意思了吗？"同时要求下属把任务复述一遍。如果复述的内容与管理者的意图一致，说明沟通是有效的；如果下属对管理者意图的领会出现了偏差，此时可以及时纠正。或者，管理者可以通过观察下属的眼睛和其他体态动作，了解下属是否正在接收信息。

2. 对不同的人使用不同的语言

在同一个组织中，不同的员工往往有不同的年龄、受教育程度和文化背景，这就可能使他们对相同的话语产生不同的理解。另外，由于专业化分工不断深化，不同的员工都有不同的行话和技术用语，而管理者有时意识不到这种差别，以为自己说的话都能被其他人恰当地理解，从而给沟通造成了障碍。

由于语言可能会造成沟通障碍，因此，管理者应该选择员工易于理解的词汇，使传递的信息更加清楚明确。在传达重要信息的时候，为了消除语言障碍带来的负面影响，可以先把信息告诉不熟悉相关内容的人。比如，在正式分配任务之前，让有可能产生误解的员工阅读书面讲话稿，对他们不明白的地方先做出解答。

3. 积极倾听下属的发言

沟通是双向的行为。要使沟通有效，双方都应当积极投入交流。当下属发表自己的见解时，管理者也应当认真倾听。

当别人说话时，我们虽然在听，但是很多时候都是被动地听，而没有主动地对信息进行搜寻和理解。积极的倾听要求管理者把自己置于下属的角色，以便正确理解他们的意图。同时，倾听的时候，应当客观地听取下属的发言。当管理者听到与自己不同的观点时，不要急于表达自己的意见，因为这样会造成漏掉余下的信息。积极的倾听应当是先倾听别人的发言，而后再发表自己的意见。

4. 恰当地使用肢体语言

在倾听他人的发言时，还应当注意通过非语言信号来表示对对方话语的关注。比如，赞许性地点头、恰当的面部表情、积极的目光。如果下属感受到关注，他会乐意提供更多的信息；否则，下属有可能怠于汇报自己知道的信息。

研究表明，在面对面的沟通过程中，一半以上的信息不是通过词汇来传达的，而是通过肢体语言来传达的。要使沟通富有成效，管理者必须注意自己的肢体语言与自己所说的话保持一致。比如，管理者告诉下属，自己很想知道他们在执行任务中遇到了哪些困难，并乐意提供帮助，但同时其又在浏览别的东西，这便是一个言行不一的信号，下属会怀疑其是否真正想提供帮助。

（三）与下属沟通的注意事项

1. 批评下属，讲究策略

批评下属的大原则是对事不对人，因此，领导对犯了错误的下属，要对其错误的事情及做法进行批评。尽量直截了当地将问题、错误指出来，让下属自己意识到错误所在，并积极与下属一起找到解决问题的办法。批评的目的是使犯错的人改正错误，因此还需要找到犯错的原因，以避免错误再次发生。另外，批评下属要分清场合，对非原则性的过错不宜公开批评，更不能在批评中夹带威胁性的言辞。

2. 体谅下属，发扬民主

与下属沟通，领导还要发扬民主，不唯我独尊；要保持开放的心态，不搞一言堂。要怀有一颗真诚的心，听取各方意见，并采纳合理的建议。

3. 总结讲话，短小精练

领导讲话比较常见的方式是即席讲话，即没有提前准备讲话稿，也没有精心准备，完全是临场发挥。这种即席讲话对领导的临场应变能力和语言表达能力来说都是巨大的考验。如何在即席讲话中不乱阵脚，有礼有节地完成讲话，需要掌握一些语言表达逻辑知识。一个完整的讲话，由开场白、主体部分、结束语三部分组成，要尽量做到短小精练。

（四）与下属沟通的案例分析

案例1

上级与下属的对话

情景一

经理：王组长，今天你们组发生了一起员工打架事件，你有责任。

王组长：是的。

经理：按照规定，你们组这两个打架的员工这个月的奖金要停发，你的奖金扣一半。

王组长：我知道了。

经理：你要组织全组成员开会讨论，杜绝类似事情的发生！

王组长：好的。

经理：那你去安排一下吧。没事了，去吧！

王组长：好，经理，我去了。

情景二

经理：王组长啊，来，请坐，有件事我要向你了解一下。今天，你们组发生了一起员工打架的事？

王组长：是的，我已狠狠地批评了他们两个，两个人都知道错了，已在全组做了自我批评。

经理：好，你做得对，这是一起不应该发生的事情。按照我们的规定，应该怎么处理呢？

王组长：扣发这两位员工的当月奖金，我的奖金也要扣发一半。

经理：我很遗憾。

王组长：经理，我们一定会以此事为教训，再不允许这种事情的发生，请您放心吧！

经理：好，我相信你一定会处理好这件事的。

案例分析

情景一与情景二，上司与下属不同的对话方式带来的结果是不一样的。情景一中，沟通的气氛压抑、语言生硬，沟通的效果也不会好。而情景二中的沟通则气氛轻松，沟通语言亲切温和，通过沟通让王组长对问题的解决方式心服口服，使王组长情绪积极、态度主动。所以，上司与下属进行沟通时，应该放下架子，把下属当成自己的合作伙伴，亲切自然、善解人意，讲话春风化雨。这样，即使是上司对下属有什么命令，彼此间也不会有沟通障碍。

案例2

情景一

一篇总结引发的上下级交锋

李主任：李红，这是你昨天交来的年度总结？

李红：怎么了，李主任？

李主任：你这是写的什么呀？这是年度总结吗？这纯粹是一篇抒情散文！

李红：李主任，我这就是年度总结呀。

李主任：你让大家看看，这哪是年度总结，什么"春去秋来""岁月如歌""展望未来""心潮澎湃"。

李红：李主任，你认为我的年度总结写得不好，那你拿出一个标准版来，我看看，但请你不要嘲笑我！

李主任：我不是嘲笑你！

李红：你就是在嘲笑我！你对我的工作有意见明说，不要这样打击人……

李主任：你太敏感了。

李红：我敏感？我看你才敏感呢。

情景二

上司与下属的友好交流

王组长：糟糕，我忘了把昨天的会议精神跟大家说了。

邓总：王组长，你又忘了，你的忘性真大，我什么时候也有你这样的忘性，可能也能养得和你一样胖了。

（众人笑）

王组长：邓总，我下次一定记住。

邓总：你们在场的几个经理都听到了，他说"下次"！下次我一定要看一看哦。

王组长：好的，您就看行动吧。我决不会忘记的。

案例分析

从以上案例可以看到，上司对下属宽容一些，下属对上司也就更加尊重。因此，作为上司，要善解人意地体谅下属，如果要批评下属，最好单独进行，这样既有利于问题的解决，也可以保全自己的面子。

三、与同事沟通

公司的同事，一般是工作中的合作伙伴，或者同一工作场所的朋友，大家虽然也有师徒或工龄长短之分，但彼此之间地位平等，关系密切。在他们中间，一般性的沟通简单、直接、频繁，沟通的情况也会较大程度地影响工作情绪，直接或间接地影响工作的进程和质量。因此，同事之间的沟通，无论是从自身还是公司角度，都需要认真对待。

如何取得下属的信任

（一）与同事沟通的原则

1. 多相互问候

同事都希望有一个融洽、和善的工作环境，大家彼此关心，相互照应，能慰藉或缓解心理和生理的紧张与疲劳，并通过工作满足一定的经济需求，获得事业成就感。因此，作为同事，应注意多关心他人，多主动问候他人，让彼此合作时感到愉快。这样做对个人、对集体、对公司都有好处。尽量不要自我封闭、消沉颓废或孤芳自赏。

2. 少议论领导

在公司里，应注意不与同事闲聊领导的私事，因为每个人的个人隐私均应受到他人的尊重。我们应该将注意力放在工作上，这不仅关系到个人发展，也关系到公司的发展。

3. 多关心生活

同事们每天在一起工作，彼此之间自然会建立一种相互的依赖感，通过目光或语言的交流，可以释放一些生活与工作上的压力，也可以在工作的合作关系中相互磨合、相互支撑。同事之间的交流是十分必要的，良好的同事关系会对我们的工作和生活产生巨大的影响。同事之间的交流主题应多从关心其生活入手，让彼此感到温暖。

4. 少传播是非

在与同事的沟通交流中，最应该防范的是私下传播是非。在公司中，同事间的沟通难免涉及你长我短、亲此疏彼，特别是关系比较亲近的同事，会交流对他人的看法，也易于对他人的行为予以评价。对我们来说，应该严于律己，遵守沟通道德，不要去传播是非，制造不团结；不要背后品评他人缺点；更不要在有矛盾的同事间传递小话、搬弄是非，在涉及对有意见伙伴的看法时，要多说好话，尽量促进双方团结，切不可制造更大的矛盾。与同事进行沟通，要从维护本部门利益和同事间的团结的角度考虑，尽量让彼此的交流轻松、积极。

（二）与同事沟通的技巧

在沟通中，人格的培养是提高沟通效果的基础，也是人际关系中的关键因素。要把做人放在第一位。人品好的人，本身就有一种吸引力、向心力，人们更愿意与其交往，乐于与其合作共事。

职场沟通

付出爱心、乐于助人是塑造人格的重要人际行为。要记住：帮助别人就是帮助自己。大量案例研究表明，每一次付出，自身的人格魅力就会增加一点；不断地付出，点点滴滴的人格魅力就会连接成一个人格光环。如果你在人们心目中成了值得交往的人，最终所获得的结果也是意想不到的。

有一句话要记住："我能为您做点什么？"这是建立良好人际关系的奥秘。

1. 坦诚相见、多加赞美

坦率和真诚是良好人际关系的重要因素。对待自己的同事，能够不存疑虑，坦诚相见，是同事之间沟通的法宝。

能够看到同事身上的优点并及时给予赞美、肯定，对同事的不足给予积极的鼓励，这是良好沟通的基础。不要背后议论同事，要常常做"送人鲜花的人"，不要做"抛入泥土的人"。

2. 善于倾听、少争多让

善于倾听是增加亲和力的重要因素。当同事的生活、工作出现麻烦而心情不愉快，向你倾诉时，一定要认真倾听，把自己的情感融入其中，成为同事真诚的倾听者，这样才能加深与同事的感情。

尽量不要和同事争荣誉，否则会伤害感情。如果你帮助同事获得荣誉，他会感激你的付出和大度，更重要的是会增添你的人格魅力。要尽量远离争论，对一些非原则性的问题，切忌去争个你输我赢，否则只会使双方受到伤害。

3. 容忍异己、巧用语言

我们需要容许每个人有自己独立的思维和行为方式，不要妄图改变任何人，要认识到改变只能靠自己。

沟通的语言至关重要，应以不伤害他人为原则，使用委婉的语言，不用生硬的语言；使用鼓励的语言，不用斥责的语言；使用幽默的语言，不用呆板的语言，等等。

4. 勤于联络、理解宽容

同事也可能发展为朋友，进入自己的人际圈。对进入自己人际圈的朋友要常常联络，一个电话、一声问候，就能拉近与朋友之间的距离，在自己需要帮助的时候，别人才会伸出援助之手。

在与同事发生误解和争执的时候，一定要换个角度，站在对方的立场上为其着想，理解其处境，千万不要情绪化。任何背后议论和指桑骂槐，最终都会在贬低对方的过程中破坏自己的形象，从而受到旁人的抵触。其实，宽容别人就是善待自己，我们应将自己心中的愤怒化作和风细雨，平和地度过每一天。

（三）与同事沟通的注意事项

1. 不好为人师

好为人师的人往往在交流中占据话语主动权，这势必会大大减少认真倾听别人说话的时间。只凭借自己以往的经验并站在自己的角度为对方出谋划策，并不能真正帮助对方。职场上，卧虎藏龙，人才众多。好为人师，虽然出发点是好意，但却易引人不快，令彼此关系疏远。所以，在与同事的沟通中，不要随意对别人的想法和做法发表自己的见解，更不要轻易地反驳同事的观点，除非工作需要或对方主动请教。

2. 不挑剔抱怨

职场中，发牢骚虽属正常，但如果牢骚太多，就是在传递负能量，时间久了就会影响团队的情绪。有的人喜欢在职场中向同事抱怨，逢人就吐槽，或许把发牢骚、倒苦水看作与同事交流的一种方式。但是，抱怨不能解决任何问题，工作中要想真正得到他人的认可，必须不断提升自己的业务能力，以积极向上、乐观进取的精神示人。

3. 不过分表现

初入职场的人，大多盼望自己尽快得到他人的认可并崭露头角，因而处处表现自己，急于求成。但过分表现会给人功利心太强的感觉，反而可能失去受重用的机会。初入职场时，要谨言慎行、认真做事、低调做人。

（四）与同事沟通的案例分析

案例1

主动关心、帮助同事

小王：张师傅，您早啊！

张师傅：小王，你也早啊！

小王：张师傅，您今天看上去气色不太好，是不是不舒服啊？

张师傅：昨天我孩子病了，带他去医院看病，几乎一夜没有合眼。

小王：哦，那孩子现在怎么样了？

张师傅：孩子的烧退了，还在吃药。

小王：张师傅，您今天多歇会儿，我不忙时帮您盯一阵。您别累着。

张师傅：好的，小王，谢谢！我没事。

案例分析

从这个对话中，我们可以看到在工作中，同事之间好言问候、相互帮助、互相安慰，能促进同事之间的关系。关怀的话语不多，但很贴切，帮助的事不多，却很到位，这对凝聚全员力量、增强公司的竞争力会起到重要的作用。

案例2

正向评价、积极处理同事关系

老王：老李，吃完饭了？喝点水吧？

老李：好啊，好久没来你这里坐了。

老王：是呀，你还那么忙吗？

老李：还好，不太忙。我们那儿最近刚来了个小伙子，我就干得少些了。

老王：小伙子怎么样，是大学生？

老李：哦，刚从大学毕业的，人长得挺精神的，就是有点清高，干活还拣轻怕重。

老王：大学生经验少，但新知识学得快，头脑灵活，你多鼓励他，就会发挥出他的优势了。

老李：对，看人多看优点，这个世界就更美了。好，老王，时间不早了，我先走了。

老王：好，以后再过来坐。

案例分析

　　对话中的两位老同事，在聊天中涉及对他人的评价。值得称道的是，老王能从积极的一面看问题，引导老李处理好与新同事的关系，使他们彼此建立和谐友好的伙伴关系，这对自己、对公司都是有益的、积极的。

　　同事之间的沟通，虽然很少体现在公开的场合，但这样的交流始终在进行中，既会发生在工作场所，也会在非工作场所，甚至向彼此的家庭延伸。遵守沟通道德，从同事相互团结的角度出发，那么同事之间的交流和沟通将会对自己、对公司、对社会发挥积极的影响力。

| 相关拓展 |

影响同事沟通的言行

　　同在一个单位，或者就在一个办公室，处理好同事间的关系是非常重要的。以下几种言行如果平时不注意，很容易把同事间的关系搞僵。

　　1. 有好事不通报。单位里发物品、领奖金等，你先知道了，却一声不响地坐在那里，像没事人似的。这样几次下来，别人自然会有想法，觉得你不太合群，缺乏共同意识和协作精神。以后有这类好事，别人也有可能不告诉你，如此下去，彼此的关系就不会和谐了。

　　2. 进出不互相告知。你请假不上班，或即使临时出去半个小时，也要与同事打个招呼。这样，倘若领导或熟人来找，同事也有个交代。如果你什么也不愿说，进出神神秘秘的，受到影响的恐怕还是自己。互相告知是双方该有的尊重与信任。

　　3. 不说可公开的私事。有些私事不能说，但有些私事可以说。比如你的男朋友或女朋友的工作单位、学历、年龄等；如果结了婚，有了孩子，有关爱人和孩子方面的话题也可以聊聊。在工作之余，聊聊私人话题，可以增进了解，信任是建立在相互了解的基础上的。

　　4. 有事不肯向同事求助。轻易不求人，这是对的。但有时求助别人，反而能表明你对别人的信赖，能使双方关系融洽。良好的人际关系是以互相帮助为前提的。当然，求助要讲究分寸，尽量不要使别人为难。

项目二　工作场域对外沟通

　　工作环境中，为了工作的顺利开展和任务的完成，不仅要和上下级、平级进行沟通，还需要与本单位之外的其他单位沟通、交流，这种情况就是对外沟通。

　　工作场域对外沟通非常频繁，也十分重要。既有群体对群体的交流合作，也有一对一、一对多沟通的具体场景，比如接待、谈判。如果想在职场上发展顺利、有所成就，必须重视工作场域对外沟通，并掌握沟通的基础要点和技巧，在实践中多加运用，成为对外沟通的高手。

一、接待

接待工作是当今党政机关和企事业单位必不可少的，是单位合作交流的必然要求，也直接体现着单位的综合水平，关系到单位的未来发展。做好接待工作对每个单位来说都很重要，这并不是简单的迎来送往。通过接待，能够树立单位形象，构建和谐关系，促进合作与发展。

具体来说，接待工作是指在公务活动中对来访者所进行的迎送、招待、商谈、沟通、赠送礼品等辅助管理活动，是一项经常性的事务工作。

接待工作的基本要素包括来访者、来访意图、接待者、接待任务及接待方式。

（一）接待工作的重要性

很多人认为接待工作就是迎来送往，很简单，没有生产、销售、研发等工作重要，做得好做不好没有关系。这种看法是不对的。接待看似一件小事，但蕴含着许多学问，考验着组织者的能力，可以说是"不是全局但事关全局，不是中心却影响中心"。单位要做好接待工作，充分发挥接待工作较强的辅助功能。

首先，接待工作体现着单位的精神风貌、文化品位和工作作风，能给来访者留下第一印象，起着很重要的形象展示作用。如果第一印象不好，后续的合作也就无从谈起。来访者会通过接待的整个过程来观察、感受、评判该单位的管理水平、精神风貌和修养素质。可以说，接待人员的一言一行、一举一动，直接影响接待工作的质量以及单位形象和声誉。

其次，接待工作可以加强与外界、与上下级部门等的广泛联系，增进了解、协作，为工作的开展建立人际关系、丰富资源。良好的接待，可以形成良好的合作关系，结成长期战略合作伙伴，这必然给单位带来人际关系以及其他各种资源，为单位的发展铺设有利的道路。

最后，可以通过接待工作沟通情况，学习先进，开阔视野，助力自我成长。无论是单位整体水平还是个人能力，都可以通过接待工作得到提高，与外部同步，与先进并肩。没有接待工作的历练和打磨，犹如井底之蛙，困于狭窄之地，缺乏远大的视野和格局。

（二）接待工作的分类和分级

接待工作按接待对象的不同，分为对外接待和对内接待。

对外接待，是指接待本单位之外的其他单位来访者，可以是系统内，也可以是系统外；可以是级别高的，也可以是级别低的。总之，本单位之外的来访者来学习、调研、考察、参加会议、交流、检查等，本单位进行接待，即对外接待。

对内接待，是指接待本单位内部部门、成员考察、调研、检查工作等，主要适用于单位二级部门。

按规格，接待工作可以分为高规格接待、对等规格接待和低规格接待。

高规格接待，就是本单位出面接待的领导比来访者级别高，这体现了本单位对此次接待的充分重视和用心安排，是对来访者以及所代表的单位的高度尊重。

对等规格接待，就是本单位出面接待的领导与来访者级别一样。大多数接待工作都是按照对等规格来安排的，这样做平等、礼貌，既尊重了对方，也不显得己方失礼，在工作安排上也比较简单易行，不会出现失误或疏漏。

低规格接待，就是本单位出面接待的领导比来访者级别低。这种情况相对少见，一般不会做

職場溝通

这种安排，除非有特殊情况，如对等级别的领导不在，而相关级别更高的领导也没有时间，不得不选择这种方式。当出现这种局面时，一定要向来访者解释清楚，以免造成误会，不利于以后的发展与协作。当然，最好尽量避免低规格接待。

（三）如何做好接待工作

接待工作是每个单位都会面对的工作内容，相关部门和工作人员要端正态度、认真处理、热情接待，并在实践中积累经验，让接待工作越来越顺利。

1. 用心统筹，归口管理

一般来说，办公室是接待的归口管理部门，负责制定接待相关工作的制度、要求，与相关部门协商确定某次接待的主办部门、总协调人，具体安排每次接待的规格、流程，指导、组织、落实、统筹协调，检查和监督具体的接待任务，保证每次接待工作的顺利完成，体现本单位的管理、协调水平和综合素质。如果单位有驻外办事处，其相关接待工作也由办公室统一协调、管理。

在统筹阶段，需要做到以下两点。

（1）制定接待方案。接待方案的内容要周到全面，包括来宾名单、活动日程、住宿餐饮安排、会场及参观、调研安排、乘车安排、安全保卫、宣传报道、工作人员分工及注意事项等。其他单位领导到本单位参加考察调研、检查工作、会议等活动，本单位应提前与其他单位办公室充分沟通后制定接待方案。

（2）编制执行方案。根据接待方案，主办部门编制执行方案，分级落实责任，分解任务，将工作要求、完成时间、地点、责任人、替代人、检查人等细节落实到位，同时编制费用预算。接待方案、执行方案和费用预算需报有关领导审批。

2. 规格对等，热情周到

接待工作有着规格要求，应根据对方单位及来访者的级别，安排对等的接待规格，由同级别领导和对口部门完成接待任务。无论来访者是什么职务，都要做到热情接待。

接待热情周到，要从如下几个方面着手。

（1）形象礼仪方面。衣着整齐大方，妆容优雅得体，禁止奇装异服和浓妆艳抹。总之，形象应端庄，符合职场礼仪要求。

（2）态度、素养方面。举止得体，以正确、规范的姿势站、坐在接待的岗位上，面带微笑，眼神真诚；言谈热情文雅，以亲切、恭敬的态度接待来访者，以响亮、清楚、和蔼的语气表示欢迎。

（3）接待专业度方面。使用专业语言表达想要说明的问题。解释疑问要耐心明了，切忌急躁。听取意见时态度诚恳。对于出现的疏漏，不辩解，要诚恳地道歉。熟悉本单位应该熟知的业务和流程，能和来访者进行恰到好处的沟通。具备良好的语言表达能力和沟通能力。具备良好的团队精神和亲和力。工作积极主动，勤恳敬业。

3. 把握关键，细节到位

接待工作需要细心、周到。只有细节做到位，才不会在容易忽略的小处惹恼、得罪来访者，引起不良后果。大到行程安排、会谈内容，小到交通住宿、天气饮食等，都包括在接待服务之中。如，行程要恰当、紧凑，既不过于匆忙，让来访者疲惫不堪，也不过于松散，拖拖拉拉；要与来访者提前沟通天气情况，提醒冷暖变化、增减衣物；要提前了解来访者的喜恶和禁忌、用餐习惯等；住宿要提前安排好相应规格的房间、瓶装水、水果等。接待工作需要接待人员考虑细致，并一一落实。通过一次次的接待工作，相关人员应对复杂情况、现场应变的能力能得到锻炼和提高。

总之，在接待工作中，要做到事前有布置，事中有监控，事后有反馈。强化责任分工和落实，把握关键，重要环节和关键点要配置AB角，及时相互补位，加强闭环管理，保证接待工作圆满顺利。

（四）接待工作的案例分析
案例1

言行不当的秘书

方天公司来了位客户，秘书王灿前来泡茶，一时没找到挖茶叶的勺子，他就转过身直接用手指拈了撮茶，放入茶杯内，然后冲上水。客户假装没看见，没有说什么，只是不喝水。

客户和领导交谈一会，因意见不一致，竟然争执起来。王灿觉得自己作为公司的一员，自然应该站在领导一方，于是与领导一起指责客户。客户很生气地说："走了走了，都什么素质！还直接用手拈茶叶，还吵吵吵……"

领导也很生气，批评王灿："都怪你！"

王灿愣住了，并不知道自己有什么失误，他为自己辩解："我，我怎么啦？客户是你得罪的，与我何干？"

案例分析

王灿在接待上是有很多失误的。

首先，用手拈取茶叶，不卫生，也非常不尊重客人，极不礼貌，所以才会引起客户的反感和厌恶，为之后的不愉快埋下伏笔。

其次，领导与客户发生争执，王灿不应帮腔领导去指责客户，而应巧妙打断（如请客户看看公司宣传片，或让领导稍微冷静等），转移话题，让双方情绪都平静下来，再继续谈判。事实是这个不成熟的秘书一帮腔，场面就更加混乱了，导致双方情绪都更加激动，结果就是不欢而散。

最后，造成不好的结果，王灿却丝毫没有意识到自己的问题，却说出"我怎么啦""与我何干"，可见王灿缺乏自我省察、自我反思的意识和能力，这也是缺乏沟通修养和职业素质的表现，缺乏接待的基本知识和锻炼。

案例2

潦草收场的展销会

某计算机工程有限公司拟举办图书馆管理软件产品展销会，邀请大学城几所职业技术学院图书馆工作人员参加，并发出了通知。

通知上，日程安排为9点介绍产品，10点参观该公司图书馆计算机管理系统，11点洽谈业务。

职场沟通

展销会当天，9点，各校图书馆代表却只到了1/3。本该开始介绍产品，却因与会人员不齐而延误。原来，通知中没有写明展销会具体地点，也没有引导示意路线，加上接待人员不够热情周到，代表们十分不满。等会议开始时已经9:30了。

公司副总经理、高级工程师王亮进行产品介绍及演示，内容十分丰富，10:30还没讲完。后面的参观和洽谈匆匆开始，走马观花，草草收场。

案例分析

本案例中接待活动失败的原因有以下几点。

1. 接待方案不够细致准确，尤其是展销会具体地点没有写明，与会人员找不到地方而耽误时间，这是很大的失误，导致后面各个环节延迟，从而影响了整个活动的进行。方案在接待前必须进行仔细商讨、斟酌和研究，并用文字确定下来，人员也应对应安排、落实，这样就不会出现案例中的糟糕情况了。

2. 日程安排不够科学合理。日程安排要考虑周全，注意时间紧凑，活动与活动之间既不能冲突，又不能间隔太长，以免影响效果。根据具体环节的内容、场地、距离以及目的，可以适当调整每个具体活动的时长和活动之间的间隔，每个活动中间休息5分钟、10分钟还是15分钟，都要提前考虑好，恰当安排。

3. 接待人员缺乏基本的礼仪培训，工作态度和素质较差，影响这次接待工作的质量和水平。平时要注意礼仪培训，在正式接待前还要针对性训练和排练。热情、礼貌、主动，是接待人员应有的态度。

案例3

B市的大投资

A市需要接待B市经济部门的领导和工程技术人员，双方要洽谈某重要合作项目。A市的接待任务由接待处周主任和小李负责。

周主任和小李接到任务，一方面拟出详细的接待方案呈领导审批，另一方面到宾馆、车队提前联系，安排好食宿、车辆。在客人到达前，周主任和小李一一检查落实，并填好住房信息、领好房卡，等候迎接客人。客人一到达他们即领客人进客房并介绍有关情况和询问客人需办的事；开饭时间领客人进餐厅；洽谈结束客人离开A市，他们会事先了解时间，陪客人到宾馆总台结账并及时送站。整个接待过程，周主任和小李考虑周到，服务到位，在工作和生活上为客人提供各种便利。

后来，B市有关人员又来了两次，每次都得到了周到、暖心的接待和服务。该项目也得以顺利签订协议，B市在A市投资达1 000万元，年产值15亿元，年利税可达1 000多万元。客人对A市周到的接待工作十分感谢。他们说："我们到A市好像到了家一样，你们热情周到的接待，使我们看到A市的诚心和决心。这个项目的签订，有接待人员的一份功劳。"

案例分析

　　A市周主任和小李毫无疑问是接待人员中的佼佼者，经验丰富、做事周到、热情大方、善始善终，圆满地完成了一次又一次的接待工作。

　　周主任和小李深谙接待工作的精要，当接到任务后，两方面工作同步进行：一方面，拟定完整、详细的接待方案报领导审批；另一方面，提前沟通宾馆、车队，预留时间，以免因突发情况而被动。待领导审批通过后，按方案一一落实。

　　成功经验总结如下。

　　①方案全面、完整，安排妥当；②接待过程，注意细节，不疏忽任何一个可以表达我方诚意的环节；③工作善始善终、有头有尾，热情礼貌。周主任和小李正是做到了以上三点，令来访者感到宾至如归，才赢得了来访者的真诚好评和相应回馈。

 小贴士

座位礼仪

一、会议室

来访者在会议室落座，座次可以安排如下。（A为客方，B为主方）

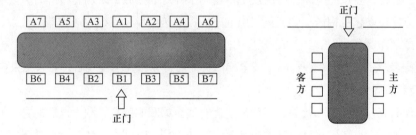

二、主席台

基本规则是：前高后低；中央高，两侧低；左高右低。

当人数为单数时，1号领导居中，2号在1号的左手位置，3号在1号的右手位置，剩余的4、5、6、7号按照"左边右边、左边右边"依次排座。

当人数为偶数时，1、2号领导都在中间位置，2号领导依然在1号领导左手位置，3号领导依然在1号领导右手位置。4号居于左、5号居于右……以此类推。

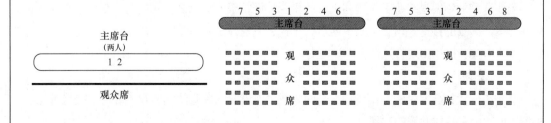

三、宴席座次

宴席座次如下。

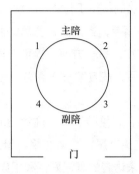

（五）接待的注意事项

接待是任何一个单位都不可缺少的工作内容之一，也是展示自身形象的重要机会，所以要严肃、认真对待，接待过程中要注意以下几点。

1. 礼仪规范到位

接待工作非常讲究礼仪，无论是一开始的问候、迎接、款待，还是最后的送站、告别，都有严格细致的礼仪要求，接待人员务必做到，以免来访者觉得失礼。如：宴请时，要按照座次礼仪安排座次；开会时，要按照主席台座次规矩准备席卡并对应摆放；来访者告辞时，要等来访者先起身，接待方才可以起身相送。要谨记"出迎三步，身送七步"传统迎送的基本礼节。如果在门口、电梯口或汽车旁告别时，不要急于返回，要以恭敬真诚的态度、笑容可掬的表情挥手致意，目送客户，待客户完全消失在视野内，或电梯门关闭后，或车开出视线后，才可结束告别。

2. 细节考虑周全

细节体现着充分的尊重和礼貌，能让来访者有宾至如归的感觉，利于以后的合作和建立良好的互动关系。如：安排车辆接站，就要提前确认来访者到站时间、人数、行李数量等，以安排合适车型、车辆数目去车站迎接，并提前15分钟到站，在出站口做好准备。如果互相并不认识，还需要提前制定好接站指示牌，如"欢迎×××大学""欢迎王××先生"等，在出站口处举牌示意，保证来访者一出站就得到恰到好处的迎接。寒暄之后要将接待联络员的姓名和电话给到来访的每一个人，以备不时之需。这些细节能给来访者带来专业的服务和美好的感受。"细节决定成败"，用全面、周到的细节，保证接待工作零失误。

3. 预案提前做好

周到详细的预案是接待工作顺利进行的重要保证，根据实际情况和需要，制订完整的接待计划和方案，涉及的接待人员、时间、地点、车辆、流程等都要清楚明确，以便高效落实。同时要预设备用方案，以免出现特殊情况无法应对。

二、谈判

谈判是现代社会常见的工作场景，是两方或多方就共同关心的问题互相磋商、交换意见、寻求解决的途径和达成共识的过程。

谈判有广义与狭义之分。广义的谈判是指除正式场合之外，一切交流、磋商、交涉等；狭义的谈判仅指正式场合下的谈判。本书探讨的是狭义的谈判。

（一）谈判的原则

谈判是双方知识与谋略的较量，是斗智斗勇的博弈过程，其中既有给予，也有接受，最终是适当妥协。当然，也有可能谈判失败。在谈判中，要坚持以下几个原则。

1. 知己知彼，求同存异

"知己"，就是要清楚己方的优势、劣势，做好准备工作，准备好所需要的资料、数据，明确谈判目标和底线，反复推敲与验证谈判策略和方案。这样上了谈判桌才能不慌不忙、有理有据。

"知彼"，就是要通过多种渠道、各种方法了解对方尽可能多的情况，如对方的文化信仰、礼仪习惯、谈判经历和风格等，以及对方公司的背景、近况、制度、此次谈判的实力、目的、弱点等，如果与外商谈判，还需要了解对方的风俗习惯和禁忌，不要因为无知而冒犯了对方。

在知己知彼的前提下，求同存异。追求"同"，即实现双方的共同目标，促成彼此利益的最大化，实现共赢；忽略"异"，如彼此之间的文化差异、礼仪区别等，以宽容之心面对。做到扬长避短，力争主动。

2. 互惠互利，平等协商

谈判不是绝杀，不是凌驾一切的胜利，根本目的是合作共赢。所以在谈判时，在我方利益最大化的前提下，尽可能考虑对方的需求和利益，让对方的利益合理化，这样才能形成长期的良性合作关系，赢得更好的未来。互惠互利、平等协商，是谈判的核心原则。

3. 人事分开，礼敬对手

谈判桌上，要把人和事分开，人事与谈判不可混为一谈。如果只顾人情，公司利益无法保证，结果很可能一团糟。谈判中，确凿的事实、准确的数据、严密的逻辑和艺术的手段，是胜利的保证，人情解决不了根本问题，反而可能导致谈判不成，朋友也失去了。

同时，不管与对方熟不熟，是不是朋友，都应尊敬对方，拿出我方最大的诚意和礼貌，助力谈判的顺利进行。

一场好的谈判，要坚持以上几点原则，在智慧的较量中以理服人、互惠互利，最终达成期望的胜利。

（二）谈判的策略与技巧

谈判过程中，谈判的策略与技巧非常重要，如真诚的沟通、巧妙的说服、以退为进等，能引导谈判达成共同目的。谈判的策略与技巧是现代商业社会不可缺少的软技能，是维护自己利益的有效工具。

1. 研究方案，做好预期

谈判前的深入研究是必不可少的，要做好充分的前期工作，知己知彼，百战不殆。提前做好几个预案，一般谈判之初，双方拿出的方案都是自己利益最大化的，并且在内心希望通过谈判获取更多的利益。双方心态和想法是一样的，为了维护自己的利益，双方都会据理力争，互相拉扯，在这个过程中，如果没有提前做好方案，可能会被对方牵着鼻子走，走入对方设定的误区，甚至在迷糊中签订对己方不友好的协议，甚至己方的让步已经超过了可以承受的范围而不自知。

多做几个预案，当第一套方案被拒绝，可以向着第二套方案的目标推进，这样谈判就在可控范围内，无论怎么谈，结果不会偏离最初设定的框架。

预期管理是设定方案的重要内容，要明确知道己方的目标和底线。如果对方坚决不同意己方的方案，僵持不下，那己方可以调整的幅度有多少，最低限度在哪儿，都要清清楚楚，提前确定。在坚定的谈判者和协作的谈判者之间保持平衡，是熟练又科学的预期管理的要求。谈判结果是双方协商、妥协、变通后的结果，不是一方随心所欲的结果，管理预期目标，调整预期，才能实现双赢。

2. 语言丰富，方式多样

在谈判中，语言可以使用有声语言和非有声语言，形成合力，表达己方的态度和控制谈判的节奏。

（1）积极倾听，及时回应。认真倾听对方的想法、意愿和诉求，并做出回应，是一个优秀谈判者的基本功。耐心倾听，能令对方感到备受尊重和重视，己方也能获取更多的信息和细节。谈判过程中，可以做记录、点头、重复重要信息、不打断对方等方式表达己方的诚意和修养，比如，可以用类似话语呼应："嗯嗯，确实如此""这个信息很重要，请允许我记下来""嗯嗯是的，我也这么认为""您是说……我重复的对吗""您的……问题/看法十分正确/很重要/很普遍……"。有效引导，积极推进，鼓励交谈，使谈判顺利进行。

（2）非语言表达，灵活多样。"听其言而观其行"，谈判不仅使用语言作为沟通的主要工具，非语言表达也起到了重要作用。如站姿、坐姿、走姿、手势、表情等，无不传达了一定的信息和态度，也直接显露了谈判者的素质和修养。

用身体动作进行非语言表达时要注意以下几个方面。

① 握手。握手前先凝视对方片刻，再伸手。握手时要面带微笑，看着对方，并问候示意。手掌出汗，表示兴奋、紧张或情绪不稳定；用力握手，表明好动、热情、主动；双手紧握对方一只手，并上下摆动，往往表示热烈欢迎、真诚感谢、有求于人、肯定契约等。

② 腹部与上肢。凸起腹部，表示心理优越、自信与满足。解开上衣纽扣露出腹部，表示展示自己的势力范围，对对方不存戒备之心。抱腹卷缩，表现不安、消沉、沮丧等情绪支配下的防卫心理。腹部起伏不停，反映出兴奋或愤怒，极度起伏意味着即将爆发的兴奋与激动状态。轻拍腹部，表示风度、雅量，同时也包含经过一番较量之后的得意心情。拳头紧握，表示向对方挑战或自我紧张的情绪。两手手指并拢并放置上胸的前上方呈尖塔状，表示充满信心。用手轻敲桌面，或在纸上乱涂乱画，往往表示不安。

③ 下肢。抖腿、足尖拍打地板，表示焦躁不安、无可奈何、不耐烦或欲摆脱某种紧张感。男性双腿分开坐，表示自信、笃定；男性跷二郎腿，表示放松、从容；女性两膝盖并拢，表示谨慎、拒绝、防御。

用面部表情进行非语言表达时要注意以下几个方面：

①眼睛。目光凝视时长、眨眼频率、瞪大眼睛、眼神闪烁等传达着不同的意思。

②眉毛。眉毛紧蹙与舒展放松，分别表示思考、为难或开心、接受。

③嘴巴。撇嘴，表示不屑、拒绝；紧紧抿着嘴，表示思考或焦虑。

在谈判中，要充分运用非语言表达，给对方一些信息或压力。控制己方情绪，用适当的语言、非语言，沉着应对。

3. 巧设期限，施加压力

据统计，很多谈判都是在最后期限即谈判截止前才达成协议的。所以，给谈判预设最后期限，对对方来说可能是个不小的压力，会快速推进谈判的进程，达成结果。

为谈判设置期限有几个细节需要注意。

（1）不要太刻意，而是有意无意透露出来。比如，不要直接说"我给你们的时间就一个小时"，这显得生硬、霸道，而是巧妙表达成"今天我的机票是12点的，我得提前一个小时到机场"。在这种情况下，对方如果希望目标达成，就会有很强的时间焦虑，会不由自主减少条件，更容易妥协。

（2）最后期限应是对双方都有效的，所以要提前想好预案。当说出"一个小时到机场"的信息时，这意味着双方共有的谈判时间是一样的，在有限的时间里，要全神贯注、积极应对，争取利益最大化。如果对方不受最后期限的影响，没有让步和妥协，己方要提前想好如何应对，是假意一走了之，还是改签机票，继续谈判。

（3）如果是对方提出最后期限，己方要灵活处理，辨明真假，或将计就计，或假戏真做，或坚决抗议，要求延长谈判期限。

（三）谈判的案例分析

案例1

职场沟通

失败的压价

中方某公司（以下称中方）向韩方某公司（以下称韩方）出口丁苯橡胶已一年，第二年中方又向韩方报价，以继续供货。中方根据国际市场行情，将报价从前一年的每吨成交价下调了120美元，韩方感到可以接受，建议中方到韩国签约。

中方人员一行二人到了首尔该公司总部，双方谈了不到20分钟，韩方代表说："贵公司价格仍太高，请贵公司看看韩国市场价，3天以后再谈。"

中方人员感到被戏弄，很生气，但人已来到首尔，谈判必须进行。于是，中方人员通过有关协会收集到韩国海关丁苯橡胶进口情况的统计，发现韩国从哥伦比亚、比利时、南非等国进口量较大，而中国是份额较大的一家。价格方面，南非非常低，但还是高于中国价格。韩国市场上丁苯橡胶的批发和零售价均高出中方现在报价的30%～40%，市场回报率并不低。可以说，中方的报价是世界市场较低的报价，韩方利润空间非常不错。

可为什么韩方人员还这么说呢？中方人员分析，对方以为中方人员既然来了首尔，肯定急于拿合同回国，他们凭主场优势，可以借此再压中方一手。那么韩方会不会不急于订货而找理由呢？中方人员分析，若不急于订货，为什么邀请中方人员来首尔？再说韩方人员过去与中方人员打过交道，签订过合同，且执行顺利，对中方工作很满意，这些人会突然变得不信任中方人员了吗？从态度看不像，他们来机场接中方人员，且晚上一起吃饭，气氛良好。

经过上述分析，中方人员共同认为：韩方意在利用中方人员出国心理，再压价。根据这个分析，经过商量，中方人员决定在价格条件上做文章。具体来讲，首先，态度应强硬，因为来前对方已表示同意中方报价，不怕空手而归。其次，价格条件还要涨回去年水平。最后，不必3天，仅1.5天就将新的价格条件通知韩方。

中方人员电话告诉韩方人员："调查已结束。得到的结论是：我方来首尔前的报价低了，应涨回去年成交价，但为了老朋友的交情，可以下调20美元，而不再是120美元。请贵公司研究，有结果请通知我们，若我们不在饭店，请留言。"

韩方人员接到这个电话，措手不及，满以为中方会再次让步，不料价格竟然上涨了。当即回电话约中方人员到公司会谈。

韩方认为：中方不应把报价再往上调。

中方认为：这是韩方给的权利。我们按韩方要求进行了市场调查，调查结果显示应该涨价。

韩方希望中方能降价，中方坚持认为原报价已降到最低，并以调查数据为支撑。经过几回合的讨论，双方同意按中方来首尔前的报价成交。

这样，中方成功地使韩方放弃了压价的要求，按计划拿回合同。

案例分析

本案例比较新颖独特，谈判思路反其道而行之，中方在韩方的压力下竟然恢复原价，大大超出了韩方预期，让其措手不及。

中方之所以有这样的谈判策略，是因为调查细致，了解韩国的真实行情，清楚知道在全球各国进货渠道中，中方报价最低，韩方利润空间很大。中方报价十分合理，占有完全主动权，让韩方没话可说，也无力周旋。中方用提价思路狠狠将了韩方一军，韩方大为惊讶，慌忙应战，自然无力招架，不得不放弃压价的想法。最后双方顺利签订合同。

从这个案例可以总结：扎实的调查研究、翔实的数据事实、理性的分析研判、巧妙的谈判战略，是促成谈判顺利完成的重要因素。

案例2

关于店面转租的一场谈判

在阳光城商业中心有一家名叫DEMON的精品时尚外贸店，店主叫李万。

该外贸店房租即将到期，李万不打算继续经营。恰好小王正在寻找合适的店面经营街舞用品。双方约定6月5日见面商谈。

谈判一开始，李万具体介绍了店内的现状和装修情况，包括面积、水电、墙面、地板、货架、付款台以及其他装饰品，装修成本5万元左右。李万如实开场，以事实数据说明价格的可能走向，以真诚的态度，拉开了谈判序幕。

小王不为所动，而是不慌不忙质疑："店面装修的确很有特色和个性，但是我们无从考证当时的装修成本。再说，目前的装修风格不一定和我们未来的经营相匹配，或许我们会根据实际需要，重新装修，反而得投入更多时间和精力，增加投资成本。"

李万看出对方虽然很中意这个店面，但并不是冲动型的消费者，于是转而问小王的想法："你们打算经营什么方面的？"

小王实事求是："我们都是跳街舞的，开店也主要是售卖街舞用品之类的时尚产品。"

李万抓住这一关键信息，立即做出反应："你们跳街舞的最重要的就是服饰，我们这店以前就是做服饰的，你们接手以后可以直接做。并且不是每个人都喜欢那种夸张风格，你们还是应该卖一些比较大众的外贸服装，现在店里的货你们也可以直接拿去卖。"

接着李万继续施加影响力："我在广东和成都等地都有货源，开店以后，可以帮你们拿货，渠道短，并且保证价格低。"

小王听了，有些心动，但表面上不动声色，而是转换话题，指出缺点："这里位置太偏了，在整条街的尾巴上，而且是个拐角，客流量很难保证吧？"

李万解释说："旁边的商城都有3期工程，大概10月就会完工。到时这里将会成为真正的商业中心，客流量会非常大，这个完全不用担心。"

小王紧紧抓住这一点："不不，做生意我们肯定要把一切因素都考虑清楚，如果有那么长一段时间的低迷期，我们为什么不选择一个开店就能获利的地理位置呢？"

到此双方有点僵持不下，导致谈判一时进行不下去。

小王的伙伴想了想，开口试探："那这个店面，你打算多少钱转让？"

李万拿出早就拟好的价单说："渠道＋现货＋店面55 000元；现货＋店面45 000元；店面35 000元。"

小王和伙伴一致表示价格太高，要求李万重新报价一次，并对价格所含内容进行解释。

李万说："如果付渠道费，那我将以最低成本给你们供货；如果付了货款，店里一切物品都是你们的；如果只付铺款，就只给你们空铺。"

小王沉吟着说："首先，我们不能保证你供的货是否符合我们的要求；其次，我们无法确定你拿货的价格水平；最后，我们不认为店面价值35 000元，并且现在6月，有些学校已经放假了，到7、8月暑假，根本就没有利润，我们认为你的价格太高了。"

李万想了想，反问道："那你们认为多少钱合适？"

小王不紧不慢地说："目前最多拿出20 000元，除了店面，我们也想要你的渠道。"

李万立马反驳："到哪里20 000元也找不到一个像样的店面。"

但小王不依不饶，非常坚持："如果价格这么贵，我们可以找其他地理位置更好的店铺。"

这一招很奏效，使李万有些慌了。李万自知店铺即将到期，有时间压力，不得不以恳切的态度征询："你们最多能给多少钱？ 20 000元真的太低了。"

小王看出李万的软肋，毫不退让。

李万无奈让步，答应20 000元给小王空铺。

小王不想放弃现有货品和渠道，立即提出，30 000元店面，加上货品和渠道。李万濒临崩溃的边缘，说："如果加货品和渠道，最低35 000元。"

小王和伙伴商量了一会儿，答应了，并表示，目前还是只有20 000元，剩下的15 000元于1个月后支付。

双方达成一致意见，签订协议，谈判圆满结束。

案例分析

对这个案例的背景资料稍加分析，就可以看出双方各自优劣与打算，下一步最重要的就是如何从对话中获得对方的真实情况和想法，以便决策。

谈判一开始，卖家开门见山，专业的讲解和投入不菲的资金，给买家很大压力，但买家很有耐心，不受影响，而是质疑，使得双方形势有了微妙的变化。

卖家开始改变策略，询问对方开店的打算和想法，试图从中收集情报。了解买家想法后，卖家马上抛出一连串的信息，来强调自己的优势，但过多的信息输出似乎透露出急于出手的意味，无形中给买家某种暗示。

接着双方进入相互试探的阶段。此时，买家决定不再听卖家的推销，开始转换策略，把问题集中在店面上。其实这只是买家的推脱之词，为后面的价格协商做铺垫，以便自己处于有利的地位。而此时卖家也明白这层意思，所以用有力的根据反驳了买家。

此时谈判陷入僵局。双方各说各话，无法达成共识。买家为了打破僵局，开始引入新一轮的博弈：价格。此时我们应该注意，是买家首先询问卖家价格，买家处于有利的地位，而卖家的反应是马上抛出自己已经计划好的价格，却没有预留给自己足够的空间以防对方压价。

随后谈判进入深入博弈阶段。买家要求卖家重新报价一次并对价格所含内容进行解释。买家再一次抓住主动权。然后就是价格的妥协，当卖家询问买家能给出的价格时，买家不紧不慢地报出了一个与卖家提出价格相差甚多的价格，而且顺带了一个附加条件。

这时买家已经收集了足够多的对方的信息，只是在不断地试探对方的价格底线，而自己只是从中做出判断和选择最优的价格。卖家继续挣扎，却早已被买家洞悉，并指出对方的软肋，逼迫卖家做出价格让步。卖家努力去试探，希望可以提高价格，而买家以静制动，毫不退让。在此时，卖家做出了非常不明智的决定，那就是完全向买家提出的条件进行妥协，而不懂得让步时一定要求对方回报。充分向买家昭示着自己的弱点，更加处于被动的局面。买家乘胜追击，最终大获全胜，而且还获得了分期付款的好处。

这场谈判相对来说，内容和思路比较简单明了，其中要注意的经验是：在谈判时，一定不能暴露自己的弱点；确定价格后，索要尽可能多的优惠；在合理的情况下，延迟付款。

（四）谈判的注意事项

谈判虽然是各自为己方争取最大利益，但双方不是仇人，目的是达成共识、共赢，所以谈判者要注意以下几点。

1. 忌火力太猛，攻势太强

有谈判者或因性格使然，或因工作压力，或因急于求成，在整个谈判过程中火力全开、攻势猛烈，完全压制对方，说话锋利刻薄，内容尖锐无情，甚至揭人隐私、人身攻击，这都是不妥当的。毕竟谈判的目的是合作，而不是树敌。

2. 忌思路含糊，表达不清

有的谈判者由于缺乏经验，或临时抓差，事前准备不到位，也有的是自身不善表达，出现支支吾吾、含糊不清的情况，不清楚自己的目标和底线，甚至前后矛盾，语焉不详，谈判就失去了精准性和效力，很难维护己方利益，反而会被对方牵着鼻子走。

3. 忌道听途说，信息源不可靠

谈判中不要以"听说""据说"等作为讨价还价的筹码，没经过验证、核实的信息，不仅没有杀伤力，可能还会被对方抓住漏洞。如果恰好有待确定的消息对己方有利，对对方不利，那也要在开口暗示前，了解清楚事情的真相，保证进退有度。

即时训练

如果谈判的对方是你当年的大学室友，上大学时你们关系非常亲密。现在你们在谈判桌上相遇了，对比一般的谈判，你需要注意哪些方面或在谈判中有什么变化？

项目三 工作场域群体沟通

在工作场合，出于工作的需要，经常会进行群体沟通，如会议沟通、团建。这种群体沟通和一对一沟通交流不同，有着独特的作用和要求。

一、会议沟通

会议在解决重大问题、关键节点、鼓舞士气等方面都有着不可替代的作用。要想发挥好会议的作用，必须注意会议这种沟通方式的重要性及作用、环节和注意事项。

（一）会议沟通的重要性及作用

会议沟通，相对成本较高，一般时间比较长，参与人数众多，常用于解决比较重大、复杂的问题。

遇到下列情境时往往需要召开会议：①发布重要规章制度，如考勤制度、业绩考核办法等；②传达重要信息，如机构整合、人事任命与替换、澄清谣言等；③统一思想认识，鼓舞士气；④讨论解决方案，如项目遇到困难进展缓慢，若干思路的优劣筛选等。

会议沟通具有不可替代的重要性，有以下重要作用。

1. 传达信息，交流观点

召开会议有助于上情下达、联络左右、共商对策，从而解决工作中的各种问题。在会议过程中，组织者、参与者完成了信息交流、观点表达，从而出台政策、形成决策、探讨学术、达成共识。会议沟通有着直接、快捷、覆盖面广的特点。

2. 整合资源，决策科学

与会人员代表各部门在会上踊跃发言，献计献策，围绕组织的发展目标，集思广益，整合来自各方的观点和态度，形成强大的合作团队，做出科学合理的决策。

3. 体现民主，凝聚人心

参会人员有发言的权利，可以大胆发表自己的见解和看法，不同观点之间可以碰撞交流，少数服从多数，取长补短，形成比较统一的正确的认识，体现民主意识与精神。一些动员会、誓师大会、表扬宣讲、批评教育能够宣扬精神，凝聚团队，提高成员向心力，达成共识。

（二）会议沟通的环节

1. 会前沟通

在召开会议之前要确认和沟通以下关键内容。

（1）会议的必要性与会议规模。一次会议会牵涉很多人力、物力等，在会议召开前首先必须确认召开会议的必要性，根据必要性和会议实际需要安排会议规模，明确哪些部门、哪些人员必须参会，哪些可以不参加，从而保证会议的针对性和高效性。这个环节要确定会议目的、名称、类型、地点和与会人数（规模）等。

（2）会议内容与流程。在会议之前要沟通好会议的具体内容、流程、环节、期限，一般要商定出会议日程表、活动范围，拟出条款式的议程安排，按议题重要程度编排顺序，提前确定好会议组织者、主持人和具体发言人，保证会议不偏题、不浪费时间。

（3）与会人员名单确定与通知到位。会议召开之前要确定与会人员名单，并一一通知到位。首要原则是少而精。信息型会议，应该通知所有需要了解信息的人都参加。决策型会议，需要邀请能对问题的解决有所贡献、对决策有影响的权威人士，以及能对执行决策做出承诺的人参加。如果需要相关与会人员做准备，也要提前告知。如安排某人发言，就发言内容、时长、是否需要PPT等必须会前沟通清楚。让与会人员清楚地知道与会议有关的所有要求和注意事项。

（4）会议场地确定与布置。根据会议实际需要安排合理的场地，是单位会议室、报告厅，还是租用展览中心、酒店、度假村等。一旦确定，需要布置会议室外的环境，包括大门的横幅、通道的地毯、门边的花篮、引导的指示牌等，还有室内的桌椅摆放，包括主席台的台布、桌签、话筒、水杯等，音响、灯光等设备，还有一些细节也要注意，如房间温度、桌椅舒适度、桌椅排列方式等。

如果缺少了以上会前沟通，会议效果就很难保证。

2. 会中沟通

会议进行中有许多需要注意沟通的地方，这非常考验组织方以及主持人的会议协调能力和综合素质。

（1）宣布会议开始。隆重的会议，开始时往往有很强的仪式感，比如全体起立、会议主席宣布"会议开始"等，这些犹如明显的分界线，迅速将与会者的注意力集中到会议上来，也提高了与会者对会议的期待；而一般的工作会议，即使没有隆重会议的仪式感，会议主持人也需要明确地提醒与会者会议开始了，比如可以用鼓掌或提高音量来吸引与会者关注会议、投入会议。需要注意的是，不管是大会还是小会，都要准时开会，不准时开会会加剧与会者的焦躁情绪，同时也令他们对会议组织方的工作效率和领导能力产生怀疑。

（2）把控现场，调整节奏。这是会议中非常重要的一点，非常考验会议组织方以及主持人的临场应变能力。如有人发言议题跑偏，有人会场起哄，甚至有人恶意闹事，这时候主持人需要及时发现问题，迅速做出判断，立马做出反应，或引导发言者回归正题，或调整讨论话题顺序，或巧妙打断，或多方协调，或通知保安以及报警等，把控好会议现场氛围和节奏，让会议有序、高效地进行下去，从而达到会议的预期效果和目的。比如可以使用"不允许跑题""请聆听每个人的发言"每个人的发言不能超过5分钟"等类似的规定。主持人在提问时，可以轮流使用开放式问题和封闭式问题，如"大家对刚才的报告有什么意见吗""大家同意刚才的报告吗"，前者就是开放式问题，后者就是封闭式问题。不同需要下使用不同的提问方式，可以有效推进会议议程。

 小贴士

会议沟通过程中的节奏把控

会议进行中，应注意以下问题，及时调整，把控节奏。

1. 与会人员是否都专心聆听发言？
2. 发言内容是否偏离了议题？是否过于冗长？
3. 发言内容是否出于个人的利害？是否朝着会议预期推进？
4. 是否有从头到尾都没有发过言的人？或者发言过于集中在某些人？（视会议具体需要）
5. 是否中途离席人员太多？
6. 会议是否需要延长？或提前结束？

职场沟通

即时训练

会议进行中，有人不停进出，你该如何应对？

（3）宣布会议结束。如同会议开始一样，隆重的会议结束时往往会有结束仪式，如全体起立等，而一般的会议往往没有这些仪式，那就需要主持人认真宣布会议结束，从而完成会议沟通的完整闭环。在宣布会议结束前，简短回顾一下会议目标、达成的共识和形成的决策，并对会议圆满结束表达祝贺，感谢每一位与会者，然后结束会议。

不同的会议，具体场景不同，商议内容不同，可能出现的意料之外的情况也不尽相同，这更需要主办方相关工作人员积累经验，多方学习，提高沟通协调能力。

 小贴士

与会者在会议前后以及进行过程中应做什么呢？

会前：

1. 主动研究会议主题和内容；
2. 根据要求准备相关资料；
3. 记下准确的开会日期、时间、地点；
4. 做好尽量表达的心理准备。

会中：

1. 认真倾听会议内容；
2. 遵守会议纪律要求；

3．不玩手机，不玩计算机，不窃窃私语；

4．讨论环节，积极发表自己的见解，与其他与会者展开良好互动；

5．与主持人密切配合以达到会议目的。

会后：

1．记下自己的任务，并按时完成；

2．对会议内容不明白的地方，主动沟通、探讨；

3．与有关与会者（如权威人士、朋友等）适当交流、请教；

4．清楚会议所达成的结果，以及未完成事项。

3．会后沟通

很多人认为会议结束，整个流程就结束了，却忽视了会议之后的沟通与反馈。为了更好地发挥会议的效果，更好地落实会议精神，一般会议结束后，还应继续完成以下几项工作。

（1）总结。对会议相关信息进行总结，包括基本情况、具体内容、会议精神、指示结论等。一般应及时写一则会议新闻，发布到单位网站上。会议纪要也要及时完成，并报有关部门查阅。

（2）反馈。涉及需要落实的工作，必须跟踪与反馈，包括会议要求完成的任务到哪一步了，有什么困难，如何解决，以及多久能全部完成等。如果没有落实反馈，往往就只会流于表面，纸上谈兵，会议虽然开了，但无法发挥真正的作用。落实、执行、跟进，才会有良好的会议效果。

（3）材料梳理与归档。会议过程以及之后的落实、反馈，都应该用文字、图片、视频等记录下来，仔细梳理、去芜存菁、分门别类、作为资料存档，以备以后查阅和借鉴。

（三）会议沟通的案例分析

案例1

难以进行的会议

张轩是公司某部门负责人，在召集本部门人员开会时，经常遇到下述情况，他十分抓狂。

部门成员有三十几位，总体还好，大部分成员都认真参与会议，并时不时做些记录。但有几个特例：小张拖拖拉拉，开会总是迟到；小王在会上默不作声，不管正确与否，从不发表意见；小李在会上十分活跃，不管会议内容如何，总爱打断主持人的讲话，对会议内容进行评价，时常导致会议难以正常进行；小钱根本不听，一直低头玩手机；小赵只要开会，就把计算机打开，手眼一刻也不离开计算机。

面对这些情况，张轩该怎么办？

案例分析

这是一则关于会议过程中会议控制的案例，会议组织方要把控会议进程，保证会议效果。张轩可以按如下方式来做。

1. 会前提要求，明确规定，如不得迟到，不准使用手机、计算机，不得随意插话等，用制度来引导行为，约束与会者。

2. 会中引导和把控，如可以说"大家放下手机和计算机"，可以对小李说"这个问题我们暂停讨论，会下交流"，也可以通过行为来暗示和警醒，如用手势示意，或走到小钱和小赵跟前。

3. 私下沟通，可以在闲暇时间约谈这几位成员，了解其近况，以及会上出现这些表现的深层次原因，再针对原因，帮助梳理思路或解决问题，并明确强调会议要求。

4. 需要每人都发言的会议，提前告知，如内容、时长要求等，提醒做好准备，会上可以点名，或按座位顺序，一一发言。

案例2

重要的会议文件材料工作

天元公司将召开2022年度总结大会。作为大会工作人员的小李主要负责会议文件材料工作。小李做事一向认真踏实，为这个会议，小李前前后后做了很多具体事情。

会前，小李进行会议筹备有关信息的搜集，为会议议题的确定及大会会议材料的形成做准备。年度大会的工作报告、会议日程、会议手册等，小李在领导确认后按与会人员数一一打印、装订好，所有材料都准备得整齐、妥当。

会议期间，小李认真做好会议记录，力求会议记录准确、完整，并进行会议发言录音和录像。为了将会议信息尽快传递给与会者，她及时编写会议简报，使会议达到良好的效果。

会后，小李认真编写会议纪要，将会议纪要作为与会代表贯彻执行的依据，推动会议精神的贯彻落实。她还搜集了会议期间使用的所有文件材料，及时整理有关会议文件，为会议文件的归档打下基础。

大会期间小李的表现赢得了大家的一致好评。

案例分析

会议文件资料是会议顺利进行的重要保证，是必不可少的会议书面沟通方式。这个案例中，小李做得特别细心、认真、专业，无论是会前、会中，还是会后，都秉持着认真的态度、专业的水准、扎实的作风，完成了大量的会议文件材料工作，科学、务实、高效，对会议的顺利举行和目标达成起到了重要作用。

职场沟通

（四）会议沟通注意事项

会议场合，人员庞杂，角色众多，沟通方法多样。要达到高效的沟通结果，要注意以下几点。

1. 强调会议纪律要求。会议是众多人参与的一项集体活动，必须有相应规定和纪律约束，否则浪费精力和时间成本且毫无效果。一般会议开始前就会宣布会议纪律，如不得迟到，手机关闭或静音，不得玩手机、使用计算机，不得交头接耳小声讨论，发言不得跑题等。

2. 把握会议时间要素。一个会议往往牵涉众多人员，做好时间管理尤为重要。如会议准时开始，时长精准控制，以及准点结束等。一般会议在1.5 ～ 2小时，会议结束前30分钟、10分钟可适当进行提醒，以确保会议进程恰当可控，在时间维度和人员精力上降低成本消耗。

3. 前有议程，后有反馈。会议开始前一定要准备好会议议程，按会议议程一步步推进，从而高效实现会议目的。会议结束后，一定要有落实、执行和反馈。"散会不追踪，开会一场空"，建立会后各事项追踪程序及反馈机制，会议上议定的事项才能得到有效的推进、落实，如有偏差，才能及时调整、纠偏。

二、团建

团建，简单地说，就是团队建设，指为了增强凝聚力、实现团队高效运作及产出最大化而进行的一系列结构设计及人员激励等团队优化行为。

团建最初由国外的军事化演练项目演变而来，包含团队文化建设、团队精神建设、团队福利建设等。团结就是力量，无论是初建团队，还是成型团队，想要打造战无不胜的集体，一定离不开团队建设。

（一）团建的目的与作用

团建，"团"，是建设的主题，也表达建设的目的——团结。团建对一个单位来说，有非常重要的目的和意义。

1. 增加彼此了解，提高凝聚力

现代快节奏的生活和高强度的工作，导致单位同事之间往往并不十分熟悉，新员工和老员工、普通员工和领导、跨部门员工等，往往比较生疏，或有矛盾，跨部门员工之间平时交流少，甚至合作不愉快，配合度不高。这种现象在现代社会比较常见。而团建活动可以相应解决这些问题。团建活动中有许多项目，如开场破冰、齐心协力的互动游戏，这些项目可以让参与者快速了解彼此，建立信任，形成团结协作的和谐关系。

团建活动的锻炼和配合，能锻炼参与者的集体协作能力，培养集体荣誉感。大家团结一致，共同面对难题，放下矛盾，以大局为重，彼此之间相互尊重、包容、关心和体谅，才能加深感情，增强团队的凝聚力和发扬团体协作的精神。

2. 体现集体关怀，彰显单位文化

团建活动是否举办，多久举办一次，以何种方式举办，具体内容和项目，其意义何在，对这些问题的重视程度以及研究和落实，体现着单位的管理理念和文化。恰当的团建活动能体现单位对员工成长的关怀，是向员工表达爱意的方式和途径，员工也能感受到单位的关爱，大大提升作为单位一分子的归属感和自豪感，对单位的忠诚度自然也能得到提升。

3. 挖掘个人潜力，实现劳逸结合

现代社会，加班是工作常态，很多员工越来越疲惫，团建活动犹如给我们的工作按了一个暂停键，让团队成员在轻松愉快的氛围里，身心都得到锻炼和满足，重新鼓舞斗志，持续激励精神，实现劳逸结合。团建活动项目很多，比如体验探索性训练、团队合作训练、动手协作训练等，需要群策群力，展现综合素质，这种情况下，个人某方面的特质和能力就自然而然地展露出来了。

从员工个体来说，一次科学有趣的团建活动，可以丰富生活、增长见识、开拓视野，员工可以在团建活动中大胆展示自己，以提升自信心，使得个人潜力被充分挖掘出来。员工的学习能力和社会适应能力也能得到锻炼和提高。同时，这也是单位了解员工的绝佳机会，有利于以后工作任务分配的合理化和精准化，做到用人所长，避其所短。

总之，团建活动有着重要的作用和意义，受到越来越多单位的欢迎和重视。

（二）团建的分类

团建活动是个集体项目，目的就是把众人团结起来。团建按照活动场域和主旨不同，可以分成以下几类。

1. 从活动场域分，团建可以分为室内团建和室外团建。

室内团建，其内容、方式会比室外团建略有局限，往往会选择聚餐、会议、游戏等，重在主题和环节的设置，如模拟沟通里的说服和拒绝，可以精心设计情境，互换角色，完成训练，这样能达到很好的效果，增强凝聚力。

室外团建，往往风景优美，场地宽敞，教练专业，游戏丰富有趣，有建设性和针对性，大多会有运动的项目和体能的消耗，如信任背摔、人墙攀爬，甚至高空走独木桥等，既能锻炼身体，又能增加信任和团结协作，可以很好地达到团建的目的。

2. 从团建的不同主旨出发，团建也可以分成两种类型。

以联络感情、放松压力为主要目的的团建。这类团建活动往往比较轻松愉快，吃喝玩乐贯穿主线，可以丰富员工的业余生活，调节工作压力，劳逸结合，增进员工与员工之间、员工与公司之间感情的联络，营造浓浓的社会关怀和公司关爱的氛围。

以激励员工、凝聚人心为主要目的的团建。这类团建活动一般会请专业的团建团队来精心设计，每个活动项目都有科学依据，能激发员工的潜能与认知，彼此赋能，提升团队合作精神与拼搏精神，增加员工彼此之间的了解和凝聚力，更好地激励员工的斗志，使员工团结协作，努力拼搏，将更多的激情投入公司的建设。如户外活动，燃烧团队激情；拓展训练，塑造团队精神；徒步穿越，打造互助品格。这种体验式团建，通过参与者真切的参与和亲历，精神启发和品格塑造会更加深入和持久。

这两种团建活动各有侧重点，效果也不尽相同，第一种比较传统和单调，没有新鲜感；第二种，新颖、有趣、丰富多彩、有创意，能激发热情，相应成本会比较高，时间比较长，需要请专业团建教练。这两种方式可以结合，相辅相成，根据实际需要，按适当比例轮流举行，满足员工的心理需要和期待，提升团队协作力、凝聚力、执行力、竞争力，促进公司更好地发展。

小贴士

团建活动项目之卡纳斯巨画（团队巨画）

游戏的文化传说：

古老的卡纳斯地区生活着不同的族群，他们依水而居，有着各自的水源地。为了彼此区分，他们在地面上绘出自己家族所独有的族徽。随着时间的流逝，独特的族徽、家族的传承逐渐模糊和消逝。为了重新找回水源，为了重现家族荣光，几大家族纷纷派出勇士，探寻卡纳斯巨画之谜。

游戏的具体玩法：

这个游戏比较简单，首先需要把所有参加这次活动的人员均等分成若干个小组，各小组按下面流程开始游戏。

1．破冰行动：小组推选组长，商定队名和口号。

2．领取物料：如画布、染料、画笔等。

3．开始绘制：分两个步骤，小组成员先集体商讨，确定最终的图案，然后涂色。

4．巨画拼接：这是最后一步，所有小组把自己的作品放在一起，按最初的设计拼接起来，形成完整的一幅巨画。

游戏的意义：

成员之间为了共同目标，积极完成内部沟通，打破隔阂，共同协作，齐心协力，完成绘画的设计、上色、拼接，培养团队协作能力，凝聚人心，加强归属感。同时，能让成员深深体会到个人与个人、个人与组织、个人与大自然的关系，从而建立正确的自然观念、人生观、价值观。

具体成员的沟通能力、协调能力、组织能力、绘画才艺、创意创新能力等，也能在游戏中自然显露出来，为单位以后的人才选拔和培养打下良好的基础。

（三）团建沟通

团建活动的目的是正向激励、情感体验、精神鼓舞，从而凝聚人心，让团队成员为共同目标而奋斗，所以在团建活动中主要以激励、肯定、表扬、赞美等为沟通交流方式。

1．团建开始

团建活动的第一步就是破冰。破冰是网络流行语，本意指把航道的冰块充分破碎，以便船舶通行。这里指初次见面或新组团队，成员间互相不熟悉，有着比较明显的疏离感、陌生感，甚至怀疑、猜忌，需要去打破，犹如打破厚厚的冰层，让大家快速熟悉、逐渐信任，建立良好的合作关系。

针对破冰环节，可以玩下面这个游戏，简单、有趣、易操作，能达到打破隔阂和减少陌生感的效果，同时也是一次有效的沟通训练。

扑克破冰

需要材料：一副扑克牌。

活动时间：30分钟（与人员数量有关，可根据实际情况适当调整）。

具体玩法：

1．组织者给每一位成员发一张扑克，这张扑克的花色只有本人知道，不要让他人看到。

2．按照座位顺序依次上台用肢体语言和表情来表达花色，其他成员不可以提问，整个活动过程所有人都不能说话。

3．每个成员认真观察其他人的肢体语言和表情，判断哪个人的花色和自己是一样的，在自己表达完后，站在自己认为是同一花色成员的后面，形成一纵队。

4．所有人都介绍完后，亮出自己的扑克，看有没有人站错队伍。

5．如果有，要为他应属的团队做一项任务，形式和内容由该团队集体决定。

6．确定好团队后，每个团队取个名字，商定口号。

游戏意义：

1．提高沟通能力。为什么会站错队，是不理解别人的表达，还是别人表达得不清楚？那如何提高表达的准确性，如何提高理解能力，通过游戏，每个人都会有深切的感受和领悟，在以后工作和生活中会多加注意、主动学习、积累经验，提高表达与沟通能力。

2．提高彼此的熟悉、默契程度，增强团队协作意识。仔细观察、分析、判断肢体语言和表情所表达的含义，彼此会更加了解和熟悉，有益于以后工作的协作和配合，使得集体凝聚力和向心力大大增强。团队讨论确定站错者的贡献方式，讨论过程中大家各抒己见，勇于说出真实想法，使得彼此之间更加熟悉，又能锻炼每个人的表达、交流能力，增强少数服从多数的团队意识和大局意识。

职场沟通

2．团建过程

团建活动中，为达成共同目标，成员之间的交流、讨论、协作都是不可少的。这时候，积极的肯定、赞美、鼓励，非常重要，是团建活动顺利实现目标的保证因素。

下面的"情绪释放"小游戏，可以针对性地锻炼真诚的交流、积极的情感表达和坦然的情绪释放，促进团队成员的沟通交流，增进信任，坦诚相对，让团队成员的心更贴近，关系更融洽。

情绪释放

需要材料：A4纸、中性笔（数量以参与人数为准，一人一张纸、一支笔）。

活动时间：40分钟（与参与人数有关，可根据实际情况适当调整）。

具体玩法：

1．小组成员围坐成一个圆圈。

2．每人发一张A4纸和一支笔。

3．每人在纸上写下自己近段时间的烦恼、压力或难题。只写问题，不写部门、姓名等其他信息。

4．组织者将所有问题收上来，打乱顺序，再发给每一个人。注意，不要自己拿自己的问题。

5．每个人在拿到的问题下面写下针对这个问题的建议和鼓励的话，写完后按顺时针方向传给下一位成员。当拿到自己的问题时，不用写，直接传递下去。

6. 所有成员都写好后，再由组织者将问题收上来，发给问题提出者。

7. 邀请3～6人分享大家给他的建议以及自己的感受。

8. 组织者总结发言，成员之间鼓掌、击掌、拥抱，表达感谢。

游戏意义：

这个游戏可以引导成员正视目前的问题和烦恼，勇于打开心扉，释放压力，并清楚表达出来；在回复别人的难题时，成员之间互信、共情，愿意鼓励别人，愿意为别人出谋划策，解决问题；最后分享，成员能真切感受到别人的善意，真诚感谢别人，再通过击掌、拥抱等，进一步加强彼此间的情感信任、联结深度。整个游戏玩下来，既能实现自我情绪的释放、彼此情感的加深，又能实现感谢、赞美、表扬等沟通能力的训练，还能增强克服困难、齐心协力的团队精神，一举多得。

3. 团建结束

团建活动一般在结束时会设置分享环节，这是每个参与者对自己参与活动的收获进行内心梳理和表达的过程，也是再次加强成员之间互信和依赖的手段。在分享环节，大多成员都是正反馈，积极回应活动带来的情绪体验，并表达对组织方、对团队其他成员的感谢。这个环节不可缺少，是成员之间情感互动、融合的高潮，组织者也应准备好简短、恰当、走心的总结发言，对整个活动进行总结和升华。整个团建活动完毕，能迅速让一个团队成为更加紧密的整体。

（四）团建的案例分析

案例1

寒风里的团建活动

2022年底，方天公司准备组织一次团建活动，办公室小王是这次活动的主要组织者和负责人。为了保证效果，小王特意联系了专业拓展教练，商谈好时间、地点等，小王觉得万事俱备，没自己什么事了。

结果到了约定的那一天，气温陡降，寒风呼啸。大家都冻得瑟瑟发抖，根本没心思参与活动。有些环节需要坐在地上，大家觉得地上太凉而不想坐，队形也歪歪扭扭。小王觉得大家不配合，着急了，忍不住抱怨说："个个怎么那么娇贵，地都不能坐，要不要给抬个沙发来。"在互动拉手转圈时，因为太冻手，大家都不伸手，表现懒洋洋的，小王直接批评说："你们都怎么了？拉手不会吗？和同事是敌人、是仇人吗？"

大家听了很生气，和小王吵起来。在争吵、埋怨声中，团建活动最后潦草收尾，不欢而散。

案例分析

这是一次失败的团建活动，本意是增加沟通和了解，增强集体凝聚力和向心力，事实却因小王的粗心大意、考虑不周以及恶意表达而起到了相反的效果。

首先，小王在策划时没有考虑到备用方案，如果遇到特殊情况可以启用备用方案，而不至于搞砸事情，与目标背道而驰。组织活动前，一定要查看天气预报，提前做好天气情况变化的充分预案。

其次，小王在团建活动现场的沟通态度、方式、语气都不合适，这时候应该以鼓励、肯定、正面引导为主，而不是抱怨、责骂。指责大家"娇贵"，还语带讽刺"抬个沙发"，十分不妥，尤其说"和同事是敌人、是仇人"，充满恶意，挑拨了同事之间的关系，违背了沟通的基本原则，自然也达不到沟通的效果。

案例2

草地上的倾情分享

2023年2月，某院校2021级财管2班为了激励同学们在新的一年、新的学期树立目标、充满斗志，特组织了一次团建活动。

活动在校园的草地上举行，游戏项目是"情绪释放"。班长小卢是主持人。按照游戏的流程，每人接到A4纸和笔后，认真思考，然后在纸上写下自己的烦恼和困境。收上来打乱顺序后，再发到每人手里，开始思考别人的难题，慎重下笔，写上自己的想法、鼓励、安慰和解决方法。

在分享环节，小宋同学说："我被大家的鼓励和安慰深深感动了，我的问题是毕业后是回老家还是留在南京，没料到，那么多同学和我有着一样的困惑。我知道我不是孤独的，我有你们。一个同学给我的回复是：'不要在意是老家还是南京，哪儿的天都是蓝的，哪儿的你都是优秀的'，我感动得要哭了！"小毛同学悄声说："这是我写的。"

接着，小苏同学、小刘同学、小吴同学一一做了分享，大家推心置腹、坦诚以待，热烈地鼓掌，好多同学哭了。

最后，主持人小卢总结说："感谢每一位同学的认真配合和走心分享，感谢每一位同学为其他同学的问题做了严肃、真诚的回复！我们是一个朝气蓬勃、团结向上的班集体，我们感情深挚，齐心协力，共同面对学习、生活中的或大或小的难题，相信我们一定能战胜困难，走好我们的人生路。这次团建活动圆满顺利结束了，再次感谢大家！"

案例分析

这个团建活动案例，是个成功的范本。其成功主要有这几个原因。

1. 时机选择恰当。新的一年、新的学期开启，正是需要激励大家树立目标、昂扬斗志、奋发图强的重要节点，所以在这个时候组织团建活动，能起到鼓舞人心、激发斗志的作用。

2. 游戏项目选择合理。团建游戏项目有的以体育运动、冒险挑战为主，有的以情绪抒发、心理激励为主。根据目的，这次活动选择了以内心情绪释放与激励为主旨的项目，非常合适，能满足需求，顺利实现此次活动的目标。

3. 成员配合度高。成员服从指挥，静心思考，态度诚恳，尤其在分享环节达到了高潮，完全实现了此次团建活动的目标。

职场沟通

（五）团建注意事项

团建活动越来越受欢迎和重视，但如果不懂得团建的真正意义，流于表面，只是吃喝玩乐，或随便玩几个游戏，团建活动将浪费金钱和时间。做好团建，要注意以下几点。

1. 避免领导本位思想

以领导个人喜恶设置团建内容、安排团建活动，让团建成为领导秀成绩的一个亮点，而不是切身从工作实际需要和员工角度出发，这样自然达不到效果。要避免出现为凸显领导地位，领导发表长篇讲话，团建两小时、领导讲话一小时的情况。

2. 安排项目科学合理

团建活动是一项集体活动，而且是一项有目的、有意义、讲科学的活动，举行前一定要充分考虑该次活动的目标、阶段、主题、特点、时间、成员、气氛等因素，决定是否运用活动，运用什么类型的活动，运用活动到什么程度，多个活动之间如何衔接和过渡。举行户外大型活动，如有可能，最好进行预演。团建活动的可行性、操作难易程度、活动项目能否实现团建目的等，都是需要考虑清楚和周全的。

有些团建活动因考虑不周，出现种种糟糕情况，如时长过长或过短，占用员工私人时间，内容、环节设置老套，无新意，甚至出现强迫员工、羞辱员工的行为，表面团建，实则低俗、无聊。这样只会适得其反，引起员工的不满。

3. 注重活动后续安排

很多团建活动结束就结束了，忽略了后续的讨论、分享和感谢。讨论、分享和感谢是重要的环节。通过小组分享，员工表达活动给自己的感受、收获和激励。团建活动不是流于表面的吃喝玩乐，而应深入每人内心，产生更深远的影响。

4. 选择恰当时机活动

团建活动作为一项需全员参与的集体活动，选择举办时间非常重要。什么时候需要鼓舞士气、凝聚人心是考量的主要因素。比如在每年或每季度开始、结束的时候，在团体初创阶段，在完成某个大项目时，在攻坚克难的冲锋时刻，在士气低落、前途迷茫的时候，都是进行团建的良好时机。

职场沟通

| 情景还原 |

孙少飞通过知识学习和工作中的实践锻炼，慢慢提高了自己的沟通能力，无论是对上、对下、对平级同事，还是对外的接待、谈判，群体性的会议沟通、团建等，都找到了方法和技巧，应对也越来越自如。最重要的是，他意识到沟通的重要性，在工作场合积极沟通，推进工作顺利进行，构建和谐的人际关系。

| 相关拓展 |

有些团建让年轻人有苦难言

"我们公司的团建活动总是定在周末，占用的是我们的休息时间，开展的却是无聊的活动。打个比方，两周前我们刚组织去唱歌，主管要求每个员工都要表演节目，甚至随机地情歌对唱，其间还有一些类似'真心话大冒险'等游戏，十分尴尬。本以为能在团建之中放松消遣，结果尽出洋相，没有尊严。"

"我们老板特别喜欢磨炼意志的奋斗文化，经常安排员工周末一起徒步登山，甚至'荒野求生'。团建要尽量节约公司开支，地点总是选在郊区，安排我们吃便宜的盒饭、住大通铺。徒步几十千米，团建结束后，我们的体力也透支了，睡觉时被蚊子咬得很惨，整个人都不好了，紧接着又是一周的工作。这样的团建确实很苦，能符合老板磨炼我们意志的初衷，但是他是否想过，员工要有斗志地工作，前提是精力充沛，团建带给我们的疲惫已经对正常的工作造成了影响，在无法保证正常工作的前提下，谈什么'更上一层楼'呢？"

"在我看来，团建已经成为变相开会的一种渠道了。每逢团建，领导就要给我们开一次长会，不仅谈工作，而且谈人生，灌输他个人的理念。有时，团建还是'比赛'，考验员工业务能力，所有人绷着一根弦，根本没有放松的效果。说到底，在我们公司，大家一致认为，团建相当于加班。"

"为了让我们释放工作压力，丰富大家的工作生活，增强同事、部门之间的交流协作，提高公司凝聚力，公司安排了一次团建——大巴往返8小时的清远漂流一日游。因特殊情况不能参加的员工需要和人事部门报备，并且不管以什么原因，只要不参加都要请全公司喝奶茶。我是第一个和人事主管说下周生理期不能去的女生，她'苦口婆心'提公司凝聚力，夸大我可能对其他人造成的影响，其间6次质疑我下周是否真的生理期。在我的坚持下，最终被批准不参加。"

在采访过程中，受访青年表示，自己公司的团建往往选在周末或者节假日，占用着休息时间，进行着不愉快、不放松的事，以至于当记者问及是否喜欢参加企业的团建活动时，多数青年连连摆头，回答几乎一致："不愿意！"

一句直接、干脆的"不愿意"表明了青年对企业团建的态度，同时也反映出团建对许多青年造成了现实困扰。上述不愉快的团建经历，仅仅是冰山一角，敢于为此发声的只有一部分，其余的默默承受着不利影响。团建活动与企业文化及团队凝聚力之间的相互作用，正受到多种因素影响，渐渐地偏离了应有的方向。

资料来源：林萍姗，《企业团建，何去何从》

《一出好戏》（电影）引爆了企业团建这个话题。故事讲述一家公司一行30余人，出发去海上搞团建活动。刚出海没多久就遇到巨浪，众人漂流至荒岛。在荒岛上，大家埋锅造饭、摸鱼采摘，篝火晚会，徒步穿越，丛林探险……其间虽然出了许多意外，但始终没有脱离团建的主线。主人公马进通过努力，将分崩离析的团队重新整合，使其成为一个有凝聚力和向心力的崭新团队，从而让这场团建达到了高潮。

资料来源：张威，《团建：走心才能上演一出好戏》

职场沟通

技能训练

一、思考分析题

1. 小王大学毕业，被分配到某高校办公室，办公室主任拟订召开一次各部门的协调会议，让小王去承担会议的组织工作，但小王只有理论知识，没有进行过实践，在会议组织过程中，漏洞百出，让领导很不满意。

请回答：如果你是小王，你在会议组织中如何做？

2. 在公司年终表彰大会上，领导正在讲话，突然有几个人闯入会场，大吵大闹，说年终奖金有问题。如果你是会议主持人，你会怎么应对这种情况？

3. 在某次团建活动最后的分享环节上，一位成员发言说："这是谁组织的活动，真不好玩，太没意思了，不会搞下次我来搞。"作为活动组织者的你，如何和对方沟通？如果你是这位成员，你会这样表达吗？如果你确实不喜欢这次团建活动，你会怎样表达你的想法和感受？

4. 小王作为助手，陪同领导参加与另一个公司的合作谈判。在谈判过程中，小王手抱双肘，面无表情。其间手机响了几次，他拿起来很大声地说话，领导看了他一眼，他干脆出去了。当领导说"我们的产品品质非常好，价格也不是很高……"时，小王插话说："就是就是，我们的产品那还用说。"最后，谈判毫无结果，对方拂袖而去。请分析小王的不妥言行有哪些。

二、技能实训题

1. 如果你是班干部，对于班级的班风、班纪律问题需要找辅导员反映，你提前需要做好哪些沟通准备工作呢？

2. 你作为学院学生会主席，在组织学院新年晚会的过程中，发现宣传部部长不积极，布置给他的任务不认真做，你该如何和他沟通呢？

3. 在学习生活中，你与同学、老师的沟通效果如何？哪些是积极主动的沟通，哪些是被动的沟通呢？

4. 户外拓展活动一直深得客户的喜欢，请你为某一次户外拓展活动拟写破冰发言和总结分享环节的发言。

参考文献

[1]刘畅. 新编现代应用文写作与范例大全［M］. 2版. 北京:清华大学出版社,2019.

[2]王用源. 写作与沟通:慕课版［M］. 北京:人民邮电出版社,2022.

[3]张子泉,刘兆信,单体刚. 应用文写作［M］. 北京:清华大学出版社,2022.

[4]黄绮冰,生素巧. 应用文写作教程［M］. 2版. 北京:电子工业出版社,2013.

[5]黄海燕. 写作与沟通［M］. 北京:高等教育出版社,2021.

[6]梅赐琪. 清华写作与沟通课教学案例集［M］. 北京:清华大学出版社,2022.

[7]宋卫泽,陈志平. 职场沟通与写作训练教程［M］. 北京:机械工业出版社,2017.

[8]王晓旭,肖跃玲. 写作·沟通［M］. 杭州:浙江大学出版社,2020.

[9]王用源. 应用文写作技能与规范:慕课版［M］. 北京:人民邮电出版社,2022.

[10]刘春玲. 财经应用文写作:慕课版［M］. 北京:人民邮电出版社,2021.

[11]郝洁. 沟通基础［M］. 北京:高等教育出版社,2010.

[12]张祥平,金敏,张鹏振. 沟通与写作［M］. 武汉:华中科技大学出版社,2019.

[13]陈锦,杜蓉,周琳. 实用沟通与写作［M］. 北京:机械工业出版社,2020.

[14]吕丽辉. 人际关系与沟通技巧［M］. 北京:人民邮电出版社,2021.

[15]陈丹,吴兰,罗惜春. 沟通技巧与写作［M］. 北京:化学工业出版社,2022.

[16]曾仕强,刘君政,杨智雄. 人际关系与沟通［M］. 北京:清华大学出版社,2016.

[17]惠亚爱. 沟通礼仪［M］. 北京:高等教育出版社,2016.

[18]徐白. 公关礼仪教程［M］. 2版. 上海:同济大学出版社,2019.

[19]刘艳春. 语言交际概论［M］. 北京:北京大学出版社,2007.

[20]岑运强. 交际语言学［M］. 2版. 北京:中国人民大学出版社,2015.